인물설교, 이렇게 하라

R. 래리 오버스트릿 지음 ||||| 이 승 진 옮김

기독교문서선교회

기독교문서선교회(Christian Literature Center: 약칭 CLC)는 1941년 영국 콜체스터에서 켄 아담스에 의해 시작되었으며 국제 본부는 미국의 필라델피아에 있습니다.

국제 CLC는 59개 나라에서 180개 본부를 두고, 약 650여 명의 선교사들이 이동도서차량 40대를 이용하여 문서 보급에 힘쓰고 있으며 이메일 주문을 통해 130여 국으로 책을 공급하고 있습니다.

한국 CLC는 청교도적 복음주의 신학과 신앙서적을 출판하는 문서선교기관으로서, 한 영혼이라도 구원되길 소망하면서 주님이 오시는 그날까지 최선을 다할 것입니다.

Biblical Preaching:
Bringing Bible Characters to Life

Written by
R. Larry Overstreet

Translated by
Seung-Jin Lee

Copyright © 2001 by R. Larry Overstreet
Originally published in English under the title as
Biblical Preaching:Bringing Bible Characters to Life
by Kregel Publications
Translated and used by the permission of
Kregel Publications, a division of Kregel, Inc.,
P.O. Box 2607, Grand Rapids, MI 49501.

All rights reserved.

Korean Edition
Copyright © 2007, 2017 by Christian Literature Center,
Seoul, Korea

저자서문

공식적이거나 비공식적인 교육 과정에서 나는 여러 선생님들로부터 크나큰 사랑의 빚을 졌다. 지금 내가 하나님의 말씀을 사랑하고 설교에 애착을 가지며 이 책에 실린 설교 방법을 발전시킬 수 있었던 것은 모두가 이들의 도움 덕분이다. 또 내가 그동안 목회했던 교회 성도들의 아낌없는 헌신과 인내에 대해서도 감사드린다. 이 책에 실린 여러 설교적인 원리들을 목회 현장에서 다각도로 실험하면서 직접 배워가는 과정에서 이들은 묵묵히 견뎌주기도 하고 또 여러 위로의 말을 보태주었다. 또 이 책에 실린 여러 전문 용어들을 다듬고 더욱 명료한 설명을 위해서 고심할 때 여러 가지 조언과 도움을 베풀어 주었던 학부와 대학원 학생들에게도 감사드린다. 그 중에 특별히 노스웨스트침례신학교의 학생인 커크 에버만(Kirk Everman)은 이 책에 소개된 여러 도표들을 만드는 데 많은 도움을 주었다. 이 모든 친구들은 이 책이 출간되는 데 헌신적인 도움을 아끼지 않았다.

그리고 이 책의 출간과 관련하여 아낌없는 조언과 격려를 베풀어 준, 테네시 템플대학(Tennessee Temple Univ.)의 학장을 역임하였고 현재는 노스웨스트침례교 국내선교국의 국장으로 재직 중인 돈 제닝스(J. Don Jennings) 박사와, 그레이스신학교(Grace Theological Seminary)의 신학부 교수로서 이 책의 양식에 관한 귀중한 조언을 베푼 존 휘트컴(John C. Whitcomb) 박사, 그리고 이 책의 원고를 정성껏 읽고 귀한 논평을 보내준 달라스신학교의 목회학 교수인 티모시 워렌(Timothy Warren) 박사에게도 감사드린다.

또 이 책의 출판 과정에서 많은 도움을 제공해 주었던 크레겔 출판사 임직원들에게도 감사의 마음을 전하고 싶다.

역자서문

설교 현장에는 수많은 인물설교들이 넘쳐나고 있다. 설교를 듣는 성도들 역시 구체적인 삶의 현장을 생생하게 다루어주는 인물설교를 선호하고 있다. 기억에 남는 설교를 생각해 보라면 대부분의 사람들의 머릿속에는 아브라함이나 다윗, 삼손, 베드로에 대한 인물설교들이 다수를 차지한다. 설교 현장의 인물설교에 대한 높은 관심에도 불구하고 정작 설교학계에서는 인물설교의 정당성이나 그 방법에 대해서 활발하게 논의하지 않고 있다. 정말 아이러니가 아닐 수 없다. 설교학계에서 인물설교(biographical preaching, 또는 전기적 설교)에 대해서 활발하게 논의하지 않는 이유 중의 하나는 인물설교가 특정 인물의 윤리적인 장점이나 모범을 강조하면서 하나님의 주권적인 구원을 선포하는 데 등한시한다는 비평 때문이다. 사실 전통적인 인물설교를 보면 하나님의 주권적인 구원과 심판을 선포하기보다는 인과율의 논리를 앞세워서 어떤 인물이 어떤 장점과 미덕을 가지고 있었기 때문에 어떤 좋은 결과를 가져왔음을 제시하는 데 급급한 경우들이 많았다. 그렇다고 인물설교를 완전히 무시할 것인가?

인물설교에 대한 설교학계의 금기나 터부시와는 달리 성경에서는 하나님의 백성들의 신앙과 삶 속에서 성경의 인물들이 차지하는 역할을 긍정적으로 평가하고 있다. 사도 바울(고전 10:6, 11)이나 히브리서 저자(11장)가 언급하고 있는 바와 같이 성경에 등장하는 인물들은 후대의 독자들과 성도들에게 하나님의 구원 역사에 대해서 어떻게 반응해야 하며 그러한 반응은 그 이후에 어떠한 파장과 결과를 낳는지를 보여줌으로써 계속 이어지는 하나님의 구원 역사에 대한 성도의 올바른 반응과 헌신을 유도하는 중요한 방편으로 자리매김

되어 있다. 윤리적이고 모범적인 설교 또는 인본주의적인 설교로 전락할 수 있는 가능성이 있음에도 불구하고 올바른 인물설교의 가능성을 타진하고 그 방법을 설교의 중요한 하나의 전략으로 활용해야 할 이유가 바로 여기에 있는 것이다. 성경의 인물은 후대의 독자들에게 과거로부터 미래로 이어지고 있는 하나님의 구원 역사에 대해서 어떻게 믿음과 헌신으로 반응해야 하는지를 극명하게 보여주고 있다. 따라서 인물설교서의 정당성은 과거나 지금 현재나 동일하게 자신이 주권적인 구원을 이끌어 가시는 하나님 앞에서 그 백성된 성도들이 어떻게 반응해야 하는지를 선포하고 제시하는 데에서 찾아볼 수 있다.

비록 설교학계에서 인물설교에 대해서 별 관심을 두지 않고 있는 현실 속에서 본서가 활발한 논의를 불러일으키는 작은 계기가 되기를 바라면서, 그리고 일선의 목회자들이 성경의 인물을 올바로 연구하고 또 그 인물들이 과거에 하나님의 구원 역사에 대해서 어떻게 반응하였는지를 제시함으로써 오늘을 사는 성도들 역시 지금도 계속 이어지고 있는 하나님의 구원 역사에 대해서 올바로 반응할 수 있도록 안내하는 귀한 복음의 첨병 역할을 감당할 수 있기를 소망한다.

실천신학대학원 교수
이승진 識

인물설교, 이렇게 하라

Contents

저자서문 _ 5
역자서문 _ 6
서론 _ 11

01 인물설교의 정의 _ 13
02 인물설교의 철학 _ 27
03 인물설교의 가치 _ 47
04 인물설교 준비 방법 _ 87
05 인물설교의 여러 기교들 _ 119
06 인물설교이 모델 _ 151
07 인물설교의 다양성 _ 177
08 결론 _ 197

부록 1 확신을 쟁취한 사도 _ 199
부록 2 철저한 사도 _ 217
부록 3 사도 바울에 대한 인터뷰 설교 _ 229
부록 4 빈 그물을 채우시는 주님 _ 239
부록 5 하늘의 권세와 땅의 권세 _ 251
부록 6 하나님의 용병술 _ 263

미주 _ 273
참고도서 _ 299

인물설교, 이렇게 하라

서론

한 사람의 설교자로서 나는 설교하는 것을 좋아한다. 이 책을 읽기 시작하는 것을 봐서 아마도 당신도 설교하기를 좋아하는 편일 것이다. 그리고 당신은 (최소한 대부분의 시간에) 사람들을 좋아하며 성경을 읽고 연구하는 것도 좋아할 것이다. 만일에 그렇다면 당신은 또한 교회 회중석에 앉아 있는 사람들에게 성경에 등장하는 인물들에 관하여 설교하는 것도 좋아할 것이다. 이러한 설교 유형을 가리켜서 '인물설교'라고 하는데, 이 설교에는 먼저 남자든 여자든 성경의 등장인물을 선택한 다음 그 사람으로부터 배울 수 있는 모든 교훈들을 끄집어내기 위하여 그 사람을 자세히 연구하고, 마지막으로 그 인물의 일생으로부터 얻어진 교훈들을 오늘을 살아가는 사람들에게 제시하는 과정이 포함된다. 이러한 설교를 위하여 필요로 하는 여러 성경적인 자료들은 쉽게 구할 수 있으며 이 책의 부록에는 그 중에 몇 가지 사례들이 실려 있다.

성경에는 수많은 사람들이 등장한다. 그 중에는 이름이 언급되지 않은 경우도 많으며 때로는 제한적인 정보만 소개된 경우도 있다. 하지만 성경에는 설교를 위한 탁월하고도 유용한 주제들을 제시하는 인물들도 많이 있다.

이 책의 목적은 인물설교에 대한 정의를 내리고, 그 가치를 제시하며, 이 방법에 따라 설교할 때의 적절한 목표를 명확하게 밝히고, 이 유형의 설교에 적합한 설교 방법을 소개하고, 인물설교를 준비하고 전달하는 실제 과정을 설명하려는 것이다. 설교에서는 전달이나 설득, 자세한 주해 과정, 그리고 그 밖의 다른 주제들 역시 설교자들에게는 매우 중요하고 또 이 책에서도 잠깐 다룰 예정이지만, 이런 분야들을 자세하게 논의하는 것이 이 책의 목적은 아니다. 이 분야들에 관한 자세한 도움을 위해서는 미주의 참고자료들을 추가로 살펴보기 바란다.

    최근 설교학에서 인물설교를 별로 강조하지 않는 현상은 매우 유감스러운 일이다. 다만 워어스비(Wiersbe)와 페리(Perry)는 유명한 인물설교가로서 클로비스 채펠(Clovis G. Chappell, 1882-1972)과 조셉 홀(Joseph Hall, 1574-1656), 존 허튼(John A. Hutton, 1868-1947), 클라렌스 맥카트니(Clarence Macartney, 1879-1957), 프레드릭 메이어(Frederick B. Meyer, 1847-1929), 조지 매더슨(George Matheson, 1842-1906) 그리고 알랙산더 화이트(Alexander Whyte, 1836-1921)와 같은 일곱 명의 설교자들만을 언급할 뿐이다.[1] 하지만 이들 중에는 지금까지 생존한 설교자는 한 명도 없으며, 심지어 20세기에 태어난 사람도 하나도 없다. 때로는 척 스윈돌(Chuck Swindoll)처럼 일부 유명한 설교자들이 가끔 인물설교를 하기는 하지만, 그런 설교는 여전히 드문 사례일 뿐이다.[2]

    대부분의 최근 설교학 교과서들은 인물설교를 언급하지도 않거나, 언급하더라도 평범한 목회자들이 이런 설교 방법에 관하여 어떤 도움을 얻기에 충분할 정도로 자세히 다루지는 않는다.[3] 설교학회(the Academy of Homiletics)에 소속된 설교학 교수들이 사용하고 있는 여러 설교학 교과서들에 대한 논평들 역시 인물설교에 대해서는 별다른 관심을 보이지 않고 있다.[4] 하지만 성경에 그 이름이 구체적으로 언급된 수많은 인물들이 보기에-그들 중에 상당수에 대해서 아주 자세하게 언급되어 있기에-이렇게 성경 인물들에 대한 설교적인 무관심은 명백한 직무 유기이다.[5]

    인물설교를 무시한다면 우리는 결국 오늘을 살아가는 사람들에게 하나님의 진리를 효과적으로 전달하는 데 유용한 귀중한 도구 하나를 놓치는 셈이다. 본인은 성경의 영감설과 하나님의 말씀의 완전성에 대하여 확신하며, 그 말씀에 대한 정확한 주해와 오늘을 사는 청중을 위한 적절한 적용을 위해서 헌신되어 있으며, 하나님께서는 자신의 목적을 이루기 위하여 바람직한 인물설교를 사용하실 수 있으며, 또 마땅히 그러실 것이라고 확신한다. 이 책은 바로 그러한 목표를 염두에 두고 저술되었다.

01 인물설교의 정의

이 장의 목표 ■ ■ ■

이 장을 읽은 후에 여러분은,

∞ 인물설교가 무엇인지를 이해하며,

∞ 인물설교와 관련된 여러 요소들을 구별할 수 있으며,

∞ 인물설교의 두 가지 기본 유형으로서 역사적 인물설교와 성품적 인물설교에 대하여 이해하며,

∞ 인물설교를 위하여 성경의 등장인물을 연구할 때 제기되는 핵심적인 문제점들을 인식할 수 있다.

설교학자들 사이에는 강해설교가 정확히 어떤 것인지에 관하여 입장 차이가 있다. 모든 설교학자들이 이구동성으로 인물설교를 참된 강해설교의 범주에 포함시키지는 않지만, 본인은 인물설교 역시 강해설교라고 믿는다. 가끔 설교를 주제설교(topical preaching)와 본문설교(textual preaching), 그리고 강해설교(expository preaching)로 구분하기도 한다. 이렇게 나눌 때 강해설교는 한두 절 이상의 긴 성경 본문의 단일한 단락을 다루는 설교를 말한다. 그다음 본문설교는 한두 절 정도로 된 단일한 단락을 다루는 설교를 말하며, 마지막으로 주제설교는 지정된 성경 본문 단락이 아니라 본문에 실린 일부 주제로부터 설교 자료를 끌어내는 설교를 말한다. 마지막의 주제설교에서도 본문 단락을 자세히 주해하고 상세하게 설명하지만 대부분의 주해 내용은 특정 주제에 국한되어 있는 것이 특징이다.

설교를 이렇게 구분하는 것은 유용하기는 하지만, 강해설교를 결정하는 핵

심적인 구성요소가 정말로 무엇인지에 대해서는 놓치고 있다. 일반적인 연설과 관련해서 해밀턴 그레고리(Hamilton Gregory)는 이렇게 적고 있다. "설명식의 연설(an expository speech)은 청중들에게 어떤 개념이나 상황을 설명해 주는 연설이다."[1] 강해(혹은 설명, exposition)에 대한 기본적인 사전적 의미는 "자세하게 설명하는 행위"나 "설명을 제시하는 것"을 뜻한다. 따라서 강해설교는 성경의 진리를 자세하게 해설하거나 정확하게 설명하는 설교를 말한다. 강해설교는 본문의 의미 단위(unit) 한 개나 혹은 그 이상의 여러 단위들이 서로 유기적인 구조 속에서 발전되어 가면서 개요의 형태로 본문의 중심사상을 전달하는 설교로 정의할 수 있다. 여기에서 말하는 본문의 중심 사상은 분석적인 방법으로나 통합적인 방법, 혹은 주제적인 방법을 따라 접근할 수 있으며, 청중의 현실에 대하여 연관성을 가져야 한다. 또한 강해설교의 목적은 성경 본문의 참된 의미를 청중에게 제시하는 것이다.[2] 강해설교의 목적이 이러하다면, 그리고 강해설교와 본문설교, 주제설교의 세 가지 형태가 모두 성경 본문의 의미를 올바르게 설명하는 것이라면, 강해설교의 범주에서 본문설교와 주제설교를 따로 구분하는 것은 다소 독단적이다.[3]

하지만 이와는 다른 설교 구분법을 택한다면, 사용된 방법에 관계없이 하나님 말씀의 진리를 정확하게 주해해야 하는 필요성을 충분히 확보할 수 있다. 그 방법은 전통적인 설교 구분법 대신, 성경 본문의 단락(의미 단위, a unit of Scripture)에 대한 강해와 성경 본문의 주제(a topic of Scripture)에 대한 강해로 설교의 종류에 대한 구분방식을 재조정하는 것이다.[4]

성경 본문의 단락에 대한 강해는 단락의 길고 짧음에 상관없이 일단 상세한 설명을 요하는 단일한 의미적 단위를 집중적으로 강해하는 형태이다. 그 범위는 한 구절이나 여러 구절, 한 장 혹은 심지어 전체 책을 다 다룰 수도 있다. 하지만 이런 설교는 길이에 관계없이 성경 본문의 의미적인 단위를 자세히 강해하는 데 집중된다.

성경 본문의 주제에 대한 강해는, 교리 연구나 인물 연구[5], 단어 연구, 혹은 성경적인 개념에 대한 연구처럼 특정 주제에 대한 연구를 강조하는 설교이다.

이렇게 볼 때 인물설교도 강해설교의 한 형태로 간주될 수 있다. 하지만 인물설교는 "그동안 정당한 관심과 주목을 충분히 받지 못했던" 설교 방식이다.[6] 주제에 대한 강해설교의 목표는 성경 본문의 단락에 대한 강해설교와 마찬가지로 하나님의 말씀을 정확하게 해설하는 것이다. 주제에 대한 자세한 주해가 바로 이 책에서 택하고 있는 방법이다.

결국 강해설교는 다음과 같은 특징을 갖고 있다.

---

1. 강해설교는 성경의 진리를 정확하게 설명한다.
2. 강해설교는 성경의 진리를 잘 조직된 전개 과정을 따라서 제시한다.

　* 강해설교는 성경 본문의 단락을 따라서 조직될 수 있다.

　사례

　구절의 경우:　　요한복음 3:16
　단락의 경우:　　로마서 3:21-26
　장의 경우:　　　다니엘 6장
　책의 경우:　　　요한복음

　* 강해설교는 또한 성경본문의 주제를 따라서 조직될 수 있다.

　사례

　교리의 경우:　　삼위일체, 칭의
　인물의 경우:　　노아, 사울
　단어의 경우:　　신약에서 사용되는 '소망'
　개념의 경우:　　유혹, 용서

　* 강해설교는 성경의 진리를 청중에게 적합하게 제시한다.

〈도표 1.1 강해설교의 명확한 특징들〉

이 책에서 염두에 두고 있는 인물설교의 실제적인 의미는 "성경 본문에 대한 세심한 주해에 근거하여 등장인물의 삶을 통제하는 영적 원리들을 추출한 다음 이런 원리들을 오늘의 청중들에게 적용시키는 설교"를 말한다.

> 1. 인물설교는 성경에 등장하는 인물들을 자세히 설명한다.
> 2. 인물설교는 본문에 대한 세심한 주해에 기초한다.
> 3. 인물설교는 인물의 삶을 통해서 드러난 성경적 원리들을 추출한다.
> 4. 인물설교는 성경적인 원리들을 오늘의 청중에게 적용시킨다.
>
> 〈도표 1.2 인물설교의 명확한 특징들〉

성경에 등장하는 인물들의 삶을 통제하는 영적 원리들은 긍정적이든 부정적이든 살아 계신 하나님과 그분의 목적에 대한 인식 및 수용 여부와 밀접한 관련을 맺고 있다. 그래서 인물설교의 실제적인 목표는 이러한 경건한 원리들을 회중에게 적용시키는 것이지만, 그 과정에서 설교자가 명심할 점은 수많은 불경건한 사람들 역시 이러한 원리들을 부정적인 사례로 활용할 수 있다는 것이다.

1. 인물설교에 결부된 요소들

성경 인물을 설교의 형태로 제시하는 데는 객관적인 요소(the objective factor)와 주관적인 요소(the subjective factor)의 두 가지가 결부되어 있다. 여기에서는 이 두 가지 요소를 짧막하게 언급하고 나중에 자세히 다루고자 한다.

객관적인 요소란 특정 인물에 관하여 성경에서 직접 얻어낼 수 있는 자료들을 말한다. 그 자료들은 출생할 때부터 사망할 때까지의 인물의 생애 동안에 일어난 사건들을 연대기적으로 제시한 전기적인 줄거리들로 이루어져 있다. 어떤 경우에 이러한 전기적인 줄거리들에는 출생 이전의 자료들(예를 들어 예수나 세례 요한의 경우)이나 혹은 사망 이후의 자료들(예를 들어 사무엘상 28장의 사무엘의 경우)이 포함되는 경우도 있다. 여기에서 객관적(objective)이란 말은 이런 자료들은 하나님의 말씀을 객관적으로 연구함으로서 얻어진다는 점을 뜻한다.

때로는 등장인물의 내면적인 성품이 하나님의 말씀에 따라 객관적으로 묘사되는 경우도 있다. 이런 경우에 설교자는 그 내용을 확신 있게 선포할 수 있다. 예를 들어 베드로후서 2:8에서 롯을 가리켜서 '의로운 심령을 가진 의인'으로 묘사되고 있다. 이런 진술은 객관적인 지위를 차지하고 있기 때문에 설교자는 창세기에서 롯의 생애에 관하여 연구할 때 롯의 이러한 의로운 면을 함께 염두에 두어야 한다.

하지만 등장인물의 내면적인 성품에 관한 이러한 단정적인 진술이 성경에서 자주 발견되는 것은 아니다. 오히려 대체적으로 설교자가 등장인물의 내면적인 성품에 관한 입장을 결정하려고 할 때에는 주관적인 요소들을 고려해야 한다. 등장인물의 성품을 개략적으로 보여주는 주관적인 요소는 객관적인 사실들에 근거해야 하며 이러한 사실들로부터 내면적인 성품을 유추해 낼 수 있다. 예를 들어 열왕기상 19장에서 엘리야는 분명 좌절의 시기를 거치게 된다. 하지만 성경 본문은 그러한 좌절의 원인을 구체적으로 밝히거나 이 기간의 엘리야의 내면적인 감정을 직접 보여주지는 않는다. 하지만 이 단락에서 우리는 엘리야가 감정적으로 낙심에 빠졌음을 알 수 있기 때문에, 전후 문맥을 통해서 그 원인에 관한 어떤 힌트나 실마리를 주의 깊게 살펴보아야 한다. 이러한 연구 과정은 약간은 주관적일 수 있겠지만 만일 우리가 설교를 듣는 청중의 필요를 적절하게 다루려는 의도로 성경적인 설교를 하기를 원한다면 이러한 주관적인 접근은 결코 무시되어서는 안 된다.

2. 인물설교의 유형

인물설교는 성경 인물에 대한 접근 유형에 따라서 몇 가지로 구분될 수 있다. 남자와 여자를 서로 구분하거나 성인과 어린아이를 구분하기는 매우 쉽다. 이와 달리 주연들(예를 들어 모세나 바울)과 이보다 덜 중요한 인물들(예를 들어 바나바나 요나단), 그리고 간략하게 묘사된 인물들(예를 들어 야베스나 데마)을 서로 구분하는 것은 또 다른 방법이다. 이러한 구분 방법 이외에 특정한 사람을 소개하는 비유들(예를 들어 선한 사마리아인의 비유)이 덧붙여질 수 있다.

하지만 이 책의 효과적인 구성을 위해서 인물설교는 주로 역사적 인물설교(혹은 연대기적 인물설교, historical biographical sermon)와 성품지향적 인물설교(character biographical sermon)의 두 가지 범주로 구분하고자 한다. 물론 모든 인물설교가 다 이런 범주로 분명하게 나누어지지 않을 수도 있다. 대부분의 설교와 마찬가지로 인물설교 역시 폭 넓은 다양성을 지니고 있다.[7] 다만 이러한 두 가지 범주는 좀더 효과적인 인물설교로 나아가기 위한 안내 역할을 하도록 마련된 것이다.

1) 역사적 인물설교

어떤 의미에서 한 사람의 일대기는 역사이며 역사는 일대기이다. 이 점에 관하여 페리(Perry)는 이렇게 말한다. "일대기는 일종의 역사이다. 일대기는 주로 사람을 다루며 여기에 덧붙여 사건들을 다룬다. 반면에 역사는 주로 사건을 다루고 그에 덧붙여서 가끔 사람을 다룬다."[8] 그래서 모든 인물설교는 어느 정도 역사와 관련이 있다. 하지만 역사적 인물설교에서 강조점은 특정 역사 속에서의 인물의 발전 과정에 있으며, 역사적인 사건들이 진행되는 과정 속에서 나타나는 특정 인물의 삶을 다룬다.

역사적 인물설교의 몇 가지 중요한 특징은 다음과 같다. 첫째 이 설교는 특정 인물의 삶에 대한 이력(record)을 강조한다. 다시 말해서 이 설교는 특정 인물의 역사의 전개 과정에 집중한다. 그리고 이 설교는 특정 인물의 인생을 그의 역사 속에서 이력으로 남아 있는 사건들과 직접 결부시켜서, 그가 구체적으로 무엇을 했는지를 추적하면서 그 생애를 밝혀낸다. 또한 역사적 인물설교는 특정 인물의 생애에서 찾아볼 수 있는 중요한 시점을 따라서 대지를 구성하고 그 생애의 세부적인 사건들을 따라서 설교의 소지를 구성한다.

역사적 인물설교의 가치는 성경에 등장하는 인물의 생애가 전개되는 과정을 따라서 설교를 이끌어갈 수 있다는 점이다. 오늘날 우리도 성경의 인물들처럼 연속적으로 이어지는 삶을 살아가기 때문에 이런 설교는 오늘날의 청중에게도 매우 적시성 있게 선포될 수 있다. 또한 역사적 인물설교는 한 개인이 역사 속에서 어떤 공헌을 했는지를, 또 하나님과의 관계에서 어떤 유익을 얻어냈는지를 잘 보여준다. 이런 이유로 성경에 등장하는 과거 인물의 삶과 오늘날 청중의 삶 사이의 상호 유사성에 근거하여 메시지의 현대적인 적시성을 위한 토대가 마련된다.

이러한 유형의 설교를 효과적으로 전달하기 위해서는 설교하려는 인물의 삶에 관한 자세한 사항들을 파악하고 또 설교에서 직접 사용되는 세부 사항들을 현명하게 선별하여 설교 전달 과정에서 그 인물이 청중에게 생생하게 다가올 수 있도록 해야 한다.

베드로의 일생에 대한 역사적 인물설교를 위한 간략한 연구 개요를 다음과 같이 작성해 볼 수 있다.

I. 어부로서의 베드로
   A. 그의 직업(마 4:18)
   B. 그의 가정(막 1:29-31)

II. 제자로서의 베드로
   A. 그의 구원(요 1:40-42)
   B. 그의 소명(막 1:16-18)

    C. 그의 탁월함 – 항상 맨 처음 거명됨(막 3:13-15, 등등)
III. 사도로서의 베드로
    A. 교회 지도자(행 2-5, 8, 10, 12장)
    B. 선교사(고전 9:5)
    C. 성경 저자(베드로전, 후서)

이상의 개요는 베드로의 일생에 대한 중요한 연대기적 과정들을 보여주면서 베드로에 대한 인물설교가 전개될 수 있는 기본 윤곽을 제시한다. 하지만 이러한 연대기적 개요는 실제 설교의 개요와 다르다.[9]

2) 성품지향적 인물설교

성품지향적 인물설교는 성경에 등장하는 인물의 내적인 성품을 강조한다. 이 설교는 단지 그 인물이 무엇을 하였는가가 아니라, 왜 무슨 이유로 그렇게 행동하였는지의 인물의 행동 동기를 밝히려는 데 집중한다. 이렇게 내면의 본성을 강조하는 것은 한 사람의 인생의 모든 영역, 즉 영적인 영역과 정신적, 도덕적, 정서적, 사회적 영역, 그리고 심지어 육체적 영역까지를 포함하는 모든 영역에 해당한다. 이러한 모든 영역들은 설교하려는 인물의 특정한 성품을 형성하는 것과 상호작용을 한다. 성품지향적 인물설교는 인물의 관습이나 특징, 목적, 강점과 약점을 파악하는 데 집중하는데, 이런 모든 요소들은 그 사람의 외면적인 삶으로 나타나는 데 서로 영향을 끼치기 때문이다.

성품지향적 인물설교는 해당 인물의 전체 생애를 요약하여 다룰 수도 있고, 그 일생 중에서 특정한 성품만을 집중적으로 다룰 수도 있다. 특정한 성품만을 집중적으로 다루는 경우는, 그 인물에 관하여 이미 많은 분량의 정보를 확보하고 있거나, 또는 그 인물의 일생에서 다른 시기와 다른 전혀 대조적인 성품을 보여준 적이 있는 인물을 설교할 때 특히 적합하다. 예를 들어 다윗 왕은 종종 하나님과 아주 가까이 동행하는 삶을 살았기에 경건에 대한 훌륭한 모범으로 우리에게 각인되어 있다. 하지만 또 다른 때에는 죄악의 심연에 빠진 적도 있었다. 이런 경우 성품지향적인 인물설교의 일환으로 다윗의 특정한 성품이나 특정 시기의 타락한 모습에 관한 연속된 설교는 오늘날의 청중에게도 매우 강력한 호소력을 발휘할 수 있다.

성품지향적 인물설교를 전개할 때 설교의 대지는 인물의 연대기적인 발전 과정보다는 그 인생 전체로부터 발견할 수 있는 중요한 성품에 따라 나눌 수 있다. 그리고 더 세부적인 소지는 그 성품의 세부 사항들에 따라서 구성할 수 있다.

성품지향적 인물설교의 가치는 인물의 외면적인 행동보다는 인간의 내면적인 성품과 본성에 관한 통찰을 효과적으로 제시하는 능력에서 찾아볼 수 있다. 성품지향적 인물설교가 오늘날의 청중에게도 쉽게 적용될 수 있는 이유는 오늘날 인간 내면의 본성은 성경의 시대와 여전히 동일하기 때문이다. 예나 지금이나 사람들은 여전히 근본적으로 죄인이며 하나님의 말씀이 절대적으로 필요한 상태에 처해 있다. 또한 성품지향적 인물설교는 하나님께서 좋은 쪽으로 사용하셨던 인물들 뿐만 아니라 그렇지 못했던 사람들의 성품상의 특징들이 무엇이었는지를 분명하게 보여준다. 그래서 이러한 성품지향적 인물설교는, 매 순간마다 내면의 성품에 기초하여 선택을 내려야만 하는 상황에 직면하여 살아가는 오늘의 청중들로 하여금 올바른 내적 성품을 계발하고 발전시키는 데 도움을 줄 수 있다.

효과적인 성품지향적 인물설교를 위해서는 역사적 인물설교의 경우와 마찬가지로 어떤 인물의 일생에 대한 세부사항들을 파악해야 하고 또 실제 설교에서 활용될 자료들을 적절하게 선별하여 그 인물이 설교를 듣는 청중에게 생생하게 살아나도록 해야 한다. 하지만 명심할 점은 그 인물의 정보를 단순히 나열하는 것은 설교를 듣는 청중들을 지루하게 만들 뿐이라는 것이다. 그래서 성경의 인물에 대한 정보를 무조건 나열할 것이 아니라 그 중에 필요한 사항들을 적절하게 선별하고 실제 설교에서는 이를 효과적으로 활용하는 것이 더 중요하다.

모세의 일생에 관한 성품지향적 인물설교를 준비할 때, 특별히 그의 지도력에 초점을 맞추어서 하나님께서는 바람직한 리더십을 위하여 어떻게 지도자들을 훈련하시고 준비시키는지를 강조하는 설교의 개요를 아래와 같이 작성해 볼 수 있다.

I. 하나님은 지도자들을 지성적으로 준비시킨다.
    A. 하나님은 이들을 공식적인 교육 과정을 통해서 준비시킨다(행 7:22).
    B. 하나님은 이들을 실제적인 교육 과정을 통해서 준비시킨다(행 7:29-30).

II. 하나님은 지도자들을 사회적으로 준비시킨다.
    A. 하나님은 이들을 출생 과정 속에서 준비시킨다(출 2:1-2).
    B. 하나님은 이들을 어린 시절을 통해서 준비시킨다(출 4:18-14:31).
    C. 하나님은 이들을 경험을 통해서 준비시킨다(출 2:11-22).

III. 하나님은 지도자들을 영적으로 준비시킨다.
    A. 하나님은 이들을 헌신 속에서 준비시킨다(출 3:1-4:17).
    B. 하나님은 이들을 대결 속에서 준비시킨다(출 4:18-14:31).
    C. 하나님은 이들을 온유함 속에서 준비시킨다(민 12:3).
    D. 하나님은 이들을 기도 속에서 준비시킨다(출 32:30-32).
    E. 하나님은 이들을 믿음 속에서 준비시킨다(히 11:24-28).
    F. 하나님은 이들을 충성 속에서 준비시킨다(히 3:5).

성품지향적 인물설교에서 다루는 본문의 길이가 긴 경우, 설교 시간에는 그 중에 핵심 구절이라고 생각되는 부분만 직접 읽고 나머지는 종합하고 요약하는 지혜가 필요하다. 예를 들어 출애굽기에서 모세가 바로와 대면하고 10가지 재앙과 유월절 사건을 거쳐서 마지막으로 홍해를 건너는 과정을 담고 있는 4:18-14:31까지를 모두 다루어야 하는 경우, 성경 봉독 시간에는 바로와의 대결을 집약적으로 보여주는 5:1-2만을 읽고 설교하는 것이 더 바람직하다.

	역사적 인물설교	성품지향적 인물설교
강조점	인물의 일생에 대한 이력(record)	인물의 내면적인 성품
설교의 전개	그가 무엇을 했는지에 관한 연대기적 사건들을 따라서	왜 그렇게 행동하는지에 관한 내적 동기가 되는 요소들을 따라서
설교의 구조 — 대지	일생 중에서 중요한 시기를 따라서	인물에게서 발견되는 중요한 특성들을 따라서
설교의 구조 — 소지	일생 중에서 세부적인 사건들을 따라서	인물에게서 발견되는 세부적인 특성들을 따라서
장점	인물의 생애의 전개 과정을 따라서 설교가 진행됨	하나님께서 사용하시거나 거부하시는 사람들의 내적 성품과 속성에 대한 통찰을 제공함

〈도표 1.3 인물설교의 두 유형에 대한 비교〉

3. 인물설교에 대한 기본적인 질문들

인물설교를 염두에 두고 성경의 인물들에 대한 연구를 시작할 때 제기되는 다음 몇 가지 질문들을 해결해야 한다. 언뜻 보기에 이런 질문들은 그렇게 세심한 연구가 필요한 대단한 질문처럼 보이지 않을 수도 있지만, 성경에 등장하는 인물들을 오늘의 청중에게 효과적으로 의사소통하기 위해서는 꼭 해결되어야 하는 질문들이다.

첫째 질문은 '성경에서 이 인물은 어떤 유형의 사람으로 나타나는가?' 이다. 이 질문에 답하기 위해서는 그 인물의 자질과 성품을 자세히 연구해 보아야 한다. 둘째 질문은 '그로 하여금 그런 유형의 사람이 되도록 한 원인은 무엇인가?' 이다. 이 질문에 답하기 위해서는 그 인물의 생애에 영향을 준 주변 정황들, 즉 사건들과 속성, 난관, 행운 등등의 주변 요소들을 자세히 살펴보아야 한다. 셋째 질문은 '이 인물이 그런 유형의 사람으로 살아감으로써 파생된 결과는 무엇인가? 이다. 이를 위해서는 이 인물의 삶이 당대에서 그리고 심지어 후 세대에게 선한 쪽으로나 악한 쪽으로 어떤 영향을 끼쳤는지를 살펴보아야 한다.[10]

　인물설교 방법은 바람직한 강단 사역을 위해 매우 유익한 대안이랄 수 있다. 이 설교는 효과적으로 전달될 때 청중에게 여러 모로 유익을 주는 성경 강해가 될 수 있다. 이상에서 살펴본 역사적인 차원에서나 혹은 성품지향적인 차원의 어느 쪽으로 전하든 인물설교는 결국 오늘을 사는 성도들의 문제점들을 효과적으로 다루어 줄 수 있다. 하지만 명심할 점은 인물설교는 다른 유형의 성경적인 설교와 마찬가지로 본문에 대한 확고하고도 세심한 주석 작업에 기초해야 하며 진리와 확신 속에서 하나님의 말씀을 선포하기로 결심하는 가운데 전달되어야 한다는 것이다. 다음 장에서는 바로 그러한 기초에 관하여 살펴볼 것이다.

복습 질문들

1. 강해설교의 정의와 우선적인 목표는 무엇인가?
2. 현재 성도들의 필요를 다루는 성경적인 설교를 하기 위해서 결코 무시해서는 안 될 것은 무엇인가?
3. 두 가지 유형의 인물설교의 유사점과 차이점은 각각 무엇인가?
4. 인물에 대한 주해 과정에서 그 인물의 주관적인 요소들은 어떻게 취급해야 하는가?
5. 인물의 성품을 중심으로 설교하려고 할 때 염두에 두어야 할 중요한 질문은 무엇인가?
6. 유익한 인물설교를 위한 건전한 토대는 무엇인가?

연습문제

1. 요나에 대한 연대기적인 개요가 요나를 더욱 잘 이해하도록 도움을 주는 이유에 대해서 설명해 보라.
2. 니고데모의 일생을 다룬 성경 구절들을 찾아보고 그 일생의 연대기적인 과정을 재구성해 보라.
3. 사울 왕의 아들 요나단에 관한 인물설교를 위한 세 가지 중요한 질문들에 짤막하게 답해 보라.

인물설교, 이렇게 하라

02 인물설교의 철학

이 장의 목표 ■ ■ ■

> **이 장을 읽은 후에 여러분은,**
> ∞ 성경에서 인물에 관한 자료들을 연구할 때 제기되는 철학적인 문제들을 이해할 수 있게 되고,
> ∞ 성경의 영감에 관한 필요한 전제들을 이해하며,
> ∞ 성경이 기록된 의도에 관한 중요한 전제들을 파악하게 되며,
> ∞ 성경의 내러티브 장르의 기본적인 특징들을 알 수 있으며,
> ∞ 성경의 내러티브 장르를 해석하는 데 필요한 원리들을 파악할 수 있게 된다.

성경에서 인물들을 다루고 있는 부분은 주로 내러티브 장르이다. 그런데 성경의 내러티브로부터 적용 가능한 원리들을 끄집어내리려고 할 때 직접적으로 교훈적인 내용을 담고 있는 다른 장르들(예를 들어 서신서)과는 전혀 다른 몇 가지 문제점들이 나타난다.

1. 개략적인 문제점

신약의 서신서를 설교하려는 경우, 설교자들은 이런 본문들은 오늘날의 청중들에게도 그대로 적용 가능한 규범적인 자료들을 제시하고 있다고 생각한다. (무언가를 가르치려는 의도로 기록된) 교훈적인 장르들은, 하나님의 백성

들이 마땅히 취해야 할 어떤 신념이나 행동, 혹은 태도들을 규범적으로 제시하고 있음을 쉽게 알 수 있다. 규범적인 장르에 대한 이러한 전제는 서신서와 구약의 교훈적인 장르들에서 분명히 확인할 수 있다. 예를 들어 로마서 12:1에서 사도 바울이 "그러므로 형제들아 내가 하나님의 모든 자비하심으로 너희를 권하노니 너희 몸을 하나님이 기뻐하시는 거룩한 산 제사로 드리라 이는 너희의 드릴 영적 예배니라"고 말할 때, 이 본문이 성도들을 위하여 무엇을 요구하고 있는지를 이해하는 데는 별 어려움이 없다.

하지만 인물에 대한 전기적인 자료를 담고 있는 장르에서는 오늘의 성도들을 위한 분명한 규범을 찾아내기가 쉽지 않다. 이런 장르가 바로 내러티브이다. 구약성경에서 대략 40%가 내러티브 장르이며 신약의 복음서나 사도행전의 상당 부분 역시 마찬가지이기 때문에, 이런 장르로부터 인물설교를 시도하는 경우에는 이런 내러티브 장르들을 먼저 어떻게 해석해야 하는지에 관한 철학적인 질문에 직면하게 된다.[1]

예를 들어서 특정 인물의 연대기적인 자료들을 제공하는 성경 본문들이 본래 어떤 규범을 제시하려는 의도로 기록되었는지를 고려해 보아야 한다. 역사 속에 나타난 어떤 사람을 묘사하고 있는 내러티브 장르들은 오늘의 성도들에게 어떤 영적인 혹은 도덕적인 교훈을 가르치려고 하는가? 어떤 영적인 교훈이나 도덕적인 가르침을 규정하려는 의도가 아니라, 다만 하나님의 백성들 가운데 역사하셨던 하나님의 구원의 진행 과정을 보여주려는 서술적인 의도로 기록된 것인가?

이런 논란은 매우 복잡한 것으로 이 책의 제한된 지면으로는 충분히 다룰 수 없다.[2] 하지만 성경의 등장인물들에 대한 설교의 철학적인 토대를 마련하는 데 필요한 몇 가지 기본적인 전제들을 고려해 볼 필요는 있다.

2. 인물설교의 저변에 깔린 철학적 전제들

인물설교 뿐만 아니라 다른 유형의 설교를 준비할 때 먼저 성경의 속성에 대한 다음 몇 가지 분명한 확신이 전제되어야 한다.

1) 성경의 영감

성경의 영감은 일부 학자들 사이에서 열띤 토론과 논란의 중심 주제로 간주되어 오고 있지만, 본인은 성경은 문자 그대로 영감된 하나님의 말씀이라는 전제를 가지고 성경의 등장인물들에 관한 자료들을 해석한다. 즉 성경은 무오하다는 것이다.[3] 구약에서나 신약에서 성경은 그 자체로 하나님의 말씀임을 스스로 증명한다. 그래서 성경의 인물에 관하여 설교할 때, 나는 성경이 그 인물에 관하여 언급하고 있는 모든 것은 정확하다고 믿고 설교한다.

성경이 하나님의 영감으로 기록되었다는 근거는 하나님의 계시에 있다. 만일 하나님이 자신과 그 말씀을 인간에게 계시하기로 결정하지 않았더라면 영감도 전혀 일어나지 않았을 것이다. 계시란 다른 수단으로는 인간이 결코 알 수 없는 진리를 하나님이 인간에게 초자연적으로 제시하거나 알려준 것으로 정의할 수 있다. 이러한 계시에는, 하나님의 영광을 계속 분명하게 보여주며(시 19:1), 그의 불멸성과 권능 그리고 신성(롬 1:20)을 나타내는 창조를 통한 하나님의 자연 계시도 포함된다. 물론 모든 사람들이 다 받아들이는 것은 아니지만 이러한 하나님의 자연 계시는 모든 사람들이 바라볼 수 있다.

이러한 자연 계시 이외에 인류를 위한 하나님의 초자연적인 계시가 있다. 이 초자연적인 계시는 하나님이 일하시는 두 가지 특별한 영역과 관련이 있다. 첫째로 초자연적인 계시에는 양심을 통해서 표현되는 인간의 마음속에 하나님께서 친히 자신의 법을 심어주신 것이 포함된다(롬 2:14-15). 물론 이 계시는 양심이 부패하거나(딛 1:15) 마비될 때(딤전 4:2) 전혀 무용지물이 된다.

둘째로, 그리고 더 중요한 계시가 바로 성경을 통하여 하나님께서 인류에게 허락하신 초자연적인 특별 계시이다. 성경은 하나님께서 인류를 위하여 허락하신 완전한 계시를 담고 있다. 그 성경 속에서 우리는 하나님께서 분명하게 허락하신 계시를 접하게 된다. 성경이라는 하나님의 객관적인 계시는 영감을 통해서 하나님이 말씀이 기록되는 형태로 우리에게 주어졌다. 영감에 대해서는 여러 가지 다양한 정의가 존재하지만 다음의 정의가 매우 유익하다. 즉 영감은 성경의 초자연적인 특성을 가리키는 것으로, 성령 하나님께서 초자연적으로 인간 저자를 감동시켜서 그 개인의 독특한 개성과 스타일, 언어를 그대로 사용하여 하나님의 진리를 기록된 언어로 정확하게 표현하도록 하신 하나님의 역사를 말한다.[4] 그래서 성경의 영감 덕분에 이 기록물은 성령의 조명 아래서 인간의 마음과 심령에 하나님의 계시된 진리를 오류가 없이 정확하게 전달된다는 것을 보증할 수 있다. 성경을 통해서 하나님의 진리가 인간에게 전달된다는 것은, 성경 속에 하나님의 말씀이 포함되어 있다는 것이 아니라 성경이 곧 하나님의 말씀이라는 뜻이다. 성경의 영감을 확증하는 핵심 구절은 디모데후서 3:16-17과 고린도전서 2:9-12, 베드로후서 1:19-21이다.

이러한 구절들에서 성경은 영감이 자구적으로 이루어졌음을 확증하고 있다. 다시 말해서 성경의 모든 말씀이 하나님의 영감으로 기록되었다는 것이다 (삼하 23:2; 렘 1:9; 고전 2:13; 살전 2:15). 성경의 영감은 또한 완전하다. 다시 말해서 모든 성경의 모든 구절들이 진리로서 무오하며 하나님의 최종적인 권위를 갖고 있다(마 5:18; 딤후 3:16; 벧후 1:20-21).[5]

2) 영적인 능력

본인은 성경은 영감으로 기록되었고 무오하다고 확신할 뿐만 아니라, 하나님께서는 자기 자녀들이 그분의 말씀을 강력한 능력을 가지고 선포할 수 있도록 해주신다고도 믿는다. 성령을 따라서 하나님의 주권에 복종하고 하나님을 향한 헌신적인 삶과 신실한 기도 생활을 유지하는 강해설교자는 누구나 그의 말씀을 선포할 수 있다. 바클레이(Barclay)는 이렇게 말했다. "설교자는 학자

일 수도 있고 목회자나 행정가, 교회 정치가나 재치 있는 연사나 사회 개혁가
일 수도 있다. 하지만 설교자는 무엇보다도 먼저 성령의 사람이어야 한다."[6]

여기에서 본인의 의도는 설교자가 분명히 보여주어야 하는 영적인 삶의 모든 요소들을 자세히 나열하려는 것이 아니다.[7] 하지만 모든 설교자들은 무엇보다도 하나님의 말씀의 궁극적인 커뮤니케이터는 바로 성령 하나님이심을 명심해야 한다. 성령은 하나님의 말씀의 근원이자(벧후 1:21) 계시자(고전 2:10-12)이기 때문에, 우리는 말씀을 성공적으로 소통시키는 주역 역시 성령이라는 점을 명심해야 한다. 최고의 의사소통자인 하나님의 성령은 진리의 영이시며, 우리 안에 계시고(요 14:17), 우리에게 그리스도를 증거하시며(요 15:26), 진리 가운데로 인도하시며(요 16:13), 그리스도를 영화롭게 하는 데 전념하신다(요 16:14).

하나님의 진리를 전파하는 성령의 사역은 그리스도의 생애(눅 4:18)와 초대교회의 사역(행 4:31; 5:32; 13:2, 4, 9)에서도 분명히 나타난다. 성령은 하나님의 말씀에 권능을 부여하시는 분이다(살전 1:5-8; 고전 2:4-5). 물론 성령은 성경 메시지를 선포함에 있어서 사람을 사용하실 수 있으며 또 당연히 그렇게 하신다. 그래서 모든 설교자들은 성령을 소멸하거나(살전 5:19), 슬프게 하지 않도록(엡 4:30) 하여 성령의 권능과 효력이 장애받지 않도록 해야 한다. 스펄전은 우리 삶 속의 몇 가지 요인들 때문에 우리를 통하여 일하시는 성령의 사역을 방해할 수 있다고 경고하였다. 이러한 요인으로는 교만과 게으름, 영적인 불순종, 식어버린 헌신, 그리고 모순된 기도생활이 있다.[8]

3) 의도적인 목표

나는 성경이 영감으로 기록되었으며 오류가 전혀 없고 그 메시지를 선포하기 위한 영적인 권능이 우리에게 부여졌음을 확신할 뿐만 아니라, 하나님은 성경에 기록된 모든 메시지에 대하여 분명히 의도하는 계획을 갖고 계시다고도 믿는다. 이러한 전제는 성경이 스스로 밝히고 있는 객관적인 증언에 근거

한 것이다.

디모데후서 3:16-17은 하나님의 말씀이 의도하는 해석자를 안내하는 지침을 언급하고 있다. 이 구절을 살펴보면 성경을 공부하는 학생은 하나님께서 왜 그 구절을 본문의 특별한 강조점과 함께 특정한 위치에 기록해 두셨는지를 질문해야 한다는 것이다. 월터 라이펠트(Walter Liefeld) 역시 이 구절을 같은 맥락에서 이해하고 있다.

달리 말하자면, 우리는 하나님께 정중하게 이렇게 질문할 수 있다. "왜 하나님께서는 이 말씀을 여기에 기록해 두셨습니까?" 나는 여기에서 이 말씀이 가르치는 바가 무엇인가에 관해서 뿐만 아니라, 왜 이 말씀이 여기에 기록되어 있는가를 질문하고 있는 것이다. 때로는 본문의 전후 문맥을 살펴봄으로써 그 질문의 답이 더욱 분명해지는 경우도 있다. 반대로 본문 자체가 스스로 분명하게 말하기 때문에 모호한 점을 거의 찾아볼 수 없는 경우도 있다. 하지만 어떤 경우에는 성경의 특정한 책의 일반적인 방향에 대해서, 그리고 하나님께서 성경 전체를 영감으로 기록하신 목적에 대하여 알고 있는 모든 지식을 동원해서 주의 깊게 판단해야 할 때도 있다. 여기에서는 디모데후서 3:16-17이 많은 도움을 준다. "모든 성경은 하나님의 감동으로 된 것으로 교훈과 책망과 바르게 함과 의로 교육하기에 유익하니 이는 하나님의 사람으로 온전케 하며 모든 선한 일을 행하기에 온전케 하려 함이니라." 물론 여기에서 바울은 성경의 모든 기능을 이 한 구절에 다 담아서 표현하려고 하지는 않았을 것이다. 그러나 이 구절은 하나님께서 자신의 말씀을 영감시켜 기록하신 여러 다양한 목적들의 핵심을 담고 있는 것이 분명하다. 그래서 본인은 개인적으로는 어떤 구절을 연구하든지 거기에 디모데후서 3:16을 끌어다가 적용시켜서 그 본문의 목적과 기능을 이해하는 데 도움을 얻으려고 한다. 나는 디모데후서의 이 구절이 성경의 현재적인 적용을 이해하는 데 도움을 준다고 확신한다. 이와 아울러 이 구절은 성경 본문이 원래 기록되었던 목적을 이해하는 데는 전혀 도움을 주지 않는다고도 보기 어렵다.[9]

디모데후서 3:16-17이 '모든 성경'을 해석하는 기본 지침을 제공한다고 전제하면서 성경 인물에 관한 자료들을 제시하는 성경 구절들을 해석하려고 할 때, 하나님께서 의도하시는 목적에 따라서 이런 구절들을 평가해 보아야 한다. '모든 성경'은 (1) 교훈과 (2) 책망과 (3) 바르게 함과 (4) 의로 교육하기에 유익을 가져다 줄 목적으로 기록되었고, 또 (5) 3:17에 언급된 모든 선한 일을 할 수 있도록 하기 위하여 기록되었다.

사도 바울이 여기에서 성경은 '교훈'을 위해서 유익하다고 할 때 의미하는 바는 성경은 먼저 교리적인 진리를 가르치거나 교육하기에 유용하다는 뜻이다. 사실 성경은 모든 교리적인 신앙을 제시해 줄 수 있는 유일한 책이다. 또 성경은 '책망'을 위해서도 유익하다고 말하는데, 그 의미는 잘못된 모든 것들을 지적하고 밝히 드러낸다는 뜻이다. 성경은 어느 누구의 삶 속에 자리하고 있는 죄악과 그 죄로 말미암은 하나님과의 불화를 지적한다. 또 성경은 바르게 교정하는 데에도 유익을 주는데, 여기에는 회복에 관한 개념도 포함된다. 성경은 우리의 삶 속에서 무엇이 잘못되었는지를 지적할 뿐만 아니라, 그 사람은 하나님과의 올바른 관계를 어떻게 회복할 수 있는지에 관한 방법도 제시한다. 이 외에도 성경은 '의로 교육하기에 유익하다.' 여기에서 교육이라는 말은 어린 아이를 양육한다는 의미를 담고 있으며 여기에는 '훈육'이 필요하다(참고, 히 12:5, 7, 8에서도 같은 헬라어 단어가 사용됨). 성경은 의의 영역에서 우리를 연단하는데, 신분상으로든(롬 4:3) 혹은 실제적으로든(롬 6:13) 하나님과의 관계에서 올바른 존재에 합당한 성품이나 자질을 갖추어 가도록 하는 것이다.

결국 성경이 기록된 전체적인 목적은-디모데후서 3:17의 '이는'이라는 단어가 말해 주듯이-그리스도인(하나님에게 속한 사람이란 뜻의 '하나님의 사람')으로 하여금 '모든 선한 일을 행하기에 온전케 하려'는 것이다. 이 구절은 모든 요구를 이행할 수 있는 유능한 성도의 자질에 대하여 암시하고 있는데, 이러한 자질은 무엇보다도 성도가 성경을 통해서 온전한 존재로 구비되었기 때문에 가능한 것이다. 성도란 의로운 삶을 살기에 충분하게끔 구비되어야 한다. 그리고 오류가 없는 성경은 성도들이 매일의 삶 속에서 "모든 선한 일을 행하는 것"으로 절정에 달하는 온전한 삶을 살 수 있도록 준비시킨다.

특정 인물에 관한 전기적인 내용으로 가득 찬 내러티브 본문 역시 하나님의 목적을 이루려는 의도로 기록되었다. 그래서 이런 본문들을 그저 인물에 관한 평범한 서술로 받아들여서는 안 된다. 이런 본문들 역시 성도들을 매일 모든 선한 일을 행할 수 있도록 구비시키려는 하나님의 전체적인 목적을 실행할 의도를 갖고 기록되었다. 그래서 심지어 내러티브 본문들도 그 본래의 속성상 규범적이라고 할 수 있다.

이러한 결론을 내리는 데 필요한 정보를 제공해 주는 몇몇 성경 구절들로서 로마서 15:4과 고린도전서 10:6, 10이 있다.[10] 먼저 로마서 15:3에서 사도 바울은 성도는 하나님에 대해서 그리고 성도들 사이에 서로 책임을 져야 하며 그리스도께 충성해야 한다는 앞의 14장의 논증을 보강하기 위하여 시편 69:9을 인용하고 있다. 그 다음 15:4에서 바울은 자신의 논증에 시편 뿐만 아니라 모든 성경을 포함시키면서 이렇게 말하고 있다. "무엇이든지 전에 기록한 바는 우리의 교훈을 위하여 기록된 것이니 우리로 하여금 인내로 또는 성경의 안위로 소망을 가지게 함이니라." 여기에서 사도 바울은 로마에 사는 성도들에게 모든 내러티브 장르들과 등장인물들에 대한 전기적인 내용들을 포함하여 당시에 기록된 성경으로 남아 있는 모든 구약성경은 아주 구체적인 목적을 위하여 기록되었노라고 말하고 있다. 그 첫 번째 목적은 "우리의 교훈"을 위한 것이다. 즉 "역사든, 모형이든, 예언이나 훈계나 모범적인 사례이든, 여기에 기록된 모든 것은 성도의 교훈을 위하여 기록되었다"는 것이다.[11] 그 다음 성경이 기록된 둘째 목적은 소망을 주려는 것이다.

  그리스도인들은 과거(자기 마음대로 살지 않았던 다른 사람들의 모습에 관하여 구약성경에 기록된 것들)로부터 배우고 또 미래의 소망을 미리 바라보는 가운데 현재의 고난에 대하여 인내할 동기를 얻게 되고 위로를 받게 된다.[12]

과거의 경험으로부터 얻을 수 있는 교훈과 소망에 관한 또 다른 사례는 고린도전서 10:6, 11에서 찾아볼 수 있다. 이 장에서 사도 바울은 구약성경에 기록된 몇 가지 구원 사건을 언급한다. 그런데 이 모든 사건들이 구약성경에는 내러티브 단락에 기록되었으며, 그 모든 단락에는 인물에 대한 전기적인 정보들이 들어 있다는 점을 눈여겨보라. 여기에서 사도 바울이 언급하고 있는 사건들로는 구름기둥에 관한 이야기(출 13장), 홍해를 건넌 사건(출 14장), 광야에서 만나를 먹었던 일(출 16장), 반석에서 물을 마셨던 사건(출 17장), 금송아지 우상을 숭배했던 일(출 32장), 음행을 범했던 사건(민 25장), 불뱀에 물렸던 일(민 21장) 그리고 여호와께 불평하였던 일(민 14장) 등등이 있다.

고린도전서 10:6에서 사도 바울은 주저하지 않고 이렇게 선언한다. "그런 일은 우리의 거울이 되어 우리로 하여금 저희가 악을 즐겨한 것같이 즐겨하는 자가 되지 않게 하려 함이니." 또 11절에서는 이렇게 말하고 있다. "저희에게 당한 이런 일이 거울이 되고 또한 말세를 만난 우리의 경계로 기록하였느니라." 내러티브나 인물에 대한 전기적인 단락들이 실려 있는 성경의 증언은 후대를 위한 분명한 목적을 갖고 있다. 성경은 하나님이 염두에 두고 있는 목적을 담고 있기 때문에, 성도들의 삶 속에서 이뤄지기를 원하는 하나님의 목적을 달성하는 데 꼭 필요로 하는 모든 것에는 내러티브 본문도 포함된다는 점을 명심할 필요가 있다. 즉 성경적인 계시에서는 그 어느 것 하나라도 무시해서는 안 된다.

그런데 성경은 저자들이 일부 정보를 기록에서 누락시켰음을 분명히 밝히고 있다.[13] 예를 들어 사도 요한은 복음서 마지막 부분에서 이렇게 말하고 있다. "예수의 행하신 일이 이 외에도 많으니 만일 낱낱이 기록된다면 이 세상이라도 이 기록된 책을 두기에 부족할 줄 아노라"(요 21:25). 그래서 예수의 생애에 대한 요한의 기록은 선별적으로 기록되었다는 점이 분명하다. 요한은 자기가 알고 있는 모든 것을 다 기록하지는 않았고, 또 요한은 주님의 전 생애를 모조리 다 알고 있지도 않았다. 요한은 나름대로의 기록 의도를 성취하기 위하여 자신의 복음서에 기록할 내용들을 선별하였는데(요 20:20-31), 그렇다고 이러한 선별 작업이 기록의 정확성을 어떤 식으로든 결코 침해하지도 않았다(요 21:24). 아브라함의 생애를 잠깐 연구해 보더라도 그 생애 중에 전혀 알 수 없는 부분들이 금방 나타난다. 예를 들어 창세기 16장과 17장 사이에 약 13년의 침묵하는 세월이 자리하고 있다. 모세의 생애에 대해서도 처음 80년 간의 인생이 출애굽기 1장과 2장 사이에 너무 간결하게 처리되어 있다. 성경의 내러티브는 현대의 독자들에게 어떤 인물의 생애 중에 일어난 모든 사건들의 목록을 빠짐없이 제공하지는 않는다. 하지만 일단 성경에 기록된 사건들이나 말들, 그리고 사례들 모두는 나름대로 의도를 갖고 있으며, 그 구절을 통해서 달성하려는 하나님의 의도와 관련해서 전혀 흠이 없다는 사실을 명심해야 한다.[14]

그래서 인물설교를 전하려는 설교자는 이러한 내러티브 본문에 기록된 인물들의 생애로부터 얻어낸 영적인 교훈들이 오늘날의 성도들에게도 여전히 연관성을 갖고 있으며 여전히 유효한 교훈을 제시한다는 확신을 가지고 본문에 접근해야 한다. 하나님은 성경에 기록된 모든 말씀이 독자들에게 규범성을 갖도록, 다시 말해서 오늘을 사는 성도들에게 꼭 필요한 경건한 삶을 규범적으로 제시하려는 의도를 갖고 계시다. 그런데 설교자는 이러한 확신과 아울러 모든 내러티브 단락들은 우리가 꼭 알아야 할 모든 정보들을 액면 그대로 다 담고 있지 않다는 점도 명심해야 한다. 또 모든 내러티브 본문들이 경건한 삶을 살아가는 데 적용될 만한 원리들을 동일한 방법으로나 혹은 동일한 정도로 획일적으로 제시하고 있는 것도 아니다. 물론 이러한 주의사항은 내러티브 단락이든 아니든 성경의 모든 본문들에서도 똑같이 나타나는 현상이다.

	긍정적인 사례
신약의 관련 구절	로마서 4:23-24 "저에게 의로 여기셨다 기록된 것은 아브라함만 위한 것이 아니요 의로 여기심을 받을 우리도 위함이니 곧 예수 우리 주를 죽은 자 가운데서 살리신 이를 믿는 자니라."
구약의 내러티브	하나님과 아브라함의 관계(창 12-25장)
구약의 사건	아브람이 여호와를 믿으니 여호와께서 이를 그의 의로 여기시고 (창 15:6).
교훈의 목적	올바른 교리 제시
	부정적인 사례
신약의 관련 구절	고린도전서 10:6, 10 "그런 일은 우리의 거울이 되어 우리로 하여금 저희가 악을 즐겨 한 것같이 즐겨하는 자가 되지 않게 하려 함이니." "저희 중에 어떤 이들이 원망하다가 멸망시키는 자에게 멸망하였나니 너희는 저희와 같이 원망하지 말라."
구약의 내러티브	출애굽 이후 약속의 땅으로 진행하는 도중의 하나님과 이스라엘의 상호관계(출애굽기, 민수기)
구약의 사건들	이스라엘 백성들이 애굽에서 탈출함, 많은 이스라엘 사람들이 우상숭배로 하나님을 배반함(출 32장), 음행을 범함(민 25장), 하나님에 대한 불평(민 14장, 16장 등등), 불뱀에 물린 사건(민 21장).
교훈의 목적	올바른 행위

〈도표 2.1 규범적 목적을 제시하는 신약성경의 증거〉

3. 내러티브 본문의 특징들

성경의 인물에 대한 대부분의 정보는 주로 내러티브 본문에서 얻어낼 수 있기 때문에 이 장르의 특징을 올바로 이해하는 것이 매우 중요하다.[15]

1) 내러티브 본문의 연구 수준

내러티브 본문은 상위와 중간, 그리고 하위의 세 가지 수준에 따라서 연구할 수 있다. 성경의 내러티브를 해석할 때에는 이러한 세 가지 해석 수준이 동원되는데, 각각의 수준은 내러티브 이야기를 나름대로 독특한 관점으로 접근하도록 도와준다.

먼저 상위 수준은 하나님과 그분의 우주적인 계획, 그리고 하나님께서는 피조계 속에서 이 계획을 어떻게 이루어 가는지에 관하여 다룬다. 중간 수준은 하나님의 백성들, 즉 구약의 이스라엘과 신약의 교회에 집중한다. 마지막으로 하위 수준은 그 위의 두 수준과 관련해서 꼭 필요한 개개인과 사건들에 대한 모든 이야기들로 이루어져 있다.

> 이 점을 주의 깊게 살펴보자. 구약의(그리고 신약도 마찬가지이다) 모든 개별적인 내러티브들(하위 수준)은 이 세상 속에서 진행되고 있는 이스라엘의 역사에 관한 좀더 커다란 내러티브(중간 수준)의 일부분들이다. 그리고 다시 이러한 내러티브들은 하나님께서 창조하신 피조계와 그에 대한 하나님의 구속에 관한 우주적인 내러티브(상위 수준)의 일부분에 해당한다. 이 궁극적인 내러티브는 구약성경을 넘어서 신약성경까지로 확장된다.[16]

그래서 성경의 내러티브 단락은 이상의 세 수준 중의 어느 하나의 수준에 따라서 해석될 수 있다. 예를 들어서 구약성경에 요셉의 일생에 관한 내러티브를 연구하고자 할 때, 그 해석의 수준은 세 가지 수준을 전부 동원하여 해석

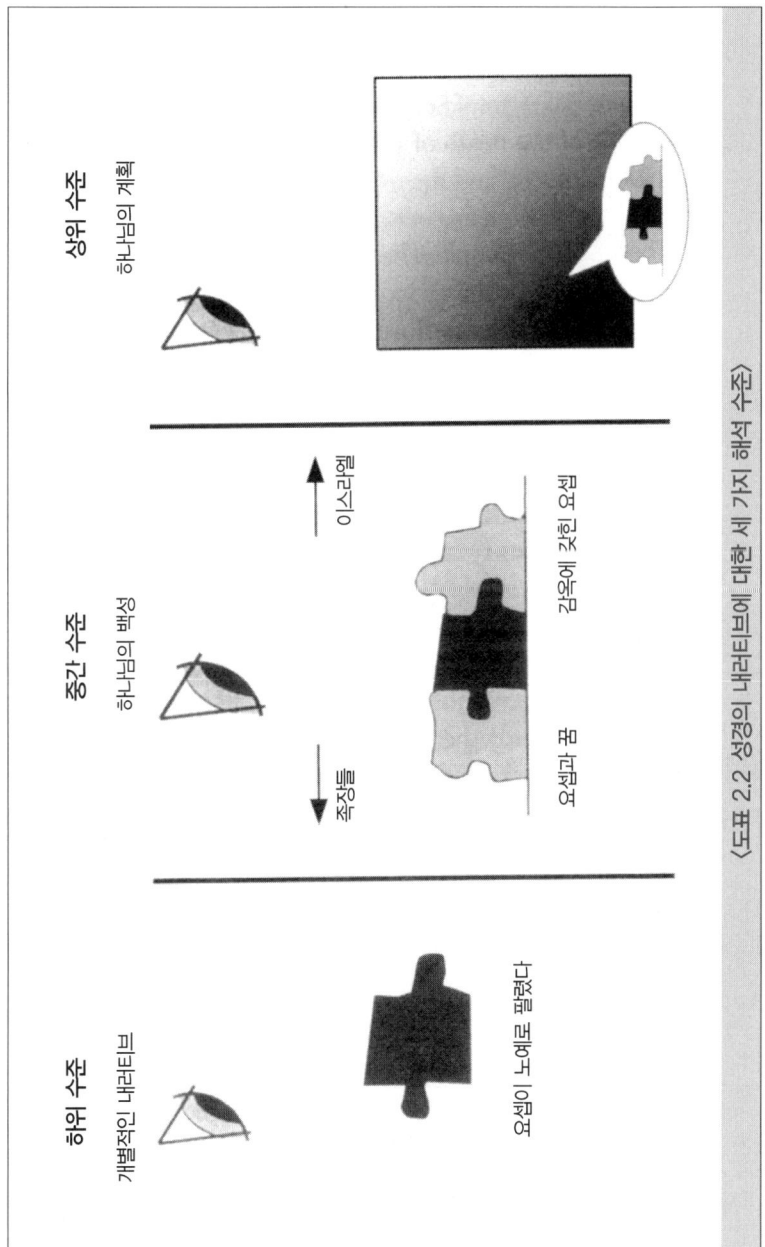

〈도표 2.2 성경의 내러티브에 대한 세 가지 해석 수준〉

할 수 있다. 먼저 하위 수준에서는 야곱이 요셉에게 채색옷을 만들어 입힌 일에 대해서나, 요셉의 형들이 그를 애굽에 팔았던 일, 또는 보디발의 아내가 그에 대해서 거짓말했던 일이나, 그가 감옥에서 어떻게 다른 사람들의 꿈을 해석해 주고 또 결국 바로의 꿈을 해석해 주는지에 대해서 연구해 볼 수 있다. 그 다음 중간 수준에서는 요셉이 애굽으로 팔려간 일이 어떻게 해서 이스라엘, 즉 하나님의 백성들 모두의 구원과 관련이 있으며 그 나라가 더욱 자라도록 준비하는 계기가 되었는지를 중심으로 살펴볼 수 있다. 마지막으로 상위 수준에서는 요셉이 우리에게 상기시켜주는 바와 같이(창 50:20) 모든 사건들과 정황들 속에서 역사하는 하나님의 주권적인 섭리의 손길을 중심으로 요셉의 일생을 연구할 수 있다.

2) 내러티브 본문에 대한 접근

성경의 내러티브는 하나님의 백성들의 삶과 행동 속에서 그리고 그를 통해서 역사하는 하나님의 섭리를 강조한다. 내러티브에 등장하는 인물들에 관계없이 또 그 행위가 얼마나 사소하든 혹은 위대하든 관계없이, 그가 얼마나 의롭든 반대로 악하든 관계없이 성경 내러티브의 궁극적인 관심은 바로 하나님이다. 그래서 성경의 인물에 대하여 연구할 때 해석자는 언제나 이 사실을 명심해야 한다. 즉 어떤 인물이 얼마나 선한가 혹은 악한가의 여부에 집중하는 대신, 그런 인물을 통해서 자신의 궁극적인 계획을 성취해 가시는 하나님이 과연 얼마나 위대하신가 하는 사실에 집중해야 한다. 실제로 약하거나 악한 사람이 하나님의 위대하심을 분명하게 드러내는 인물로 사용되는 경우도 있다.

그리고 성경의 내러티브는 우화적 관점이나 영해의 관점에서 해석되어서도 안 된다. 이런 방법보다는 다른 장르에도 해당되는 기본적인 해석 원칙들이 그대로 내러티브 장르에도 적용되어야 한다. 성경의 내러티브 단락의 의미가 분명하지 않거나 혹은 하나님의 전체적인 계획 속에서 차지하고 있는 등장인물의 행동이 다소 모호하다고 해서, 해석자가 본문에 대해서 억지로 강요할 만한 어떤 숨은 뜻이 본문 속에 들어 있는 것은 아니다.[17]

또 성경의 내러티브가 도덕적이거나 교리적인 진리를 가르치는 경우에 그 방식은 직접적이기 보다는 간접적이며 명백한 방법보다는 암시적으로 가르친다. 내러티브 장르에 실린 어떤 이야기는 특정 진리를 직접적으로 언급하지 않으면서도 아주 강력하고도 분명하게 진리를 전달한다. 즉 어떤 인물의 삶 속에서 발생한 사건은, 직접적으로는 교리적인 가르침이나 영적인 교훈을 구체적으로 제시하지는 않더라도 성경의 다른 교훈적인 구절들에서 찾아볼 수 있는 것과 마찬가지의 명백한 교훈을 내러티브를 통해서 분명하게 전달하고 있다. 예를 들어 세례 요한의 죽음에 관한 신약성경의 내러티브 본문에서(마 14:3-12) 헤롯은 요한을 체포하고 있는데, 여기에서 발견할 수 있는 분명한 교훈은 '요한은 헤롯의 부도덕한 결혼생활을 책망했다' 는 점이다. 또 헤롯은 세례 요한을 죽이려고 했지만 사람들을 두려워해서 그러지 못했다. 그 후 헤로디아의 딸이 헤롯 앞에서 춤을 추어서 사람들을 기쁘게 하자 헤롯은 그녀가 요구하는 것은 무엇이든지 들어주겠다고 약속한다. 그러자 그녀는 제 어미의 요구에 따라 세례 요한의 머리를 헤롯에게 요구한다. 이 요구에 대해서 헤롯은 한편으로는 근심하면서도 결국 요한을 참수하도록 명령한다. 이 단락은 경솔하게 맹세하는 문제와 관련된 그 어떤 가르침을 직접적으로 밝히고 있지는 않다. 또 살인하지 말라는 그 어떤 체계적인 교훈이 주어지는 것도 아니다. 다만 이 본문의 내러티브는 사건 자체에 대한 기록을 통해서 그러한 교훈과 가르침들을 간접적으로 전달하고 있다.

마지막으로 명심할 점은 성경의 내러티브의 세부 요소들이 모두 다 어떤 특별한 의미를 전달하는 것은 아니라는 점이다. 어떤 이야기든 그 이야기가 전개되면서 의미를 전달하기 위해서는 수많은 세부 요소들을 필요로 한다. 하지만 이러한 개별적인 요소들 하나하나가 그 자체로 무슨 특별한 의미를 항상 가지고 있는 것은 아니다. 오히려 이런 세부적인 요소들은 전체 이야기가 궁극적으로 의도하는 결론적인 의미를 전달하도록 돕는 역할을 한다. 이렇게 내러티브는 대체적으로 전체적인 요점을 지향하고 있으며 이러한 결론적인 의미가 내러티브 단락을 연구할 때 찾아내야 할 목표이다. 그래서 내러티브 장르는 어떤 신학적인 진리를 암시적으로 가르치려는 의도를 가지고 역사적인 사건들을 선별적으로 기술한 것으로 이해할 수 있다.[18]

4. 내러티브 단락에 대한 해석

인물설교를 준비하는 과정에서 하나님의 말씀을 정확하게 해석하려는 의식을 가진 설교자는 무엇보다도 내러티브 장르를 먼저 정확하게 해석해야 한다. 고든 피(Gordon Fee)와 더글라스 스튜어트(Douglas Stuart)가 제시한 다음 열 가지 해석 원칙을 성경 본문을 해석하는 과정에 적용시킬 때 유익한 도움을 얻을 수 있다. 아래의 원칙들은 주로 구약의 내러티브를 염두에 두고 있지만 신약의 내러티브에도 동일하게 적용될 수 있다.

1. 일반적으로 구약의 내러티브는 어떤 교리를 직접적으로 가르치지는 않는다.
2. 다른 곳에서는 명제적으로 가르치는 교리들을 구약의 내러티브는 보통 예증적인 방식으로 제시한다.
    [이 진술은 타당하지만 내러티브 단락들 역시 어느 특정한 교리적인 진리를 가르칠 목적으로 기록되었다는 것도 기억해야 한다.]
3. 내러티브는 과거에 일어났어야만 했던 것이나 또는 매 번 일어나야만 하는 것보다는, 과거에 일어났던 사건을 기록하고 있다. 그렇기 때문에 모든 내러티브가 개별적으로 식별할 수 있는 고유한 도덕률을 담고 있는 것은 아니다.
    [하지만 앞에서도 살펴보았듯이 내러티브 단락에는 나름대로 의도하고 있는 신학적인 강조점이 들어 있다.]
4. 내러티브에서 사람들이 보여주고 있는 것은 항상 선한 사례만 있는 것은 아니다. 때로는 그와 정 반대의 경우도 발견된다.

5. 구약의 내러티브에 등장하는 대부분의 인물들은 완벽한 것과는 거리가 멀고 그들의 행동도 마찬가지이다.
6. 내러티브의 마지막 부분에서는 그동안 일어났던 일이 선하거나 악하다는 평가가 항상 분명하게 나타나는 것은 아니다. 그래서 해석자는 성경의 다른 곳에서 직접적으로든 혹은 범주적으로 하나님께서 가르치신 것들에 근거하여 내러티브의 결론적인 의미를 유추해야 한다.
7. 모든 내러티브의 기록은 선별적이며 완전하지 않다. 또 관련된 모든 사항들이 다 기록된 것도 아니다(참고 요 21:25). 다만 내러티브에 기록된 것들은 영감을 받은 저자가 생각하기에 우리가 반드시 알아야 할 중요한 것이라고 생각해서 기록해 두었다는 것이다.[19]
8. 내러티브 단락들은 우리가 던질 수 있는 모든 신학적인 질문들에 응답하고자 기록된 것이 아니다. 그 내러티브는 어느 특별하고도 제한적인 목적만을 가지고 있고 일부 문제만을 다룰 뿐이고 다른 문제는 다른 사람들이 그 밖의 다른 방법으로 다른 곳에서 다루도록 내버려 두고 있다.
9. 내러티브는 어떤 교훈을 (무언가를 분명하게 언급함으로써) 직접적으로 가르칠 수도 있고 반대로 (실제적으로 언급하지는 않지만 무언가를 분명히 암시함으로써) 암시적으로 가르칠 수도 있다.
10. 성경의 내러티브를 해석할 때 마지막으로 염두에 둘 것은 하나님이 모든 내러티브의 주인공이시라는 것이다.[20]

내러티브 본문을 해석할 때의 관심사는 성경의 인물에 관한 정보를 끌어내는 것이므로 내러티브 본문에 대한 연구에서는 자세한 문법적인 분석은 그렇게 많이 강조하지 않는 경우도 있다. 하지만 문맥의 구문론적인 상호관계에 대해서는 관심을 기울일 필요가 있다. 그리고 특별한 구나 절에 대해서는 좀 더 자세한 연구가 필요하다.

내러티브 단락에 대한 효과적인 연구를 위해서는 때로는 수많은 단락으로 이루어진 긴 본문 전체를 커다란 시각으로 접근하는 것이 필요할 때도 있다.

이런 경우에는 점차적으로 발전되어 가는 사건의 연속적인 흐름을 눈여겨 살펴보는 것이 중요하다. 이렇게 커다란 시각으로 본문을 접근할 때 성경 저자가 견지하고 있는 기본적인 의도나 폭 넓은 원칙들을 찾아보는 것이 중요하다. 또 저자가 특별히 선택하거나 의도적으로 배열하고 있는 자료들을 찾아보는 것도 좋은 방법이다.

내러티브 단락을 해석할 때 다음과 같은 질문들을 던지다 보면 그 단락을 해석해 가는 방향을 쉽게 확보할 수 있다.

1. 이 단락에 등장하는 사람들은 누구인가? 우리가 그들에 관하여 알고 있는 것은 무엇인가? 그들이 왜 그리고 어떻게 언급되고 있는가? 그 인물과 대조적이거나 보완적인 인물은 누구인가? 역사적인 사건의 전개 과정에서 이들은 어떤 역할을 맡고 있는가?
2. 이 단락의 구조는 어떻게 짜여져 있는가? 이 단락의 연대기적인 전개나 논리적인 전개 과정은 어떻게 요약할 수 있을까? 이 단락에 통일성을 제공하는 것은 무엇인가? 이 단락은 한 편의 삽화로 끝나지 않고 좀더 커다란 이야기를 구성하고 있는 일부분인가? 만일 그렇다면 이 단락은 전체 이야기와 어떻게 연결되는가?
3. 성령께서는 왜 이 구절을 바로 이 자리에 기록하도록 하셨는가? 이 구절에 동반되는 부수적인 배경은 무엇인가? 이 구절과 관련된 당시에 발생한 또 다른 사건들은 무엇이 있는가?
4. 이 구절 전후로 어떤 갈등이 일어나고 있는가? 만일 그렇다면 그 갈등은 해결되었으며, 어떻게 해결되었는가?
5. 이 단락에는 어떤 특별한 단어나 구절, 혹은 개념이 등장하는가? 그 의미는 무엇인가?
6. 이 단락에서는 어떤 명령이나 약속, 혹은 권면이 직접 언급되고 있는가? 이 단락은 원래의 독자들에게 무슨 의미를 전달하려고 하였는가? 또 후세대들에게 전달하려고 의도했던 의미는 무엇인가?

7. 직접적으로 언급되고 있지는 않지만 그 저변에는 어떤 교훈이 암시적으로 깔려 있는가? 그 교훈이 직접적으로 언급되지 않은 이유는 무엇인가?
8. 이 단락에서 발견할 수 있는 하나님의 본성과 행위는 무엇인가? 또 인간의 본성과 행위는 어떻게 나타나고 있는가? 이런 것들은 오늘날의 사람들에게 어떻게 적용될 수 있을까?
9. 이 단락은 모범적인 사례를 보여주는가 아니면 경고를 하고 있는가? 그렇다면 어떻게 그런 기능을 하는가?
10. 이 사건은 후 세대에게 규범을 제시하는가 아니면 이례적인 사건인가? 그렇게 생각하는 이유는 무엇인가?

인물설교를 염두에 두고 내러티브 단락을 접근할 때는 그 단락을 가능한 정확하게 해석한 다음에 전달할 때에는 확고한 권위를 가지고 선포해야 한다. 그래서 성경의 내러티브 단락을 해석하고 전달할 때 그 설교의 강조점은 다수한 과거의 역사적 사실에 기초하는 것이 아니라 그 역사 속에서 행동하신 하나님에 근거해야 한다. 하나님께서는 사람을 다루실 때 자신의 성품에 일치하는 영적인 원리에 따라서 행동하신다. 따라서 설교의 초점은 역사적인 사건을 담고 있는 본문 속에서 확인할 수 있으며 이런 사건에 관여한 사람들의 삶을 통해서 제시되고 있는 무시간적인 원리(윤리적이고 영적이며 도덕적이고 교리적인 원리들)에 근거해야 한다.

인물설교를 준비하기 위하여 성경을 해석하는 과정에서 늘 명심할 점은, 비록 우리는 성경의 인물들과는 전혀 다른 시대에 태어났지만 오늘날의 인간의 속성은 타락 이래로 항상 똑같다는 것이다. 그리고 사람은 항상 그러해왔듯이 하나님과 우리 서로에 대한 책임은 늘 변함없이 동일하다. 인물설교는 하나님의 말씀으로부터 그러한 무시간적인 진리를 제시할 수 있는 탁월한 기회를 제공해 주는 설교이다.[21]

복습 질문들

1. 성령의 사역은 성경의 메시지를 전하는 설교자의 사역에 어떠한 영향을 주는가?
2. 디모데후서 3:16-17은 설교에 대한 철학적인 근거를 마련하는 데 어떤 지침을 제공하는가?
3. 내러티브 단락을 어떻게 서술적인 관점 뿐만 아니라 규범적인 관점으로 이해할 수 있을까?
4. 내러티브 단락을 해석하는 세 가지 수준의 관점은 무엇인가?
5. 내러티브 본문은 어떻게 진리를 직접적인 방법보다는 간접적으로 가르치는가?
6. 내러티브 본문을 해석할 때 좀더 포괄적인 전후 문맥에 대한 연구가 필요한 이유는 무엇인가?

연습문제

1. 내러티브 본문에 대한 세 가지 수준의 해석 관점을 창세기 3장에 적용시켜 보라.
2. 앞에 제시된 내러티브 본문에 대한 열 가지 질문들을 왼손잡이 사사 에훗의 생애에 적용시켜 연구해 보라.
3. 사무엘상의 저자가 17장에서 다윗과 골리앗의 전투를 길게 다루는 이유는 무엇인가?

03 인물설교의 가치

이 장의 목표 ■ ■ ■

이 장을 읽은 후에 여러분은,

∞ 인물설교에 대한 대중적인 호소력을 이해할 수 있으며

∞ 인물설교의 실제적인 가치를 이해할 수 있다.

    A. 인물설교가 어떻게 무시간적이며 교리적인 진리를 가르칠 수 있는지

    B. 인물설교가 어떻게 개인적이고 사회적인 윤리를 가르칠 수 있는지

∞ 또 인물설교가 오늘날의 청중의 삶에 미치는 강력한 영향력을 파악할 수 있다.

    A. 이 설교는 기억하기 쉬우며

    B. 변명을 차단할 수 있으며

    C. 실패를 진단할 수 있고

    D. 소망을 제공해 주며

    E. 청중의 필요를 충족시켜 줄 수 있다.

∞ 성경적인 진리를 효과적으로 전달해 주는 인물설교의 유익한 속성을 잘 인식할 수 있다.

    A. 이 설교가 어떻게 성경을 생생하게 느끼도록 해주는지 이해할 수 있으며

    B. 이 설교에 담긴 본래의 묘사적인 능력을 이해할 수 있고

    C. 어떻게 진리를 분명하게 제시하는지 이해할 수 있으며

    D. 이 설교가 어떻게 삶을 바꾸는 능력을 지녔는지를 이해할 수 있다.

가끔 일각에서는 설교는 성경 본문 한 절, 한 절에 대한 주해에 집중해야 한다고 주장한다. 그래서 현재 설교에 관하여 출간되고 있는 많은 책들은 주로 이런 방법만을 배타적으로 다루면서 다른 방법들은 완전히 무시하려든다.[1] 이런 책에서 전제하고 있는 것은 바람직한 설교란 성경 본문을 한 번에 한 구절씩 연속적으로 주해하는 것이라고 주장한다. 하지만 이러한 견해는 오직 이러한 유형의 강해설교에 스스로 국한된 것으로서, 성경이라는 거대한 진리의 창고를 성도들에게 풍부하게 제공해 줄 수 없다. 그러나 신앙에 관한 위대한 교리를 파악하기 위해서는 좀더 주제적인 접근이 필요한 경우도 있다. 또 성경에 대한 주제적인 접근을 무시하면 성경에 등장하는 수많은 인물들의 가치는 결코 맛볼 수 없다.

물론 성경을 한 절씩 연속적으로 다루는 강해설교의 가치에 대해서는 의심의 여지가 없다. 사정이 그렇더라도 왜 다른 방법은 사용해서는 안 되는지에 대해서 질문해 볼 필요가 있다. 그렇다면 인물설교에는 어떤 유익이 있는가? 어떤 설교학자는 인물설교의 가치에 대해서 이렇게 평가하고 있다.

> 인물설교는 한 발은 오늘날의 세계 위에 굳건히 서 있으면서도 동시에 다른 발은 딱딱한 성경적인 자료들 위에 서서 양쪽을 서로 결합하려고 한다. 그래서 설교자와 청중 모두를 위해서 성경적인 자료들과 오늘날의 연관성을 효과적으로 연결시켜 준다. 이러한 형태-즉 어떤 의미로 볼 때 두 세계를 가장 잘 결합한 형태-가 그토록 인기리에 환영을 받고 또 지속되는 것이 참으로 놀랍지 않은가?[2]

그렇다면 인물설교는 설교자와 청중 모두에게 어떤 특별한 가치를 지니고 있는가? 왜 설교자는 인물설교를 전해야 하는가? 이런 설교를 전하려는 설교자의 동기는 무엇인가? 또 이런 유형의 설교를 통해서 달성하려는 목적은 무엇인가?

인물설교를 강조하는 이유는 일차적으로는 다른 유형의 성경적인 설교와 동일하다. 그런 이유들은 설교나 목회에 관한 여러 책들에 여러 방식으로 서술되어 있다. 하지만 인물설교에는 결론적으로 다음과 같은 몇 가지 직접적인 유익이 있다.

1. 강한 호소력을 발휘하는 인물설교

성경의 인물에 대한 설교는 대중적인 호소력이 강하다. 사람들은 자기네 사람들에 대해서 관심이 많다. 약국에 들르거나 슈퍼마켓에 들르다 보면, 사람들을 다루고 있는 여러 인기 있는 잡지들을 만나게 된다. 그 중에 오늘날 인기 있는 잡지 이름이 바로 『사람들』(People)이다. 또 사람들의 살아가는 모습을 강조하는 수많은 베스트셀러 책들을 생각해 보라. 일반 서점에도 영화 스타들이나 장성군인들, 자동차 경주 선수들, 축구 선수들, 탐험가 그리고 심지어 건축가들의 전기들에 관한 책들로 가득 차 있다. '당신은 누구누구에 대해서 들어 보았습니까?' 라든지 '사람들은 웃기다' 라고 하는 표현들 역시 사람들은 역시 자기네 사람들에 대해서 관심이 많다는 것을 보여준다.

그리스도인이나 비그리스도인을 막론하고 모두가 흥미로운 인물들에 대해서 많은 관심을 가지고 있다. 위대한 기독교 지도자들에 대한 전기는 오랜 세월 속에서 늘 인기를 끌어오고 있으며, 심지어 오늘날에도 여전히 식을 줄 모르는 인기를 떨치고 있다. 기독교 서점들을 잠깐 둘러보면 수많은 전기들을 쉽게 접할 수 있으며, 무디 성경 학교(Moody Bible Institute) 같은 곳에서 후원하는 라디오 프로그램들은 종종 위대한 그리스도인들의 생애에 대해서 조명하곤 한다. 그렇다면 영감으로 기록된 하나님의 말씀에 소개된 인물들에 관하여 설교하는 것보다 더 사람들의 관심을 끌 수 있는 방법이 무엇이 있겠는가? 잘 준비된 인물설교는 사람들의 실제 삶의 경험과 직접적으로 관련이 있기 때문에 일반적인 청중의 마음을 쉽게 사로잡을 수 있다.

인물설교는 저명인사들에 대한 사람들의 관심 때문에라도 대중적인 관심을 끌 수 있다. 운동선수나 영화 스타, 혹은 유명한 장성들처럼 각기 제 분야마다 영웅들이 자리하고 있다. 심지어는 텔레비전 게임 프로그램에 등장하여 매우 작은 역할을 맡았던 배우마저도 자신의 높은 인기도와 호소력 때문에 자서전을 쓸 정도이다. 그래서 잘 준비된 인물설교는 청중들에게 긍정적인 역할 모델을 제시하거나 반대로 부정적인 역할 모델을 통해서 청중에게 무언가를 경고해 줌으로써 청중들의 마음을 사로잡을 수 있다.

이렇게 인물설교는 다음 몇 가지 이유 때문에 사람들에게 강렬한 호소력을 발휘할 수 있다. 그 중에 첫 번째 이유는, 이 설교가 이 세상에서 오직 유일하게 하나님의 영감으로 기록된 책에 근거하고 있으며 그래서 그 어떤 것보다 더 흥미를 끌 수 있다는 점이다. 또 다른 이유는 사람들에게는 사람 자신보다 더 흥미로운 것이 없다는 사실 때문이다. 게다가 인물설교에서 설교자가 인물의 경험이나 갈등, 시련, 유혹 등등을 매우 실감나게 전달할 때 청중의 상상력을 자극한다. 거의 대부분의 사람들은 감동적인 이야기를 좋아하는데, 이는 고대 그리스의 호머 시대부터나 또는 고대 메소포타미아의 길가메시 서사시 이래로 늘 변함없는 사실이다.

데마에 관한 인물설교를 통해서 하나님을 섬기는 종의 인생에서 일어날 수 있는 대조적인 모습에 대해서 설교하려는 경우의 간략한 개요는 다음과 같다.

I. 그리스도께 신실한 종이 되라

이 대지는 바울이 로마에서 투옥되던 당시 데마가 그와 함께 있었다는 점과(골 4:1), 빌레몬서 2:4에서는 심지어 사도 바울의 동역자로 언급되고 있다는 점을 강조한다. 데마는 누가나 마가와 같은 다른 유명한 성경의 등장인물들의 반열에 포함되어 있었다.

II. 그리스도께 부정한 배반자가 되지 말라.

이 대지는 골로새서와 빌레몬서보다 대략 7년 후에 기록된 디모데후서 4:10에서 이 세상에 속한 것들을 사랑하는 것이 결국은 어떻게 주님의 종(데마)을 파멸로 몰아갈 수 있는지를 강조한다.

인물설교를 통해서 오늘날의 아버지들에게 삶 속에서 마땅히 보여주어야 할 바람직한 성품에 관하여 설교하려고 할 때, 효과적인 설교가 바로 예수의 어머니인 마리아의 남편 요셉에 관한 설교이다. 아버지의 날(미국에서는 6월 셋째 주 일요일-역주)을 위한 이 설교의 제목은 "누가 아버지를 기억하는가?"이다. 요셉의 생애로부터 우리는 아버지로서의 바람직한 모델과 관련하여 두 가지 성품을 찾아볼 수 있다.

I. 아버지는 하나님께 순종하는 모범을 보여주어야 한다.
   A. 순종은 조상으로부터 유전되는 것이 아니다. 요셉은 왕족의 후손이었지만(마 1:16), 하나님과의 관계에 있어서는 그러한 족보에 의존하지 않았다.
   B. 순종은 바람직한 성품에서부터 우러나온다(마 1:19). 요셉은 의로운 사람이었다.
   C. 순종은 삶 속에서 드러나게 마련이다.
     1. 하나님의 계명과의 관계 속에서(마 1:19)
     2. 하나님의 말씀과의 관계 속에서
       a. 첫 번째 천사의 메시지(마 1:20-25)
       b. 두 번째 천사의 메시지(마 2:13-14)
       c. 세 번째 천사의 메시지(마 2:19-21)
       d. 하나님의 직접적인 메시지(마 2:22)

II. 아버지는 하나님을 예배함에 있어서 모범을 보여야 한다.
   A. 예배는 이른 시기부터 시작되어야 한다(눅 2:21-24).
   B. 예배는 중요하게 취급되어야 한다(눅 2:41-42).
   C. 예배는 일관성 있게 드려야 한다(눅 4:16).

효과적인 인물설교를 위해서는 설교자와 청중 양쪽의 상상력에 호소해야 한다. 성경의 인물을 다루고 있는 극적인 본문을 다룰 때에는 그 장면을 극적으로 묘사하여 설교자나 청중들로 하여금 마치 자신들이 그 본문 현장 속에 동참하고 있는 느낌을 주어야 한다. 예를 들어서 다윗의 생애는 사무엘상 17장에서 골리앗과 싸우는 장면 뿐만 아니라 다양한 극적인 장면들로 가득 차 있다. 이와 마찬가지로 열왕기상 18장에서 엘리야가 갈멜산에서 바알의 거짓 선지자들과 대결하는 장면은 이 드라마의 절정에 다다르고 있다. 이렇게 유명 인사들에 대한 오늘날 사람들의 폭 넓은 관심과 좋은 이야기에 대한 시대를 초월한 보편적인 관심, 그리고 삶의 경험으로부터 무언가를 배울 수 있는 잠재력을 모두 고려해 보면 왜 인물설교가 그토록 사람들에게 강력한 호소력을 발휘할 수 있는지 이해하는 것은 그리 어렵지 않다.

2. 실제적인 인물설교

인물설교는 성도들에게 진리와 교리, 그리고 윤리를 가르치는 실제적인 방법을 제공한다.

1) 인물설교는 보편적인 진리를 강조한다.

오늘날 그리스도인들은 어떻게 그리스도인다운 삶을 효과적이면서도 만족스럽게 살아갈 수 있는지에 대해서 고민하곤 한다. 힘든 상황에 직면하다보면 그저 성경의 몇 구절을 암송하는 것만으로는 별 도움이 되지 않는 것 같다. 이와 마찬가지로 성경의 원리들을 실제 삶 속에서 일어나는 여러 문제들에 적용하는 것도 결코 쉽지가 않다. 이런 상황에서 인물설교는 성도들로 하여금 성경에서 확증적으로 제시하고 있는 진리를 오늘날의 삶의 현장으로 끌어와서 적용시키는 데 많은 도움을 준다.

우리는 아브라함이나 야곱과 같은 베두원 족장들에 관하여 설교할 수 있다. 하지만 이들에 관한 설교는 사무실의 마호가니 책상 뒤에 앉아서 업무를 처리하는 사업가들에게도 그대로 적용된다. 그 이유는 인간의 본성은 예나 지금이나 전 세계적으로 동일하기 때문이다. 또 다윗의 타락에 대해서 설교하면 거기에서 유혹이나 정욕, 양심, 그리고 징계에 관한 메시지는 오늘날의 전문직 종사자들에게도 그대로 해당된다.[3]

고대인과 현대인 모두에게 적용되는 무시간적인 진리 중에 하나를 예를 들자면, 우리는 별로 중요하지 않아 보이는 위치라도 기꺼이 받아들여야 한다는 것이다. 사실 대부분의 사람들이 처한 위치가 바로 그러하기 때문이다. 오케스트라 단원의 빈 자리를 충원해야 했던 어떤 오케스트라 감독에 관한 이야기가 있다. 그는 유능한 음악가들을 원하면서도 특별히 그가 좋아하는 성품을 갖춘 사람을 원했다. 즉 그는 하찮은 이차적인 역할을 기꺼이 맡으려는 자세가 되어 있는 사람을 원했던 것이다. 이와 비슷한 사례로 어떤 청소년 축구 코치는 자기 팀의 베스트 플레이어가 연습이나 시합에 나타나지 않아서 너무 기뻤다는 이야기를 나에게 들려주었다. 베스트 플레이어는 항상 스타로 나서려고만 하고 공 욕심만 부리기 때문에 오히려 그가 없을 때 팀 선수들이 경기를 더 잘한다는 것이다. 예수의 제자였던 안드레의 생애는 팀에서 하찮은 역할이라도 기꺼이 감당하는 자에 관한 세 가지 중요한 교훈을 가르치고 있다. 베드로의 동생이었던 안드레는 사실 하찮은 조수 역할은 감당하기 어렵다는 것을 보여준다. 왜 그럴까?

I. 이차적 역할을 맡은 자는 다른 사람 뒤에 위치해야 한다.

  A. 혈육 관계에서,

      안드레는 베드로의 동생으로 소개되고 있으며(마 10:2), 베드로의 집에서 살고 있고(막 1:29), 고기를 잡는 데 있어서 베드로를 도와주어야 한다(마 4:8). 이렇게 안드레는 계속해서 그의 형에 대해서 이등의 역할을 지키고 있다.

  B. 영적인 관계에서,

      1. 그는 그리스도에게 부름을 받았지만 그것마저도 베드로가 부름 받은 다

음이었다(마 4:18-19).

    2. 그는 예수의 측근 그룹에 가까이 다가갔지만(막 13:3), 결코 그 안에 가입하지는 못했다.

II. 이차적 역할을 맡은 자는 그리스도를 따라야 한다.

    A. 주님을 알 준비가 되어 있음(요 1:35, 36, 40)

    B. 주님을 따를 준비가 되어 있음(요 1:36-39)

    C. 주님을 섬길 준비가 되어 있음(마 4:18-20)

III. 이차적 역할을 맡은 자는 다른 사람들을 섬겨야 한다.

    안드레는 계속 다른 사람들을 예수께로 인도하는 역할을 맡고 있다.

    A. 그는 자기 형 베드로를 인도하였다(요 1:41-42).

    B. 그는 도시락을 가지고 있던 한 소년을 인도하였다(요 6:5-9).

    C. 그는 헬라인들을 인도하였다(요 12:20-22).

2) 인물설교는 교리적인 진리를 가르치는 데 효과적이다.

성경의 수많은 교리들은 인물설교를 통해서 더욱 쉽게 전달될 수 있다. 교리 설교는 성도들에게 다소 추상적인 느낌을 주기 쉽다. 또 성경의 위대한 교리적인 주제들은 실제로 성도들이 이해하기가 쉽지 않다. 성경은 서로 사랑하라고 말하지만 정확히 말해서 사랑이란 무엇인가? 칭의(justification)도 위대한 주제 가운데 하나이지만 평범한 성도들이 월요일 아침부터 직장에 나갈 때 이 교리를 어떻게 실행에 옮길 수 있을까? 물론 설교자들은 설교 시간에 계속해서 성경의 교리적인 주제들을 규명하고 이 주제들을 명확한 진술문들로 체계화시켜야 하겠지만, 이 교리들이 청중에게 실제적으로 다가오도록 하고 실천에 옮기도록 하려면 교리에 대한 설명의 차원에 머물러서는 안 된다.

이 임무를 달성할 수 있는 효과적인 방법 중에 하나는 성경의 인물에 관하여 설교하는 것이다. 예를 들어서 칭의의 주제는 창세기 15장에 소개된 아브라함의 생애를 통해서 다룰 수 있다. 매우 흥미로운 점은 사도 바울도 자기 독자들에게 칭의의 교리를 분명하게 이해시키기 위하여 아브라함을 활용하고 있다는 것이다. 교리가 실제로 살았던 사람의 경험을 통해서 전달될 때, 그 경험은 교리가 더욱 분명하게 드러나도록 도와주는 기능을 하게 된다.

성경은 하나님의 섭리에 관한 교리도 강조하고 있지만 이 교리 역시 약간 추상적이다. 이런 경우에 하나님의 섭리를 다루는 설교의 제목을 "하나님께서 다스린다면 나는 어떻게 자유로울 수 있을까?"로 정한다면 좀더 실감난 메시지를 준비할 수 있다. 그리고 그 메시지는 구약성경의 요셉의 생애를 중심으로 하고 본문은 창세기 50:20의 말씀을 택할 수 있다. "당신들은 나를 해하려 하였으나 하나님은 그것을 선으로 바꾸사 오늘과 같이 만민의 생명을 구원하게 하시려 하셨나니."

또 성도들이 하나님의 은혜로부터 경험하게 되는 죄에 대한 용서에 관한 교리는 어떠할까? 상당수의 교인들은 일부 죄악에 대해서는 하나님으로부터 결코 용서받지 못할 것으로 생각한다. 목회자들도 그런 사람들을 종종 쉽게 접하곤 할 것이다. 하지만 그렇다고 요한일서 1:9의 말씀을 이러한 사람들에게 소개한다고 하더라도 그들의 영혼 깊숙한 곳의 갈증은 해결해 주지 못한 것 같다. 그렇다면 목회자들은 이러한 문제를 어떻게 다루어야 할까? 이런 경우에 예를 들어 다윗 왕과 같은 성경의 인물에 관한 설교를 통해서 강단에서 이런 문제들을 직접적으로 다룰 수 있다. 그래서 이런 경우의 인물설교의 목적은 하나님의 용서에 관한 다소 추상적인 진리를 가져다가 성도들에게 살아 있는 생생한 진리로 바꾸어 제시하려는 것이다. 다윗은 밧세바와 함께 간음이라는 심각한 죄악을 범했으며 그 죄를 은폐하려고 그녀의 남편 우리아를 전쟁터에서 불러들이고 여의치 않자 결국 그를 살해하도록 지시를 내렸고 그 죄악을 계속 숨기려고 밧세바와 결혼하였다. 성도가 만일 하나님의 말씀에 이토록 끔찍한 불순종을 범한다면 과연 용서받을 수 있을까? 그런데 성경은 이 질문에 대하여 분명히 예라고 대답하고 있다(시편 32편과 51편).

우리는 믿음과 회개, 헌신에 대한 가장 생생한 개념을 어떻게 제시할 수 있을까? 그것은 논쟁이나 원칙에 관한 설명을 통해서가 아니라 이삭을 바쳤던 아브라함의 모범적인 사례에 관한 증명을 통해, 또 주님을 부인한 후에 슬피 울었던 베드로의 모습을 통해, 사자굴 속의 두려움과 공포 속에서도 담대하게 신앙을 지켰던 다니엘의 모습을 통해 가능하다. 사람들은 탐욕이란 주제에 관한 설명보다는 오히려 구두쇠에 관한 예화에 더 귀를 기울일 것이다.[4]

3) 인물설교는 개인적인 윤리를 가르친다.

성도들에게는 높은 수준의 개인 윤리를 제시해 주어야 한다. 경기에 이기기 위해서 속임수를 쓴다거나, 급히 차를 몰다가 과속하는 줄 몰랐다고 교통경찰에게 둘러대거나, 또는 달갑지 않은 요구를 했다는 이유로 중재인의 편견을 문제 삼거나, 절세를 위해서 소득신고를 정확하게 하지 않거나, 남에 대해서 근거 없는 험담을 하는 모습은 그리스도인들 중에서라도 흔히 볼 수 있다.

그래서 설교자들은 분명 정직과 진실에 관하여 분명히 여러 번 설교했을 것이고 또 마땅히 그래야만 한다. 하지만 이런 주제에 대해서도 성경의 인물을 방법 삼아서 설교할 필요가 있다.

오늘날 개인의 정직과 결백이 심각할 정도로 무너지고 있음은 거의 논쟁의 여지가 없다. 이런 상황에서 보디발의 아내의 유혹을 물리친 요셉(창 39장)에 관한 인물설교는 비록 인간적인 관점에서 보자면 그 결과가 썩 좋아 보이지 않는 상황에서도 성도는 끝까지 순결을 유지해야 한다는 사실을 실감나게 선포한다.

세속적인 타락에 관한 주제를 중심으로 설교를 준비할 때에도 롯은 아주 적절한 사례를 보여준다. 초기에 롯은 분명 구원받은 사람이었지만(벧후 2:7-8), 결국 하나님과 지속적으로 동행하는 데 실패하고 말았다(창 13:1-4과 13:5의 대조적인 모습). 롯은 이 땅에서 잠깐 순례의 삶을 살아가는 성도의 본문을 인식하는 데 실패한 사람이다(히 11:9,13과 창 13:10,11,12-13; 14:12; 19:1). 롯은 심지어 자기 딸들에 대해서도 도덕적인 모범을 보여주는 데 실패하고 말았다(창 19:8). 그의 증언과 영향력은 너무나도 빈약해서 가족들조차도 그의 말을 믿지 않았다(창 19:14). 결국 롯의 인생은 총체적인 불명예로 끝나고 말았다(창 19:31-38). 이 모든 결과는 그가 세속에 물들었기 때문에 빚어진 것이다.

육욕에 관한 설교를 위한 것이라면 성도가 반드시 피해야 할 사례로서 에서를 들 수 있다(창 25:27-34; 히 12:16-17). 또 강퍅함에 대한 사례를 위해서라면 모세를 고려할 만하다. 반석에서 물이 나오게 할 때 그는 강퍅한 마음으로 반석을 두 번씩 내려치는 쪽을 선택하고 말았으며, 그 결과 잘못된 선택에 대한 부정적인 모범으로 남고 말았다(민 20:7-12; 27:12-14; 신 1:37; 23:23-28). 이 외에도 정욕의 위험과 관련해서 다윗 왕을 하나의 선례로 제시할 수 있다.

4) 인물설교는 사회윤리를 가르치다.

높은 기준의 윤리가 필요하기는 오늘날의 사회도 마찬가지이다. 정치 지도자들은 뉴스 인터뷰에서 매일같이 국민들에게 공개적인 거짓말을 늘어놓는가 하면 산적한 여러 현안들을 처리함에 있어서도 종종 부정직한 모습을 보여주곤 한다. 이러한 상황에서 설교자는 사회적인 윤리의 문제를 어떻게 다루어야 할 것인가? 로또 복권과 도박에 관한 문제들은 어떻게 다뤄야 할까? 선거철이 되면 성경적인 설교자임을 자처하는 목회자들은 높은 사회 윤리를 가진 후보에게 투표해야 한다는 당위성을 어떻게 청중들에게 설득할 수 있을까? 에이즈 전염병과 같은 질병을 통해서 분명하게 드러나는 도덕적인 문제들을 다룸에 있어서 서로 용납할 만한 사회적인 기준과 가치관은 과연 무엇일까?

로마서 13:1-7은 국가에 대한 성도들의 의무에 관한 주제를 담고 있다. 또 마태복음 22:15-22은 국가의 것은 국가에게 바치고 하나님께 속한 것은 하나님께 바쳐야 한다는 내용을 담고 있다. 하지만 이방 나라에서 최고위 공직자로 근무하면서도 높은 윤리와 도덕 기준에 따라 처신하였던 성경의 인물에 관한 관점에서 오늘날의 사회적인 윤리와 관련된 문제들을 설교한다면 어떠할까? 그 인물이 바로 다니엘이다. 다니엘에 관한 인물설교는 경건한 정치인이 어떻게 적대적인 정부 조직 속에서도 성공할 수 있는지를 실감나게 보여준다. 다니엘에 관한 다음의 인물설교 개요는 경건한 관료가 하나님으로 말미암은 확고한 자질을 보여줌으로써 적대적인 환경 속에서 살아남는 모습을 사실적으로 증언한다.

I. 경건한 정치가는 분명한 목적의식을 가져야 한다(단 1:8).
  A. 그 목적은 직접 표현된다.
  B. 그 목적은 강하게 느껴진다.
II. 경건한 정치가는 기도의 사람이어야 한다.
  A. 젊은 시절에도 나타난다(단 2:14-18).
  B. 나이가 들었을 때에도 나타난다(단 6:10).
III. 경건한 정치가는 분별력 있는 사람이어야 한다.
  A. 어떤 타협의 위험을 분별할 수 있다(단 1:8).
  B. 하나님의 계획의 실체를 분별할 수 있다(단 2:19).
  C. 하나님의 주권적인 섭리에 대하여 확신할 수 있다(단 5:26-28).
IV. 경건한 정치가는 찬양하는 사람이어야 한다.
  A. 주께로부터 받은 지혜를 인하여(단 2:23)
  B. 주님의 보호를 인하여(단 6:22)

이런 유형의 설교는 선거를 앞두고 있는 성도들로 하여금 어떤 자질과 성품이 정치가에게 바람직한 것인지를 분별할 수 있도록 하는 데 매우 도움이 된다. 물론 오늘날의 정치계에 그대로 적용될 만한 다니엘의 모습이 그리 많지 않을 수도 있다. 하지만 그가 보여준 성품은 투표함에서 어느 후보를 선택할 것인지를 결정할 때에도 여전히 유효한 기준이 될 수 있다.

3. 인물설교는 강력하다.

인물설교는 청중의 삶 속에 강력한 영향력을 발휘한다는 점에서 가치 있는 설교이다. 인물설교의 이런 면에 대해서는 앞에서도 잠깐 언급하였지만 여기에서 좀더 자세히 다루어볼 만하다. 인물설교가 그토록 강력한 영향력을 발휘할 수 있는 이유는 무엇인가?

1) 인물설교는 기억하기 쉽다.

성경 인물을 중심으로 전개되는 설교는 일반적인 성도들이 더 쉽게 기억할 수 있다. 평범한 설교자들이 다른 설교에 비해서 쉽게 기억할 수 있는 것도 마찬가지이다. 특정 인물을 중심으로 진행되는 이야기가 매우 효과적이라는 것은 복음서에서 예수께서 들려주셨던 이야기들을 보더라도 분명히 알 수 있다. 그렇다면 인물설교가 쉽게 기억되는 이유는 무엇일까?

인물설교는 그림을 묘사하듯 메시지를 전달하기 때문에 다른 설교에 비해서 쉽게 기억되며, 또 그림에는 "논리나 교훈보다 더 청중의 기억 속에 깊게 각인시키는 힘이 있기 때문이다."[5] 사실 대부분의 사람들은 가능한 언제나 그림으로 사고하는 경향이 강하며, 설교자가 강조하려는 성경의 진리를 특정 인물과 결부시켜서 시각적으로 전달할 때 청중은 그 진리를 더욱 쉽게 기억한다.

인물설교가 기억하기 쉬운 또 다른 이유는-이 장의 앞에서도 언급했듯이-사람들은 자기네 사람들에 관심이 많기 때문이다. 청중은 다른 유형의 설교보다는 잘 준비된 인물설교에 더 깊은 관심을 보이는 편이다. 그리고 더 많은 관심을 기울인 만큼 설교는 더 잘 기억되게 마련이다.

그리고 청중이 성경의 특정 인물에 대해서 이미 익숙하게 잘 알고 있다면, 새로운 정보를 힘들게 처리할 필요가 없고 설교 메시지를 이미 알고 있는 지식과 서로 연결시키기만 하면 된다.

2) 인물설교는 청중의 변명을 차단한다.

교인들은 삶 속에서 성경적인 기준에 부합하지 못하거나 부절절한 행동을 하게 될 때 '그것은 너무 어렵다' 거나 '목사님은 제가 처한 특별한 상황을 잘 모르십니다' 라는 식으로 변명하려들곤 한다. 하지만 인물설교는 이러한 변명을 미연에 차단해 주기 때문에 그만큼 강력하다. 오늘날 그리스도인들은 이렇게 악한 시대에 주님께 순종하는 삶을 사는 것이 매우 힘들다고 변명하려든다. 하지만 예를 들어 디도의 생애를 다루는 인물설교, 특히 사악함과 방탕함으로 얼룩진 그레데 섬에 머무르는 동안에 그가 보여준 삶을 다루는 설교는 이렇게 악한 시대에도 하나님을 향한 일관된 삶을 여전히 가능하다는 점을 강력하게 증거한다(딛 1:12-13; 2:12).

오늘날의 성도들은 자신들이 처한 힘든 주변 정황에 대해서 불평할 수 있으며 이를 하나님께 불순종할 수밖에 없는 이유로 변명할 수 있다. 하지만 빌레몬서에 언급된 오네시모의 삶에 관한 인물설교는 청중이 처한 삶의 정황에 일종의 새로운 통찰을 던져줄 수 있다. 당시 오네시모는 로마 제국에서 아무런 법적인 권리도 없이 세상 주인의 처분에 따를 수밖에 없는 노예였다는 점을 생각해 보자. 그가 처했던 힘든 처지의 정도는 아마도 오늘날의 사람들이 겪는 대부분의 고생을 훨씬 초과할 것이다. 그러한 오네시모의 삶으로부터 다음 세 가지의 특별한 교훈을 배울 수 있다.

I. **어려운 상황이 우리를 짓누를 수 있다.**
   A. 오네시모는 노예였다 (몬 16)
   B. 그는 도둑이었다(몬 18)
   C. 그는 도망자였다(몬 15)

II. **어려운 상황은 우리를 하나님께로 인도할 수 있다.**
   A. 구원을 얻는 계기가 된다(몬 10).
   B. 새로운 성품으로 훈련받는 계기가 된다(몬 11)

III. 어려운 상황은 극복될 수 있다.
    A. 그의 절도죄에 대해서(몬 18-19)
    B. 그의 도주죄에 대해서(몬 17)

인물설교는 우리가 어떠한 상황이나 처지에 있더라도 하나님은 늘 신뢰할 만한 분이라는 사실을 강력하게 보여준다. 성경에 등장하는 인물들도 그러했던 것처럼 우리 역시 힘든 상황 속에서라도 올바른 삶을 살 수 있다는 것이다.

3) 인물설교는 실패를 진단한다.

직면한 난관과 시련을 극복할 수 있도록 안내하기에 가장 효과적인 방법은 성경에서 실패를 경험한 사람들의 모습을 보여주는 것이다. 성경 인물들의 실패를 진단하고 점검하는 가운데 오늘의 청중들에게도 귀중한 교훈과 가르침들을 그대로 적용시킬 수 있다.

성경의 인물들 중에는 때로는 한때 실패했다가 나중에 다시 축복의 자리로 회복되는 경우가 있다. 그렇게 실패를 극복하고 성공을 쟁취하는 경우를 마가 요한의 생애에서 찾아볼 수 있다. 마가의 생애에서 우리는 성공에서 실패로 그리고 더 나은 성공으로 발전하는 네 단계의 모습을 발견할 수 있다.

I. 1단계 : 우리는 훌륭한 상태로 시작할 수 있다.
    A. 경건한 가정생활 덕분에(행 12:12)
    B. 경건한 모범을 통해서(벧전 5:13)
    C. 하나님의 일에 관심을 가짐으로써(행 12:25)

II. 2단계: 우리는 실제로 쓸모 있는 역할을 할 수 있다.
    A. 하나님의 지도자로 인정받음으로써(행 13:1-4)
        마가는 바나바의 생질이었다(골 4:10).
    B. 수종드는 역할을 수락함으로써(행 13:5)

III. 3단계: 우리는 비참하게 실패할 수 있다.
　　A. 필요한 순간에 책임을 회피함으로써(행 13:13)
　　B. 신뢰할 수 없는 사람으로 낙인찍힘으로써(행 15:36-40)
IV. 4단계: 우리는 승리로 마감할 수 있다.
　　A. 섬김에 있어서 성실성을 보여줌으로써(몬 24)
　　B. 섬김에 있어서 유용성을 보여줌으로써(딤후 4:11)
　　C. 섬김에 있어서 높은 헌신도를 보여줌으로써
　　　　마가는 자신의 이름이 실린 복음서를 기록하였다.

　성경 인물 중에 때로는 바람직한 모습으로 시작하였으나 결국은 재앙으로 끝나는 경우도 있다. 그런 경우에 해당하는 인물이 바로 주님의 제자였지만 철저하게 배신하는 가룟 유다이다. 유다의 삶으로부터 다음 두 가지 교훈을 도출할 수 있으며 오늘날에도 그리스도를 따르는 제자들에게 그대로 적용시킬 수 있다.

I. 잘못된 동기는 좋은 결정도 파멸시킬 수 있다.
　　A. 그 결정이란
　　　　1. 그리스도를 따르는 것이다.
　　　　　(눅 6:13은 가룟 유다가 이미 예수를 따르고 있던 제자들 무리에 포함되어 있음을 암시한다.)
　　　　2. 그리스도께 반응하는 것이다.
　　　　　(눅 6:16은 예수가 유다를 선택했을 때 그가 호의적으로 반응하였음을 암시한다.)
　　B. 그 결정은 탐욕스러운 것이었다.
　　　　1. 유다의 욕심은 그의 능력에 의해서 잠시 가려졌었다(요 12:1-8).
　　　　　주님의 지상사역 동안에 다른 제자들은 이를 간파하지 못했다.
　　　　2. 그의 욕심을 주께서도 직시하고 계셨다(요 6:70-71).

3. 그의 욕심은 행동을 자극하였다(마 26:14-16).

4. 그의 욕심은 삶을 조종하였다(요 13:21-30).

5. 그의 욕심은 배신에서 절정에 달했다(마 26:47-50).

II. **그릇된 회개는 당신의 영혼을 구원하지 못한다.**

A. 홀로 슬퍼하는 것으로는 충분치 않다(마 27:3-5).

1. 회개라는 단어는 후회한다는 생각을 담고 있다.

2. 유다는 자신의 행동의 결과에 대해서 후회하였지만 자신의 죄악을 철저하게 뉘우치지는 않았다.

B. 짓누르는 양심의 가책도 충분치 않다(마 26:24와 요 17:12)

1. 유다는 자신이 죄를 범했음을 알고서 받은 돈을 내던져버렸다.

2. 그는 스스로 목매달았으며 영적으로도 버림받고 말았다.

성경에서 실패한 인물의 셋째 유형은 악한 상태에서 출발하여 계속 악행을 일삼다가 여전히 악한 모습으로 결말을 맺는 사람이다. 그토록 악명 높은 인물에 대한 사례가 바로 이세벨이다. 그런데 세속적인 관점에서 볼 때 그녀는 성공적인 사람들이 가질 법한 대부분의 것들을 다 소유하고 있었다. 그녀는 부자였고 막강한 권력을 행사하였으며 널리 알려져 있었으며 게다가 미모도 출중했다. 한 마디로 그녀는 오늘날 텔레비전 쇼에나 등장함직한 유명인사였다. 하지만 그녀에 대한 성경의 평가는 분명하다. 그녀는 처음부터 끝까지 헛된 것을 숭배하면서 살았으며(왕상 18:19는 그녀가 매우 종교적인 심성을 지녔으리라는 점을 암시한다.) 물질적인 것들에 대한 잘못된 가치관에 따라서 살았다(왕상 21:1-16). 게다가 그녀는 자신의 남편 아합 왕에게도 계속해서 악한 영향을 끼쳤다(왕상 21:25).

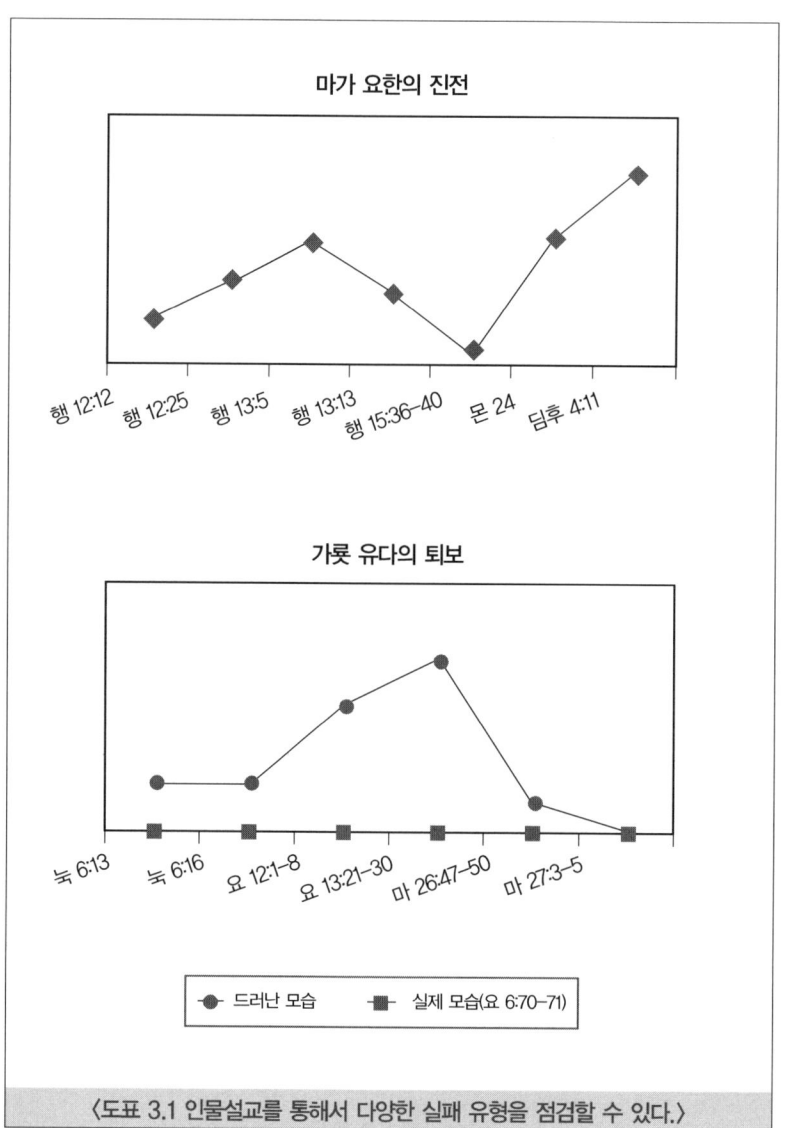

〈도표 3.1 인물설교를 통해서 다양한 실패 유형을 점검할 수 있다.〉

4) 인물설교는 소망을 제공한다.

인물설교의 또 다른 가치는 청중들에게 소망을 제공해 준다는 것이다. 사람들은 종종 마치 절벽 아래로 끝없이 추락하는 기차에 탑승하고 있기라도 하듯이 절망과 좌절에 빠지기도 한다. 또 배가 항구에 들어올 때면 자신들은 항구 대신에 전혀 엉뚱한 공항에 가 있을 것이라고 걱정하기도 한다.

인간관계가 깨어지고 악한 감정만이 팽배해 있는 상황에서 성경 인물을 다루는 설교는 우리 가운데 여전히 희망이 존재한다는 사실을 분명하게 보여준다. 물론 우리의 궁극적인 희망은 바로 예수 그리스도와의 관계에 자리하고 있다. 하지만 그 관계는 하나님과의 수직적인 관계 뿐만 아니라 타인과의 수평적인 관계로 구현되어야 한다.

상호 인간관계의 문제에 관심을 기울이다 보면, 성경에서 우리는 한때 서로 어려움을 겪었지만 다시 이를 극복했던 인물들의 구체적인 사례들을 찾아볼 수 있다. 예를 들어서 바나바와 바울은 마가에 대하여 심각한 불일치 문제를 겪었다(실제로 그들은 싸웠다). 사도행전 15:39에 따르면 그들은 "서로 심히 다투어 피차 갈라서니 바나바는 마가를 데리고 배 타고 구브로로 갔다"고 한다. 그러면 이들 두 하나님의 사람들 사이의 불화는 얼마나 지속되었을까? 고린도전서 9:6에 이르면(이 내용은 대략 행 20:31의 시기에 기록되었다) 바울은 바나바에 대하여 호의적으로 이야기하고 있으며, 그 시점 이후부터는 두 사람 사이에 그 어떤 불화가 있었다는 증거를 찾아볼 수 없다.

인간관계에서 불화를 극복한 또 다른 사례는 바울과 베드로의 관계에서도 찾아볼 수 있다. 베드로의 부적절한 생활양식 때문에 바울은 공개적인 장소에서 베드로와 대립하였고 다른 사람들 앞에서 그를 책망하기까지 하였다(갈 2:11-14). 대부분의 사람들이—심지어 그리스도인이라고 하더라도—그렇게 공개적으로 모욕을 당하고 곤란에 빠지게 되면 어떻게 반응할지에 대해서 상상이 되는가? 유감스럽지만 이런 지경에 처하면 우리 대부분은 "나한테 그렇게 행동하고서도 무사할 것이라고 생각한다면 그는 정말 큰 실수한 것이다. 내 친구들 앞에서 나를 그렇게 모욕한 그를 절대로 용서하지 않겠다"라고 반응할 것이다. 하지만 오늘날의 이러한 지극히 평범한 태도와는 달리 바울에 대한 베드로의 태도는 어떠했는가? 베드로는 바울에 대한 자신의 입장을 베드로후서 3:15에서 공개적으로 천명하고 있다. 즉 그는 바울을 가리켜서 "우리의 사랑하는 형제 바울"이라고 말하고 있다. 그에게서는 더 이상 그 어떤 적의도 찾아볼 수 없다.

성경 인물들의 생애를 살펴보면 그들도 우리처럼 불완전하였고 서로 간에 문제가 있었으며 논쟁하고 심지어 싸우기까지 했다는 것을 보게 된다. 하지만 그들은 서로 간에 진정한 그리스도인의 사랑의 정신을 구현했다는 점도 발견하게 된다. 그래서 인물설교는 동일한 모습으로 살아가는 오늘의 청중에게 소망을 줄 수 있다.

5) 인물설교는 청중의 필요에 응답한다.

오늘을 사는 청중들은 개인적이건 공동체적이건 다양한 필요를 갖고 있다. 그래서 목회신학에 관한 여러 책들이 바로 그러한 필요들에 응답하는 방법을 다루고 있다. 하지만 다수의 설교학 책들은 설교자의 성품이나 선포되어야 할 메시지에 대해서는 많이 강조하면서도, 정작 청중과 그들의 필요에 대해서는 충분한 관심을 쏟지 못하고 있다.[6] 만일 여러분이 청중의 필요에 관심을 갖고 그 필요에 응답하기로 결심하였다면 그러한 관심과 결심을 실제 설교에 그대로 반영시켜야 한다. 실제적인 의미에서 보자면 청중의 필요에 응답해야 한다는 당위성은, 설교를 "하나님의 진리를 해설하여 오늘의 청중의 필요에 응답하고 각자의 삶 속에서 하나님의 뜻을 이행하도록 그들을 안내하는 것"으로 이해한다는 의미이다.[7]

예수께서는 이러한 유형의 목회에 대한 모범적인 사례를 친히 보여주셨다. 그는 청중이 요구했던 체감 필요(felt need)에 응답하셨다. 청중의 체감 필요에 대한 예수의 민감한 반응을 보여주는 사례는 제자들이 기도하는 방법에 대하여 가르쳐달라고 요청했을 때나(눅 11:1-13), 한 율법사가 자기 이웃이 누구냐고 물었을 때(눅 11:29-37), 베드로가 용서에 관하여 질문했을 때(마 18:21-35), 또 어떤 율법사가 율법 중에 가장 큰 계명에 대하여 물었을 때(마 22:35-40) 그들의 질문에 응답한 모습에서 찾아볼 수 있다. 이 외에도 예수는 청중의 영적인 필요에 대해서도-비록 그들이 이 필요를 공개적으로 표현하지는 않았지만-잘 알고 계셨다. 예를 들어서 사마리아 여인에게 영적인 목마름에 대해서 설명해 주었을 때나(요 4:7-29), 영적인 양식에 대한 군중들의 필요에 응답하실 때와(요 6:26-40), 제자들과 군중들에게 하나님 나라와 관련된 교훈이 필요했을 때(마 13장), 위선적인 모습에 대하여 경고가 필요한 바리새인들의 필요와(마 23:13-39), 그 바리새인들의 위선에 함께 경고를 들어야 했던 군중들의 필요(마 23:1-12)에 대한 응답 속에서 청중의 영적 필요에 민감한 예수의 모습을 찾아볼 수 있다.

에베소서 4:29에서 사도 바울도 당시 사람들의 필요에 응답하는 메시지를 이렇게 전하고 있다. "무릇 더러운 말은 너희 입 밖에도 내지 말고 오직 덕을 세우는 데 소용되는 대로 선한 말을 하여 듣는 자들에게 은혜를 끼치게 하라." 여기에서 사도 바울은 다른 그리스도인들의 "필요에 따라서 덕을 세우는 데 소용되는 대로 선한 말을 하라"고 교훈하고 있다. 그가 강조하려는 바는 우리의 말은 다른 사람이 처한 특별한 상황의 필요에 응답해야 하며 그 상황에 어울리는 적절한 말을 해야 한다는 것이다. 모든 성도들의 언어습관에 관한 이러한 일반적인 원칙은 특별히 하나님의 말씀을 선포하는 사역에 관계된 사람들에게 그대로 적용되는 원칙이다.

그렇다면 사람들은 어떤 종류의 필요를 갖고 있을까? 먼저 보편적인 필요로는, 꼭 여기에 국한되는 것은 아니지만, 타인을 사랑하고픈 욕구와 타인으로부터 사랑받고 싶은 욕구, 동료로부터 인정받고 싶은 욕구, 마음의 평안을 누리고 싶은 욕구, 건강에 대한 욕구, 의미 있는 삶에 대한 욕구, 죽음의 공포로부터 벗어나고 싶은 욕구, 위험으로부터 보호받고 싶은 안전에 대한 욕구, 고용 안정에 대한 욕구, 지식욕, 행복한 가정, 사업상의 성공 등등의 욕구를 갖고 있다. 넬슨 프라이스(Nelson Price)는 욕구의 영역에 관하여 이렇게 적고 있다.

90년대 초에 조지 갤럽(George Gallup)에서 실시한 여론 조사는 매우 가치 있는 결과를 보여주었다. 당시에 실시된 광범위한 조사는 교회를 다니지 않는 평범한 미국인들의 욕구에 관한 것이었다. 그 여론 조사 결과 다음 일곱 가지의 욕구가 드러났다.

- 거주지와 음식에 대한 욕구
- 삶은 의미가 있고 분명한 목적이 있다는 것을 믿고 싶은 욕구. 당시 70%가 이 욕구를 지목하였으며 응답자 중의 3분의 2는 교회가 이 욕구에 응답하지 못한다고 대답했다.
- 공동체에 대한 소속감과 상호인간관계를 맺는 데 도움을 받고 싶은 욕구. 응답자 중의 3분의 1은 아주 오랜 기간 동안 홀로 지내왔다고 답했다.
- 존경받으며 인정받고 싶은 욕구. 갤럽 조사는 사람들이 하나님께 더욱 가까이 다가간다고 느낄수록 스스로에 대해서도 더욱 만족감을 느낀다고 결론을 내렸다.
- 누군가가 자기 이야기를 들어주기를 원하는 욕구
- 성숙한 신앙에 대한 욕구
- 신앙을 더욱 성숙시키는 데 실제적으로 도움을 받고 싶은 욕구[8]

이 외에도 그리스도인들은 좀더 특별한 욕구를 갖고 있다. 예를 들어 하나님의 뜻을 알고 싶은 욕구나(롬 12:1-2), 성경을 배우고 싶은 욕구(벧전 2:2-3), 영적으로 성숙하려는 욕구(벧후 3:18), 다른 지체들과의 교제에 대한 욕구(행 2:42), 다른 사람들을 그리스도께로 인도하려는 욕구(마 28:18-20), 그리고 기독교적인 가정을 갖고 싶은 욕구들(엡 5:21-6:4)이 있다. 또 에베소서는 모든 그리스도인들은 하나님을 영화롭게 해야 하는 중요한 책임이 있음을 분명하게 밝히고 있다(엡 1:6, 12, 14).

또 오늘날의 그리스도인들은 불신자들과 마찬가지로 다양한 스트레스에 직면해 있다. 스트레스는 삶에 매우 심각한 해악을 끼친다는 사실이 홈즈(Holmes)와 라헤(Rahe)의 스트레스 연구 결과를 통해서 밝혀졌다. 이들은 스트레스를 초래하는 여러 사건들과 그 정도에 대한 연구를 통해서 각각의 사건들에 고유의 스트레스 평정 값을 부여하였다(다음의 차트를 참조하라).

사건	평정 값
배우자의 죽음.	100
이혼.	73
부부의 별거.	65
유치장 구류.	63
가까운 가족의 죽음.	63
자신의 질병.	53
결혼.	50
직장에서의 해고.	47
부부간 갈등 해소.	45
퇴직.	45
가족의 건강상 변화.	44
임신.	40
성생활의 어려움.	39
새 가족원이 생김.	39
새 업무에 대한 적응.	39
재정상태의 변화.	38
가까운 친구의 죽음.	37
부여된 업무의 변화.	36
배우자와 논쟁 횟수의 변화.	35
1만 달러 이상의 채무.	31
담보물의 저당권 상실.	30
업무상 책임의 변화.	29
아들 또는 딸의 결혼.	29
고부간의 갈등.	29

탁월한 개인적인 성취.	28
부인의 취직 또는 퇴직.	26
자녀의 입학 또는 졸업.	26
생활 조건의 변화.	25
개인습관의 수정.	24
상사와의 갈등.	23
작업시간이나 조건의 변화.	20
주거의 변화.	20
학교의 변화(전학).	20
취미 오락의 변화.	19
교회 활동의 변화.	19
사회 활동의 변화.	18
1만 달러 이하의 저당이나 채무.	17
수면 습관의 변화.	16
가족과 함께 있는 횟수의 변화.	15
식사 습관의 변화.	15
휴가.	13
명절.	12
사소한 법률 위반.	11

만일 누군가가 12개월 동안에 겪은 스트레스 총점이 150 미만이면 그는 이후 2년 안에 스트레스로 인한 질병이나 우울증에 걸릴 확률이 37퍼센트 미만에 불과하다. 그러나 합계가 150에서 300 사이이면 그 확률은 51퍼센트로 상승하게 되고, 합계가 300이 넘으면 질병에 걸릴 확률은 80퍼센트로 치솟게 된다.[9]

앞에서 언급한 청중의 일곱 가지 필요와 스트레스 요인들에 대한 분류들을 살펴보면 청중의 필요와 욕구는 스트레스 요인 때문에 새롭게 만들어진다는 점을 알 수 있다. 예를 들어서 당신이 돌보는 누군가가 자살을 하거나 또는 당신이나 당신이 사랑하는 사람에게 신체장애가 생긴다면 높은 스트레스도 생기게 될 것이고 그 문제를 해결하려는 욕구도 치솟게 될 것이다. 이 외에도 그리스도인들은 용서나 부흥과 같은 영적인 필요도 함께 느낀다.

그래서 목회자로서 우리는 필요를 안고 있는 사람들의 문제를 다루어야 한다. 청중이 느끼는 모든 필요가 잘 응답되었다고 느낄 만한 응답을 하나님으로부터 모조리 받아낼 수는 없겠지만, 그러나 우리는 무언가 필요를 안고 있는 사람들에게 하나님의 해결책을 제시해야 한다. 그런 필요들이 육체적이든 아니면 영적이든, 하나님은 자신의 관점에서 그 개인에게 최선의 것을 베푸실 수 있다고 분명히 확신할 수 있다.

사람들의 필요에 응답할 수 있는 효과적인 방법 중에 하나는, 다른 사람들은 어떻게 자신들의 필요에 응답받았는지를 보여주는 것이다. 그리고 이를 위한 최선의 자료는 바로 성경에서 찾을 수 있다. 이 말이 사실이기 위해서는, 우리는 성경의 인물에 관하여 설교하여 청중들에게 성경 인물들의 필요가 어떻게 응답을 받았는지를 보여주며, 그런 진리들을 오늘의 청중들에게 적용시켜야 한다. 그리고 이 목적이 청중의 마음과 심령에 자리하고 있는 인물설교의 동기가 되어야 한다.

다음의 사례를 통해서 인물설교가 어느 특정 필요에 직면한 청중의 요구에 응답하는 방식을 쉽게 이해할 수 있다. 해결되어야 할 어떤 필요가 용서라고 가정해 보자! 또한 "동네 술주정뱅이"가 최근에 그리스도에 대한 신앙을 고백하고 당신의 교회에 출석하기 시작했다고 가정해 보자! 그런데 교회 성도들은 그의 과거를 용서하고 그를 그리스도 안에서 한 형제로 받아주려고 하지 않고 있다. 이런 상황에서 당신은 용서를 강조하는 어느 특정 본문들(예를 들어 엡 4:23)을 강해하는 설교를 전할 수 있고, 또는 인물설교를 통해서 그런 필요를 다룰 수 있다.

주께서 우리의 죄를 어떻게 용서해 주시는지를 청중들에게 이해시키기 위하여 주님과 함께 십자가에 달린 흉악한 강도에 관한 인물설교를 전할 수도 있다(눅 23:39-43). 또 부활의 주께서 베드로를 용서하신 내용에 관한 인물설교를 통해서도 같은 결과를 얻을 수 있다. 부활하신 다음 예수는 베드로에게 나타나셔서 십자가를 지기 직전에 자신을 세 번이나 부인했음에도 불구하고 그가 여전히 주님께 유익한 일꾼이라는 점을 확신시켜 주셨다(요 21:15-17).

새로 출석하는 성도의 과거의 잘못을 용서해야 할 필요에 대하여 설교하려고 할 때 회심한 바울을 교회가 용납하여 받아들였던 내용도 매우 효과적이다. 사도행전은 바울이 회심하기 전에 "주의 제자들을 대하여 여전히 위협과 살기가 등등하였다"고 분명히 밝히고 있다. 하지만 바울은 다메섹 도상에서 주님을 만났고, 회심한 다음에는 예루살렘의 성도들과 사귀고자 하였다(행 9:26). 그럼에도 예루살렘의 제자들은 여전히 그를 두려워하였고 그가 회심하였다는 사실을 믿지도 않았으며 또 그를 받아들이려고도 하지 않았다. 이런 상황에서 한 사람이 나서서 새로 개종한 바울을 용서하고 그를 변호해 주었다. 그 인물이 바로 바나바이다(행 9:27). 그래서 용서에 관한 인물설교에서는 바울이나 바나바에 초점이 맞추어지거나 또는 그 두 사람의 인간관계가 강조된다. 하지만 이 설교에서 강조하는 교훈은 분명하다. 즉 용서는 언제나 가능하고, 또 용서받아야 할 필요는 오늘날의 실제 삶 속에서도 여전히 응답받을 수 있다는 것이다.

또 다른 사례는 분노에 대해서, 그리고 어떻게 분노를 처리해야 하며, 삶 속에서 이를 어떻게 해결할 수 있으며, 성난 사람을 만나게 될 때 어떻게 반응해야 하는지에 대한 것이다. 이런 주제를 다루기에 적합한 설교는 물론 신학적인 설명을 통해서도 충분히 가능하다. 하지만 성경의 인물을 사례로 제시하는 인물설교를 통해서 더욱 효과적으로 접근할 수 있다. 부적절한 분노가 얼마나 심각한 불행을 초래하는가를 보여주는 사례는 발람의 삶과 특히 자기 나귀와 싸운 모습에서 쉽게 찾아볼 수 있다(민 22:23-30). 또 분노로 말미암은 자기 파멸적인 결과는 선지자 요나의 모습에서도 극명하게 드러난다(욘 4장). 성난 사람에 대한 적절한 반응의 사례는 이외에도 탕자의 비유에서도 찾아볼 수 있다. 탕자가 집으로 돌아오자 그 형은 자기 부친에게 화를 냈지만, 부친은 그 분노에 대하여 신앙의 관점에서 반응하였다(눅 15:25-32). 이 모든 사례에 대해서 물론 여러분은 모든 관련 본문들의 정황을 자세히 살펴보면서 세심하게 해석해야 한다.[10]

4. 인물설교는 유익하다.

우리 모두는 재미있는 이야기를 좋아한다. 어린이나 젊은이들 그리고 노인을 막론하고 재미있는 이야기에 귀를 기울인다.[11] 게다가 이들은 그런 이야기는 또 쉽게 기억한다. 이런 사실은 이야기를 설교의 일부분으로 활용하려는 성경적인 설교자들에게는 매우 고무적이다. 그리고 인물설교는 이야기 설교 형태를 통해서 가장 효과적으로 전달될 수 있다. 이러한 방법을 설교에 활용해 보면 여러분은-앞 장에서 살펴보았던 유익들 이외에-인물설교가 몇 가지 측면에서 매우 유익하다는 점을 깨닫게 될 것이다.

1) 인물설교는 성경을 생생하게 만든다.

현대인들은 성경을 현 시대와 무관한 고대의 케케묵은 책으로 간주하곤 한다. 하지만 인물설교는 그런 오해를 불식시키고 성경이 여전히 오늘날에도 적용 가능한 책이라는 사실을 효과적으로 증명할 수 있다. 오늘날 평범한 사람들은 성경에 대한 기본적인 지식이 전혀 없다. 그래서 우리는 그들에게 성경을 꼭 소개시켜야 하는데, "어느 누구에게나 성경의 내막을 소개하기에 가장 편리한 방법이 바로 인물의 전기를 소개하는 것이다."[12] 그 이유는 앞에서도 언급한 바와 같이 오늘날의 사람들은 여전히 사람들에 대해서 가장 많은 관심을 갖고 있으며, 성경의 시대를 살았던 인물들이 오늘날의 사람들이 지닌 동일한 성품과 특성들을 그대로 보여주고 있기 때문이다. 그래서 인물설교는 성경을 오늘날에도 생생하게 만들면서 그 진리를 효과적이고 강력하게 선포하도록 도와줄 수 있다.

2) 인물설교는 풍부한 예화를 담고 있다.

가장 탁월한 설교자들이 염두에 두고 있는 목표 중의 하나는, 청중에게 설교 메시지의 핵심을 분명하게 부각시켜 줄 적절하고도 강력한 예화를 제시하는 것이다. 그런데 인물설교는 그 자체로 적절한 예화를 확보하고 있기 때문에 설교 메시지에 어울리는 예화를 찾아내려는 노력이 상당 부분 해소된다. 물론 인물설교에서도 성경의 인물을 오늘날의 청중과 동일시시켜야 하는 과제가 남아 있기는 하지만, 인물설교에서는 다른 방법에 비해서 훨씬 쉽게 해결된다. 상당수의 경우에 설교자가 상상력을 통해서 성경 인물을 생생하게 전달하고, 또 여기에 극적인 방법이 가미된다면, 현대적인 예화를 덧붙여야 할 필요성은 상당 부분 해소될 것이다.

3) 인물설교는 진리를 분명하게 전달한다.

인물설교의 또 다른 가치는 청중들에게 하나님의 말씀을 분명하게 전달한다는 것이다. 무언가 새로운 메시지를 전하려고 하지 말라. 그것보다는 오히려 성경을 통해서 이미 허락하신 하나님의 진리를 명료하게 제시하고 청중들이 그 메시지에 대하여 올바로 반응하도록 돕는 데 집중해야 한다. 이 과정에서 설교자는 다음과 같은 설교의 네 가지 목적을 달성하려고 한다. 먼저 정보를 전달하고, 격려하며, 확신시키고, 실행하도록 하는 것이다. 이런 네 가지 목적은 서로 배타적이지 않고 중복되는 것이다. 사실 처음 세 가지 목적인 정보 전달과 격려, 그리고 확신은 네 번째이자 궁극적인 목적인 실행하도록 하기 위한 예비 과정이다.

(1) 정보 제공을 통해서 진리를 분명하게 전달하라.

때로는 설교자의 목적이 청중이 잘 모르거나 오해하고 있는 성경의 진리를 가르치고 관련 정보를 제공하려는 것일 수도 있다. 이런 목적은 교리적이고 교훈적인 메시지를 통해서 달성될 것이다. 예를 들어서 회중은 하나님의 전지전능하심에 관한 교리를 분명하게 이해해야 할 필요가 있다. 성경의 수많은 구절들은 인간과 비교할 수 없을 정도로 무한하신 하나님의 지혜에 대해서 다루고 있다. 하지만 하나님께서 주목하셨던 구체적인 한 사람에 관한 설교를 통해서 하나님의 지혜를 실감나게 전달할 수 있다. 그런 인물이 바로 역대하 16장에 등장하는 유다 왕 아사이다.

이 구절에서 아사 왕은 여호와 하나님을 의뢰하지 않고 오히려 아람 왕 벤하닷과 부적절한 동맹관계를 맺는다. 당시 하나님은 이러한 부절적한 동맹관계를 알고 계셨을까? 물론 그랬고, 그래서 하나님은 그 왕을 책망하기 위하여 선견자를 아사 왕에게 보냈다. 그 선견자는 왕을 이렇게 책망하였다. "여호와의 눈은 온 땅을 두루 감찰하사 전심으로 자기에게 향하는 자를 위하여 능력을 베푸시나니 이 일은 왕이 망령되이 행하였은즉 이 후부터는 왕에게 전쟁이 있으리이다"(대하 16:9). 우리는 이 구절로 인물설교의 메시지를 구성할 수 있으며, 아사왕의 삶에 관한 인물설교를 통해서 하나님의 전지전능하심 앞에서 아사 왕이 어떻게 처신했는지를 보여줄 수 있다. 이런 방법은 청중들에게 하나님의 전지하심에 관한 특정 교리를 설명해 줄 뿐만 아니라 추상적인 정보창고에서 끌어내서 여기에 사실감을 보태서 청중에게 생생하게 전달할 수 있다.

어떤 정보를 제시하는 또 다른 사례로 하나님의 섭리에 관한 교리를 다루는 설교에 대해서 살펴보자! 정말로 하나님은 이 세상을 섭리하실까? 그분은 과연 사람들이 알아채지 못하더라도 그들의 삶과 여정 속에서 역사하실 수 있을까? 열왕들과 나라들의 진로에 대해서는 어떻게 하실까? 이런 질문들에 대해서 에스더의 생애에 관한 인물설교를 통해서 자기 백성들의 삶을 인도하시는 하나님의 섭리를 분명하게 제시할 수 있다.[13] 에스더서에는 심지어 하나님이라는 단어가 전혀 등장하지도 않고, 그에 대해서 직접 언급조차 하지 않고 있는데, 과연 그분은 인간의 삶 속에서 역사하고 계실까? 분명히 그렇다. 에스더서에 언급된 에스더의 삶과 주변 정황과 행동, 그리고 다른 사람들과의 인간관계 모든 것들은 하나님의 섭리를 분명하게 보여주고 있다.

정보 제공 이외에 적용적인 메시지를 통해서도 하나님은 옛날 뿐만 아니라 지금도 인간들의 무대 뒤에서 역사하고 있음을 오늘의 청중들에게 분명하게 부각시킬 수 있다. 하지만 정보 제공이라는 목적은 적용 이전의 또 다른 목적인 격려와도 긴밀하게 결부되어 있다.

(2) 격려를 통해서 진리를 분명하게 전달하라.

진리를 분명하게 전달하려는 두 번째 목적은 청중을 격려하기 위함이다. 회중들이 이미 알고 있는 신앙이나 태도가 때로는 다시금 강조되어야 할 경우가 있다. 청중이 처한 처지나 심각한 사건 때문에 이미 알고 있고 받아들인 성경적인 진리라도 때로는 심각하게 의심하거나 최소한 확신하지 못하는 경우가 종종 있다.

당신의 교회 교인 중에 예를 들어 조안이라는 성도가 하나님의 사랑이나 선하심과 인자하심을 믿고 또 자기 백성들에게 가장 최선의 것을 베푸실 것을 자기는 믿는다고 했다고 치자. 그런데 어느 날 그녀에게 예기치 못했고 납득할 수 없는 비극적인 불행이 갑자기 찾아왔다. 그 불행은 그녀 개인의 삶 속에서 일어났거나 가족들에게나 혹은 친구나 같은 교회 성도들에게 일어났을 수도 있다. 어쨌든 이 일로 그녀는 충격에 빠졌다. 게다가 그녀의 처지가 모든 교회 성도들에게 다 알려지게 되었기 때문에 전 교회 성도들도 그녀의 불행을 심각하게 받아들이고 있다. 이런 상황에서 당신은 어떻게 이 문제를 극복하겠는가? 아마도 로마서 8:28의 "우리가 알거니와 하나님을 사랑하는 자 곧 그 뜻대로 부르심을 입은 자들에게는 모든 것이 합력하여 선을 이루느니라"는 말씀을 인용할 수도 있다. 하지만 조안이나 교회도 이 진리에 그렇게 쉽게 수긍하는 것 같지가 않다. 사실 조안은 이 말씀이 정말 진리인지 허울뿐인지 의구심이 든다. 하나님의 말씀의 완전무결함에 대해서, 그리고 심지어 하나님의 존재에 대해서까지 의심하기 시작한 것이다. 이런 상황에서 그녀의 믿음에 다시금 분명한 확신이 부어져야 한다.

심각한 불행이 찾아왔을 때 절망에 빠진 교인 옆에 가만히 앉아 있다거나 또는 어느 본문을 논리적이고 조직적으로 강해하는 것만으로는 이러한 문제를 효과적으로 해결할 수 없다. 오히려 이런 상황에서는 성경에서 그와 똑같이 전혀 예기치 못했고 납득할 수 없는 불행에 직면했던 인물을 다루는 인물설교가 오히려 '꼭 필요한 처방'이 될 수 있다.

특히 욥에 관한 한 편의 설교나 연속설교가 이러한 문제에 대한 적절한 해결책이 될 수 있다. 이 외에도 사도 바울이 짊어졌던 가시에 관한 설교도 효과적이다(고후 12장). 또 하나님께서 날 때부터 소경으로 태어나서 이후 오랜 세월 동안 암흑 속에서 고통을 겪었던 한 남자를 통해서(요 12장) 비록 자신의 목적이 분명하게 드러나지는 않지만 결국은 자신의 뜻을 이루신다는 내용으로 설교할 수도 있다. 또 혈루증으로 고통당하는 한 여인에 관한 인물설교를 통해서도 하나님은 인간의 고난 속에서 어떻게 섭리하시는지를 제시할 수 있다. 그녀는 12년 동안 혈루증으로 고통당하였지만 예수께서 야이로의 딸을 고치러가는 도중에 예수를 만나 구원을 받게 되었다(막 5:21-43). 이 본문으로부터 하나님께서는 왜 자기 자녀들에게 고난을 허락하시는가 하는 질문에 대한 두 가지 구체적인 해답을 얻을 수 있다.

I. 왜 그러실까? 하나님은 우리를 자기에게로 인도하시려고 고난을 허락하신다.
   A. 괴로운 때에
      1. 야이로의 괴로움(막 5:22)
      2. 이 여인의 괴로움(막 5:25-26)
   B. 절망 중에 있을 때
      1. 야이로의 절망(막 5:23)
      2. 이 여인의 절망(막 5:27-28)

II. 왜 그러실까? 하나님은 우리를 자신의 권능으로 인도하시려고 고난을 허락하신다.
   A. 결단의 때에
      1. 이 여인의 결단(막 5:28)
         이 여인은 보답을 받았다(막 5:29).
      2. 야이로의 결단(막 5:39, 41)

    B. 의심할 때에

        1. 이 여인에 대해서(막 5:31)

            예수의 제자들이 지금 일어나는 일에 대해서 의심하였다.

        2. 야이로의 의심(막 5:38-40)

    C. 지연될 때에

        1. 이 여인의 모습(막 5:25)

        2. 야이로의 모습(막 5:24, 35)

            여인의 방해로 예수의 여정이 지체되어 결국 자기 딸이 죽을 것 같았다.

    D. 하찮은 일에 대해서(막 5:42-43)

        주께서는 야이로의 딸의 식사와 같은 하찮은 일을 간과하지 않으셨다.

(3) 확신시킴으로써 진리를 분명하게 전달하라.

설교의 셋째 목적은 청중에게 진리를 확신시키는 것, 다시 말해서 전에 믿지 않았던 신앙이나 영적인 태도를 회중에게 분명하게 심어주는 것이다. 아마도 이런 목적을 달성하는 대표적인 설교 사례가 바로 복음전도 설교로서, 이런 설교에서 설교자는 예수 그리스도의 구원하는 복음에 관한 메시지에 대해서 청중의 분명한 반응을 얻어내려고 노력할 것이다. 그리고 청중이 그리스도를 자신의 구세주로 영접하도록 확신시키고 그리스도를 향한 그들의 태도와 입장이 바뀌도록 유도할 것이다.

그런 목적은 요한복음 1:12이나 3:16 또는 로마서 6:23에 관한 설교를 통해서 달성될 수 있다. 이런 본문들은 그 성격상 매우 복음전도적인 메시지를 지향한다. 복음전도 설교도 특정 본문의 주해를 강조하고 또 청중에게 이 진리를 각자의 삶에 어떻게 적용시켜야 하는지를 설명하는 데 집중한다. 이런 방법이 분명 타당하고 성경적인 것은 의심의 여지가 없다.

하지만 효과적인 복음전도를 위한 또 다른 방법으로 인물설교를 이용할 수 있다. 즉 성경에서 구원을 얻게 되는 인물의 사례를 보여주는 설교를 통해서 청중들 역시 구원하는 믿음을 수용하도록 유도할 수 있다. 예를 들어 삭개오

(눅 19:1-10)나 사마리아 여인(요 4장), 사도 바울(행 9장) 또는 아그립바 왕처럼 전혀 구원받지 못한 사람들(행 26:28)에 관한 인물설교로 복음전도 메시지를 효과적으로 전달할 수 있다.

똑같이 예수를 만났지만 그 중에 한 사람만이 주님께 올바로 반응했던 두 사람의 대조적인 모습을 보여주는 사례가 바로 예수의 양쪽에 함께 십자가에 달렸던 두 강도이다.

I. 죄인들은 주님께 간구한다.
   A. 회개하지 않은 강도가 간구한다(눅 23:39).
      그는 그저 육체적인 구원과 석방을 원했다.
   B. 회개한 강도가 간구한다(눅 23:40-42).
      1. 그는 다른 강도를 책망하였다(눅 23:40-41).
      2. 그는 그리스도를 올바로 인식하였다(눅 23:41).
      3. 그는 예수께 구원을 간구하였다(눅 23:42).

II. 주님은 회개한 강도에게 응답하셨다(눅 23:43).
   A. 그의 응답은 확실하다
   B. 그의 응답은 서술적이다.
   C. 그의 응답은 확정적이다.

아마도 여러분은 교회 성도들에게 유혹을 단호하게 물리치도록 확신을 심어줄 필요가 있다고 생각할 수 있다. 그래서 예를 들자면 에베소서 6:10-17과 같은 구절을 설교하면서 "악한 날에 너희가 능히 대적하고 모든 일을 행한 후에 서기 위함이라"는 것을 강조할 것이다. 하지만 이런 경우에도 인물설교 방법을 택할 수 있다.

성경에서 하나님 앞에서 굳건히 설 수 있는 모든 능력을 겸비했던 인물이 바로 삼손이다. 하지만 삼손의 생애는 계속해서 유혹에 굴복한 모습으로 얼룩져 있다. 그러나 십자가 앞에서 베드로가 주님을 부인했던 모습에서도 볼 수 있듯이 심지어 아주 경건한 사람이라도 때로는 유혹에 굴복할 수 있다. 베드로의 실패는 그가 당시 위협적인 종교 지도자들 때문이 아니라 비천한 여종들 때문이었다(막 14:66, 69). 다윗 왕도 밧세바를 범하여 결국 '육신의 정욕'에 굴복한 대표적인 인물로 낙인찍히고 말았다.

그런데 인물설교를 통해서도 유혹을 단호히 물리쳐야 한다는 점을 강조할 수 있다. 보디발의 아내에 대한 집요한 유혹을 물리친 요셉의 단호함(창 39장)이나 사자굴 속에서도 신앙의 절개를 지킨 다니엘의 믿음(단 6장)은 자신의 생명을 하나님께 의탁한 사람에게는 항상 승리가 가능하다는 점을 분명하게 보여준다.

느헤미야의 삶도 성도가 여러 유혹들을 어떻게 극복해야 하는지에 대한 일련의 좋은 사례들을 보여준다. 예를 들어서 느헤미야는 낙심에 빠지려는 유혹(느 2:17-20; 4:10-23)과 탐욕의 유혹(느 5장), 자기 만족의 유혹(느 8장), 심지어 타협에 대한 유혹(느 13장)을 극복하였다.

(4) 실행하도록 함으로써 진리를 분명하게 전달하라.

진리를 전달하는 궁극적인 목적은 전달된 메시지를 실행하도록 하는 것이다. 즉 청중으로 하여금 결정과 실제 사역과 행동에 적극적으로 참여하고 행동으로 옮기도록 하는 것이다. 그런데 이러한 목적은 그 이전의 목적인 확신과 밀접하게 연관되어 있다. 사실 행동에 옮기기 전에 먼저 확신해야 한다. 그런데 이전 단계(확신)의 목적은 태도를 강조한다면, 이 마지막 단계의 목적은 행동을 강조한다.

성경을 믿는 우리와 같은 설교자들은 목회 사역에서 궁극적으로 기도하면서 열망하는 것이 바로 성도들의 삶이 실제로 변화하고 영적으로 성장하며 모든 영역 속에서 각자의 삶을 그리스도께 헌신하는 것이다.

한 구절 한 구절을 연속적으로 강해하든 주제적인 방법을 택하든 우리 설교자들은 하나님의 말씀이 성도들의 삶 속에 강력한 영향력을 발휘하기를 열망한다. 한 가지 사례로서 가족의 가치를 생각해 보자! 가족에 대한 관심이 기독교권 내에 일종의 체감필요(felt need)를 만들어낸다는 사실은, 이런 주제를 다루는 수많은 책들과 논문들, 그리고 심지어 영화들이 계속 쏟아져 나오는 것을 보더라도 분명히 알 수 있다. 의식이 있는 목회자라면 가족에 대한 현대 사회의 압박을 분명 의식할 것이다. 심지어 기독교인들 중에서도 이혼율은 50퍼센트를 치솟고 있다. 그러면 목회자들은 이렇게 결혼과 가정을 위협하는 문제들을 어떻게 다루어야 하는가?

분명 성경에 여러 구절들이 가정에 관한 주제들을 다루고 있다. 창세기 2:18-25부터 신명기 6:4-9과 잠언의 여러 구절들, 그리고 에베소서 5:18부터 6:4이 이런 주제를 담고 있으며 설교에 적합하다. 하지만 이런 주제들 역시 인물설교를 통해서 효과적으로 전달될 수 있다.

가정 문제는 그렇게 새로운 주제가 아니다. 가인과 아벨의 전례(창 4장; 마 23:35; 눅 11:51; 히 11:4; 12:24; 요일 3:12; 유 1:11)가 있으며, 유다 왕들과 이스라엘 사람들에게서 발생했던 정사들과(다윗은 심지어 '하나님의 마음에 합한' 사람이었지만 심각한 가정 문제를 겪었다), (가장 총명한 사람이었다는) 솔로몬의 아들 르호보암을 살펴보자.

그런데 상황이 그리 희망적이지 않더라도 여전히 건강한 가정은 가능하다는 사실은, 성경의 다른 인물들의 삶을 통해서도 충분히 찾아볼 수 있다. 그런 가정을 꾸려갔던 사례가 바로 모친과 외조모의 영향을 받은 디모데의 생애에서 발견된다. 디모데 가족의 모습에서 다음 두 가지 중요한 교훈을 끌어낼 수 있다.

I. 가정에게는 하나님을 경외하는 것이 참으로 중요하다.
   A. 성경적인 이상
      주님과 서로에게 헌신한 남편과 아내
   B. 흔히 볼 수 있는 모습
     1. 나누어진 가정
       a. 디모데의 부친은 하나님을 믿지 않는 헬라인이었다(행 16:1, 3)

　　　　b. 디모데의 모친은 유대파 기독교인이었다(행 16:1).

　　2. 하나님의 책임

　　　　a. 기독교인 모친의 영향(행 16:2; 딤후 1:5)

　　　　b. 기독교인 모친의 가르침(딤후 3:15)

　　　　　(1) 성실하게 가르침

　　　　　(2) 주의 깊게 가르침

　　　　　(3) 목적을 가지고 가르침

II. 가정이 헌신하는 것은 매우 중요하다.

　A. 구원에 헌신적임

　　1. 구원의 진보(딤후 1:5)

　　　　a. 외조모가 먼저 믿었다.

　　　　b. 외조모의 헌신의 결과로 모친도 믿게 되었다.

　　　　c. 외조모와 모친의 헌신의 결과로 디모데도 믿게 되었다.

　　2. 참된 구원(딤후 1:5).

　　　　a. 로이스, 유니게, 디모데는 모두가 같은 믿음을 가졌다.

　　　　b. 그 믿음은 '거짓이 없는' 참된 것이었다.

　B. 남을 섬기는 데 헌신적임(행 16:1-3)

　　1. 연단을 통해서(행 16:1-2)

　　　　a. 디모데는 연단 받는 데 헌신하였다.

　　　　b. 지속적으로 연단을 거친 디모데는 좋은 명성을 얻게 되었다.

　　2. 사역을 통해서(행 16:3)

　　　　a. 사도 바울을 따르려는 디모데의 열성에서 사역에 대한 높은 헌신도를 볼 수 있다.

　　　　b. 할례를 받으려는 자세에서 사역에 대한 높은 헌신도를 볼 수 있다.

　이러한 개요에 따라 설교하려는 목적은, (가족 중에 누군가가 심지어 그리스도인이 아니더라도) 디모데의 가정의 모습에서 찾아볼 수 있는 영적인 교훈들 즉 구원과 교육, 그리고 섬기는 사역에 헌신하도록 청중을 고취시키려는 것이다.

오늘날의 그리스도인들이 삶 속에서 적극적으로 실행해야 할 또 다른 일이 바로 감사(사의)를 표시하는 것이다. 오늘날 우리는 "내가 먼저!" 시대에 살고 있으며, 감사하는 것은 심지어 그리스도인들조차도 그렇게 익숙한 주제가 아니다. 그래서 설교자들은 하나님에 대한 감사(엡 5:20; 살전 5:18)라는 주제에 관하여 설교하려고 하겠지만, 하나님이 아니라 서로에 대해서 실제로 감사를 표현하도록 하려면 어떻게 해야 할까?

감사와 관련해서 성경에서 다음과 같이 긍정적인 사례와 부정적인 사례의 두 모습을 찾아볼 수 있다. 먼저 부정적인 사례는 창세기 40장에서 '애굽 왕의 술 맡은 자'에게서 나타난다. 그는 요셉에게 감사를 표시해야만 했지만 그를 까맣게 잊어버리고 말았다(창 40:23). 또 다른 사례는 예수께 고침을 받았던 나환자들이다. 열 명 모두가 고침을 받았지만, 그 중에 오직 사마리아인 한 사람만 예수께로 돌아와서 사의를 표시하였다(눅 17:11-19). 반면에 긍정적인 사례는 라합의 호의에 대한 정탐꾼의 모습(수 6:22-25)이나, 겐 사람들을 선대한 사울 왕(삼상 15:6), 길르앗 야베스 사람들에 대한 다윗의 호의적인 명령(삼하 2:5-7), 뵈뵈 및 브리스가와 아굴라(롬 16:1-4), 그리고 오네시보로(딤후 1:16-18)에 대한 바울의 칭찬에서 찾아볼 수 있다. 이런 인물들에 대한 설교를 통해서 감사의 중요성을 효과적으로 제시할 수 있을 뿐만 아니라 청중들로 하여금 각자의 삶 속에서 실제로 감사를 표현하도록 효과적으로 촉구할 수 있다.

분명하게 전달된 진리의 바람직한 결과	
정보를 제시하기	(성경적인 진리를 명확하게 제시함) 진리 ⟹ 진리
격려하기	(성경적인 진리에 대한 이해를 더욱 강화시킴) 진리 ↻ 진리
확신시키기	(성경적인 진리를 확신하도록 설득함) 진리 ⟹ 진리
실행하도록 유도하기	(성경적인 진리에 대한 믿음을 실행에 옮기도록함) 진리 ⚡ 진리

〈도표 3.2 성경적인 진리를 효과적으로 전달하는 인물설교〉

　인물설교를 시도하는 이유나 목적은 다른 유형의 설교와 동일하다. 즉 성도들에게 하나님 말씀의 진리를 분명하게 전달하고 또 그들의 필요에 응답하려는 것이다. 이러한 목적들은 서로 얽혀 있으며, 하나님의 말씀을 효과적으로 제시한다면 분명 달성될 것이다.

4) 인물설교는 삶에 변화를 가져온다.

인물설교의 궁극적인 목적은 청중의 삶 속에 영적인 도전과 교훈을 심어주는 것이다.

아마도 인물설교의 가장 위대한 가치는, 삶에 변화를 가져오는 하나님의 은혜가 성도들의 구체적인 삶 속에서 어떻게 기적을 일으키는지를 생생하게 보여준다는 데 있다. 이런 유형의 설교는 우리 모두도 막달라 마리아처럼 성인이 될 가능성이 있으며, 베드로처럼 충동적이고 우유부단하더라도 반석과 같은 믿음과 확신을 가질 수 있으며, '나사렛에서 무슨 선한 것이 날 수 있느냐?' 고 묻는 한 순결한 이스라엘 사람에 대해서, 또는 대적자들의 머리에 하늘로부터 불이 내려 그들을 멸하기를 자청했던 젊은이들이라도 그들에게 남아 있던 사랑을 보신 하나님의 은혜를 생생하게 선포할 수 있다.[14]

이상으로 인물설교의 의미와 가치에 대해서 살펴보았고 이를 통해서 인물설교의 저변에 깔린 동기가 올바로 교정되었음이 분명하다. 이제 그 다음으로는 인물설교의 방법에 대해서 살펴볼 차례이다.

복습 질문들

1. 인물설교를 선호하는 이유는 무엇인가?
2. 교리를 설교할 때에도 인물설교가 효과적인 이유는 무엇인가?
3. 다른 유형의 설교에 비해서 인물설교를 기억하기 쉬운 이유는 무엇인가?
4. 인물설교가 오늘날의 청중들에게 어떻게 소망을 제공할 수 있을까?
5. 인물설교가 현대 청중들의 죄와 타락에 대한 변명을 어떻게 차단할 수 있는가?
6. 왜 인물설교는 사람들에게 성경을 소개하기에 효과적일까?
7. 메시지를 실행하도록 하는 설교와 확신에 이르도록 하는 설교의 차이는 무엇일까?
8. 진리를 분명하게 전달하는 궁극적인 목적은 무엇인가?

연습문제

1. 왜 이세벨에 대한 인물설교가 하나님의 전지전능에 관한 교리를 가르치는 데 효과적인지에 대해서 논증하라.
2. 여러분의 문화 속에 자리하고 있는 영적인 도전들을 식별해 보고, 성경에 등장하는 경건한 인물들의 삶은 이런 도전들에 대해서 무엇을 교훈하고 있는지를 말해 보라.
3. 힘든 사역을 회피하고자 하는 변명에 응답하기 위하여 에바브로디도의 생애를 연구하고 그에 대한 설교 개요를 작성해 보라.

04 인물설교 준비 방법

이 장의 목표 ■ ■ ■

이 장을 읽은 후에 여러분은,

∞ 인물설교의 여러 가능성들을 이해하게 될 것이며,

∞ 인물설교를 준비하는 적절한 방법과 과정을 터득하게 될 것이다.

    A. 본문을 해석한다.

    B. 인물의 배경을 연구한다.

    C. 인물을 분석한다.

    D. 상상력을 사용한다.

    E. 설교의 핵심을 정한다.

"아무것도 계획하지 않으면 매번 허탕만 친다." 이 속담은 설교에 적용시켜 보면 아주 옳은 말이고 인물설교에 대해서도 마찬가지이다. 인물설교를 하기로 결심하였다면 이를 위한 적절한 준비 방법을 따라야 하며, 그렇지 않으면 실패만 뒤따를 뿐이다. 그 설교를 어떻게 준비해야 하는지를 잘 모르기 때문에 좌절하게 되고 청중 역시 자기 삶에 적용해야 할 적절한 원리를 전혀 듣지 못한 까닭에 설교에 좌절할 것이다. 본 장에서는 인물설교를 준비할 방법을 소개할 것이다. 이 방법을 통해서 여러분은 인물설교 준비과정에서 '무엇을 겨냥해야 할지'를 배우게 될 것이다.

1. 여러 가능성들

설교하려는 인물의 중요성을 어디에서 확보할 것인가? 이 질문과 관련하여 다음 몇 가지 가능성들을 생각해 볼 수 있다. 설교자는 특정 설교에서 성경 인물의 전체 일생을 다룰 수도 있고, 그 일생 중에 제한적인 부분만을 다룰 수도 있다. 또 주연과 같은 중요한 인물만 다루거나 조연을 다룰 수도 있으며, 의로운 사람이나 반대로 악한 인물이나 또는 논의하려는 특정 성품을 지닌 인물을 중점적으로 다룰 수도 있다.

1) 인물의 유형

성경 속에는 오늘날과 마찬가지로 다양한 유형의 사람들이 등장한다. 성경에는 선인과 악인이 모두 등장하며, 때로는 선인임에도 불구하고 부정적인 요소도 함께 지니고 있는 경우도 있다. 또 어떤 인물은 선한 사람인지 아니면 악한 사람인지 구분하기가 어려운 경우도 있다. 인물설교는 주로 등장인물의 성품에 집중한다. 교회에는 모든 유형의 사람들이 출석하기 때문에 성경에 등장하는 모든 유형의 인물들이 전부 설교로 다뤄질 수 있다.

하지만 성경은 종종 선한 사람을 부각시키고 있다는 점도 흥미롭다. 그래서 우리는 일반적으로 성경에 악한 사람들에 대하여 밝혀진 것보다는 구약의 요셉이나 모세, 다윗, 엘리야 그리고 신약의 베드로와 바울에 대해서 더 많이 알고 있다. 게다가 하나님 앞에서 악하게 살았던 사람들보다는 하나님의 뜻을 준행하면서 하나님과 동행했던 사람들의 가치 있는 성품들과 요인들을 더 많이 강조하는 것을 좋아하곤 한다.

그러면서도 심지어 하나님과 동행했던 사람들조차도 때로는 실패한다는 것도 잘 알고 있다. 사실 성경에 등장하는 위대한 인물들은 하나님께 불순종하는 죄를 범했으며(모세, 민 20:7-13), 절망과 낙심에 빠졌고(엘리야, 왕상 19장; 약 5:17), 악행을 범하거나(다윗, 삼하 11-12장) 또는 주님을 부인하기까지

하였다(베드로, 눅 22:54-62).

　이와는 반대로 우리 눈에 악하게 보이지만 성경은 '의로운 사람' 이라고 선언하는 경우도 심심찮게 발견할 수 있다. 예를 들어 베드로후서 2:7-8은 롯을 가리켜서 '의로운 자' 로 표현하고 있다. 그러나 창세기를 살펴보면 그에 대해서 매우 부정적인 모습을 보게 된다. 즉 창세기에서 롯의 인생은 대단한 잠재력을 갖고 출발했지만 결국은 총체적인 비극으로 마무리하고 만다. 그렇다면 어떻게 의인에게 그런 일들이 일어날 수 있을까? 그런 일이 우리에게도 일어날 수 있을까? 롯이 실패했던 과정을 우리도 동일하게 따라간다면 당연히 우리에게도 그런 일은 가능하다. 다음 두 가지 잠재적인 실패의 가능성들에 대해서 살펴보자!

I. 우리는 우선순위 문제에서 실패할 수 있다.
　A. 예배의 우선순위에서 실패할 수 있다.
　　1. 제단을 쌓는 아브라함의 모습을 볼 수 있다(창 13:4 등).
　　2. 롯이 제단을 쌓는 모습은 전혀 볼 수 없다(창 13:5 등).
　B. 구별의 우선순위에서 실패할 수 있다.
　　1. 소돔에서 떠나는 아브라함의 모습(창 13:12)
　　2. 소돔으로 들어가는 롯의 모습
　　　a. 롯은 소돔을 바라보았다(창 13:10).
　　　b. 롯은 소돔 쪽으로 장막을 쳤다(창 13:12-13).
　　　c. 롯은 소돔 속으로 들어갔다(창 14:12).
　　　d. 롯은 소돔의 일원이 되었다(창 19:1).

II. 우리는 정결을 훼손할 수 있다.
　A. 훼손된 정결은 삶의 표준에 영향을 준다(창 19:5-8).
　　롯은 자기 딸들을 난잡한 모리배들에게 내어주려고 하였다.
　B. 훼손된 정결은 우리의 증언에도 영향을 준다(창 19:14).
　　롯의 사위들은 하나님으로부터 온 말씀을 받아들이려 하지 않았다.

C. 훼손된 정결은 우리의 가족에게도 영향을 준다.
1. 롯은 아내를 잃어버렸다(창 19:26).
2. 롯의 딸들은 부끄러운 일을 범하고 만다(창 19:33-38).

2) 인물에 대한 강조

인물설교를 염두에 두고 특정 인물을 연구할 때, 성경이 그 인물에 대하여 어느 정도 강조하고 있는지의 정도를 살펴보는 것도 그 인물의 가능성을 고려하는 한 가지 방법이다. 설교에서 다루려는 인물에 대한 성경의 비중이 높은지 아니면 중요함에도 불구하고 짤막하게 다루고 있는지, 혹은 별로 중요하지 않은 인물인지의 여부에 따라서 설교의 강조점 역시 상당 부분 달라진다.

성경의 일부 인물들은 그들에 대해서 기록된 정보가 매우 빈약한 경우가 있다. 그런 인물들을 가리켜서 '조연'(minor character)이라고 부른다. 이런 인물들을 연구할 때는 설교에서 다룰 어떤 특별한 특징이나 성품, 또는 문제가 없는지 세심하게 살펴보아야 한다.

성경 인물들 중에서 조연에 대한 좋은 사례가 바로 야베스이다. 성경은 그에 대해서 겨우 두 구절(대상 4:9-10)만 다룰 뿐이고, 역대상의 서두에 등장하는 긴 족보에도 누락되어 있다. 하지만 그의 생애에 대한 짤막한 기록을 연구해 보면 그는 "그 형제보다 존귀한 자"였다는 사실이 드러난다. 왜 그럴까? 그가 하나님 보시기에 존귀한 자로 인정받을 수 있는 요인은 무엇이었을까? 그의 존귀한 성품과 관련해서 다음 세 가지 자질을 찾아볼 수 있다.

I. 난관에도 불구하고 존귀하다(대상 4:9).
A. 그의 부친의 문제
부친의 이름이 언급되는 것이 관례이지만 여기에서는 누락되어 있다.
B. 그의 생애의 문제
그가 언제 태어났고 얼마나 살았으며 언제 사망했는지에 대한 언급이 없다.

C. 그의 출생의 문제

  1. 고통과 슬픔

    출생에는 항상 고통과 위험이 수반되지만 그의 출생은 모친에게 부인할 수 없는 고난의 흔적을 남겼다.

  2. 이름과 관련해서

    야베스라는 이름은 '고통을 초래하다' 는 뜻이며 그의 출생의 고통을 계속 상기시켜 주었다.

II. 경건한 신앙으로 존귀하다(대상 4:9-10).

A. 존귀함의 정도가 의미심장하다(대상 4:9).

  1. 그의 형제들은 악하지 않고 존귀한 자들이었다.

  2. 야베스는 이들보다 더 존귀한 자였다.

B. 존귀함에 대한 묘사가 자세하다(대상 4:10)

  그는 기도하는 삶 때문에 존귀한 자였다.

  1. 기도의 제목

    이스라엘의 하나님

  2. 기도의 성격

    a. 간절하다.

    b. 빈번하다.

  3. 기도의 내용

    a. 영적인 복을 구함

    b. 육체적인 복을 구함

    c. 영적인 도움을 구함

    d. 영적인 보호를 구함

III. 번영으로 존귀하다(대상 4:10).

A. 하나님은 그의 기도에 응답하셨다.

  1. 비록 그는 사람들에게는 잘 알려지지 않았다.

  2. 그러나 하나님과의 영적인 관계 때문에

B. 하나님께서 그의 요구에 응답하셨다.
　　　1. 하나님은 이러한 복이 야베스에게 우연히 일어나도록 하지는 않으셨다.
　　　2. 하나님은 그의 신실한 삶 때문에 이런 은혜를 베푸셨다.

야베스에 관한 모든 정보가 두 구절에 불과하기 때문에, 그에 대한 인물설교는 이 구절들에 대한 자세한 주해를 중심으로 진행될 수밖에 없다. 하지만 인물설교는 구절 자체의 흐름을 좇아가기보다는 그 인물의 성품을 강조한다.

인물설교에서 다룰 성경 인물들의 둘째 그룹은 성경에서 주연은 아니지만 중요한 역할을 감당했던 사람들이다. 이들에 대해서 성경은 야베스에 비하여 더 많은 정보를 제공하지만, 모세나 바울과 같은 주연의 범주에 포함되지는 않는다. 예를 들어 바나바와 같은 인물이 여기에 해당한다. 그에 관한 중요한 정보는 사도행전에 기록되어 있는데, 그를 알고 있는 초대교회가 그 이름을 요셉에서 '격려의 아들'이라는 뜻을 가진 바나바로 바꾸어주었다는 점에서 우리는 그에 관한 중요한 단서를 발견할 수 있다. 바나바의 삶은 우리도 서로를 격려해야 하는 다음 네 가지 모습을 보여준다.

I. 우리는 관대함으로 서로 격려해야 한다(행 4:31-37).
　　A. 격려가 필요할 때(행 4:31-35)
　　B. 격려하는 사람(행 4:36)
　　C. 격려하는 방법(행 4:37)

II. 우리는 도움을 통해서 서로 격려해야 한다(행 9:26-30).
　　A. 우리의 도움이 필요한 사람은(행 9:26)?
　　　1. 잘못 오해하고 있는 사람들
　　　2. 두려움에 빠진 사람들
　　　3. 화해하지 않는 사람들
　　B. 어떻게 도움을 베풀 것인가(행 9:27)?

1. 진리를 인식할 수 있는 이해력을 가짐으로써

2. 진리를 분별하는 용기를 가짐으로써

3. 진리를 설명할 줄 아는 지식을 가짐으로써

III. 우리는 사역을 통해서 격려해야 한다(행 11:22-26).

A. 주님을 굳게 붙드는 사역(행 11:23)

B. 선한 성품에 기초한 사역(행 11:24)

C. 제자도의 사역(행 11:25-26)

IV. 우리는 인내로 격려해야 한다(행 15:36-41).

A. 실패하는 사람들에 대한 인내(행 15:36-38)

B. 분쟁 중의 인내(행 15:39-41)

인물설교에서 다룰 세 번째 그룹은 성경에서 주연 역할을 하는 사람들이다. 이들에 대해서는 개별적으로 설교할 수 있을 뿐만 아니라, 그들의 생애에 대해서 연속설교를 시도할 수도 있다. 어느 쪽을 선택할 것인가 하는 것은 설교의 목적에 달렸다. 그런데 이런 주연들을 설교하는 경우에 설교 메시지가 그 인물의 생애에서 일어났던 모든 사건들을 무조건 '연속주해' 방식으로 시시콜콜한 것들까지 자세히 다룰 필요는 없다. 그보다는 각각의 설교가 분명한 핵심을 확보하도록 해야 한다.

주연을 설교할 때, 경우에 따라서는 출생부터 사망까지 그 생애 전체를 다룰 수도 있다. 이런 경우에는 다음과 같은 다양한 방법을 택할 수 있다. 예를 들어서 설교를 크게 두 부분으로 나누어서 전반부에서는 그 인물의 생애에 집중하고 후반부에서는 그 생애로부터 끌어낼 수 있는 적용점을 다루는 것이다. 또 다른 방법으로는 그 인물의 생애를 단계별로 다루면서 각 단계의 결론부에서 적절한 적용점을 제시할 수도 있다. 셋째 방법은 이전 방법과 유사하지만 설교의 전체 구도를 앞뒤로 바꾼 형태이다. 즉 설교 메시지의 핵심대지로서 적용점을 먼저 강조하고 그에 대한 예화로서 인물의 생애를 단계별로 제시하는 것이다.[1]

한 편의 설교에서 인물의 전체 생애를 다 다루기보다는 오히려 몇 단계로 나누어서 연속설교를 택하는 편이 더 나을 수도 있다. 그런 연속설교의 한 가지 방법은 인물의 생애의 연대기적인 순서에 초점을 두고서 유아기로부터 청년기, 성인초기, 중년기, 그리고 노년기까지를 단계적으로 다루는 것이다. 또 다른 방법은 인물의 생애에서 일어났던 중요한 사건을 중심으로-예를 들어 회심 이전과 회심, 그리고 사역으로의 소명을 따라서-연속설교의 전체 진행을 구성하는 것이다. 또 인물의 영적인 성장 과정을 따라서 연속설교를 시도할 수도 있다.

아래에는 모세의 생애에 대한 연속설교를 위한 다섯 개의 연구초안이 소개되고 있다. 각각의 초안은 하나님의 돌보시는 은혜라는 일반적인 주제를 강조하고 있으며, 모두가 개별적인 설교로 확장될 수 있다.

초안 1: 유아기의 하나님의 돌보심(출 1:16-2:10)
  I. 하나님의 돌보심이 필요한 상황(출 1:16).
  II. 하나님의 돌보심을 믿는 근거(출 2:2)
  III. 하나님의 돌보심의 극치(출 2:5-10) - 하나님의 섭리하시는 손길을 강조함.

초안 2: 성년기의 하나님의 돌보심(출 2:7-10; 행 7:21-22)
  I. 가족의 도움으로
      A. 바로의 궁에서 성장함(출 2:10)
      B. 자기 모친에게서 양육을 받음(출 2:7-9)
  II. 교육의 혜택(행 7:22)

초안 3: 연단 중의 하나님의 돌보심
  (여기에서는 겸손을 강조함.)
  I. 연단을 준비하는 과정

  A. 모세의 행동

    1. 동료들과 함께하려는 모세의 결정(히 11:24)

    2. 동료를 보호하려는 모세(출 2:11-12)

  B. 모세의 동기

    자만심(행 7:25)

II. 연단 과정

  A. 애굽으로부터의 도피(출 2:15)

  B. 미디안에서 양떼들을 돌봄(출 2:16-25)

    40년의 기간이 그를 겸손하게 만들었다.

초안 4: 섬김으로의 소명 속의 하나님의 돌보심

I. 소명을 주시는 하나님의 모습(출 3:1-9)

  A. 하나님은 섬기는 자리로 불러야 할 때를 아신다(출 3:1-3).

  B. 하나님은 섬기는 자리로 부르시는 방법을 아신다(출 3:4-9).

    1. 인격적인 동일시를 통해서(출 3:4)

    2. 특별한 계시를 통해서(출 3:5-6)

    3. 세밀한 관심을 보이심으로(출 3:7-9)

II. 소명을 주시는 하나님의 위임명령(출 3:10)

  A. 가야 할 곳

  B. 행해야 할 일

III. 소명을 주시는 하나님의 염려(출 3:11-4:18)

  A. 그의 종의 정체성에 대한 염려(출 3:11-12)

  B. 그의 종이 전할 메시지에 대한 염려(출 3:13-22)

  C. 그의 종의 진실성에 대한 염려(출 4:1-9)

  D. 그의 종의 능력에 대한 염려(출 4:10-12)

  E. 그의 종의 강퍅함에 대한 염려(출 4:13-18)

초안5: 역경 속에서의 하나님의 돌보심

I. 공개적인 대결 중의 역경(출 5-12장)

여기에서는 바로와의 대결과 애굽에 대한 재앙을 강조한다.

II. 드러나지 않은 대립 중의 역경(출 13-18장)

여기에서는 광야에서 이스라엘 사람들의 불평을 강조한다.

III. 반역적인 대결로 말미암은 역경(출 32장)

여기에서는 아론이 만든 금송아지 숭배에서 나타난 이스라엘 사람들의 심각한 불순종을 강조한다.

IV. 지속적인 갈등 중의 역경(민 13-25장)

여기에서는 가데스 바네아에서의 이스라엘의 실패와 그로 말미암은 광야에서의 방랑을 강조한다.

조연		주연
적음	← 성경의 기록 →	많음
한 편의 설교	설교계획	연속설교
성품 문제 특징	설교의 주제	생애의 각 단계들 전체 일생 일생 중의 특별한 사건들 일생 중의 영적 진보
인물의 사례		
야베스	바나바	아브라함, 모세, 바울

〈도표 4.1 인물설교의 여러 가능성은 인물에 대한 성경적 비중에 달려 있다.〉

2. 인물설교의 준비 과정

인물설교를 준비하는 과정에서 설교자는 가장 효과적인 결과를 얻을 수 있도록 안내하는 단계를 순차적으로 따라갈 필요가 있다. 물론 다양한 절차를 밟을 수 있겠지만, 필자는 다음에서 소개하는 한 가지 특별한 방법이 매우 효과적이라는 것을 깨닫게 되었다.[2]

인물설교를 위하여 본문을 해석하는 단계에서는 활용 가능한 모든 주해 도구들을 동원해야 한다. 또 가능하다면 성경 원어도 활용해야 한다. 그래서 해석적인 정확성을 기하려고 노력해야 한다. 여러분도 이미 잘 알다시피 좋은 설교를 위해서는, 윈스턴 처칠 경의 표현을 빌리자면 '피와 땀과 눈물'이 필요하다. 강력한 설교와 효과적인 전달은 오직 설교자의 헌신적인 노력과 그 설교자를 기름부으시는 성령의 은혜의 결과이다.

1) 본문의 해석

특정 인물에 관하여 설교하기로 결정하였다면, 이를 위한 첫 번째 단계는 성경 인물이 등장하는 해당 본문을 올바로 해석하는 것이다. 염두에 두고 있는 인물을 올바로 이해하기 위하여 본문의 사소한 사항들에 대해서도 주의를 기울여야 한다. 예를 들어서 시간에 관한 언급이 중요한 사항을 암시하기도 하며("때가 제 육시쯤 되었더라", 요 4:6), 신체적인 묘사도 많은 것들을 설명하고 있으며("예후가 이스르엘에 이르니 이세벨이 듣고 눈을 그리고 머리를 꾸미고 창에서 바라보다가", 왕하 9:30), 인물의 이름 역시 중요한 의미를 담고 있다(기근 때에 엘리멜렉과 나오미는 "떡집"이라는 의미를 담고 있는 베들레헴을 떠나 모압 지방으로 갔다. 룻 1:2).

또 본문을 해석할 때 특정 인물과 관련된 구절들을 연대기 순서로 배열하면, 그 인물의 생애에 발생한 사건들을 차례대로 파악하기가 용이하다. 이를 위해서 관련 구절들을 복사한 다음에 연대기 순서로 오려서 다시금 배열하는 것도 한 가지 방법이다. 일부 컴퓨터 프로그램은 이런 작업을 컴퓨터 화면으로 처리하여 보여주기도 한다. 또 특정 단어와 관련된 모든 본문들을 확인하기 위하여 양질의 단어용례사전(concordance)이 필요한 경우도 있다.

그런데 여기에서 주의할 사항이 하나 있다. 모든 본문들은, 연대기 순서에 관계없이, 일단은 해당 문맥에 따라서 이해해야 한다는 점이다. 본문의 문맥 안에서 핵심 개념과 사상의 기본 흐름을 파악해야 하며, 본문의 흐름을 분석하고 점검할 때 특히 이런 부분을 주의해야 한다. 또 성경의 상당 부분이 내러티브 장르로 기록되었지만, 성경은 전기들의 모음집으로 이루어진 것은 결코 아니란 점을 기억해야 한다.

또한 본문을 연구할 때 본문의 내적인 통일성을 찾아보아야 한다. 이 단락의 기록 의도는 무엇인가? 하나의 포괄적인 진술문으로 어떻게 요약할 수 있을까? 본문의 중심사상은 무엇인가? 그리고 그런 종합적인 진술문을 종이에 실제로 적어보라. 그렇게 하다보면 본문 안에서 인물들의 갈등이나 긴장, 대립, 혹은 설명과 같은 핵심적인 요소들을 발견하게 된다. 이러한 요소들이 본문을 역동적으로 진행하도록 만든다.

본문 해석 과정에서는 물론 여러 주석서들이나 성경 사전, 백과사전, 성서지도 그리고 고대 지리에 관한 자료들도 참고할 것이다. 하지만 본문의 핵심을 자기 스스로 파악하고 정리하는 것이 매우 중요하며, 본문을 연구하는 과정에서 떠오르는 모든 생각들과 정보들을 그때그때 메모해야 한다. 때로는 잠시 서재를 떠나서 운전 중이나 계단을 오르내리거나 엘리베이터를 타는 중에도 계속 본문을 묵상할 때도 있다. 그러다가 어떤 생각이나 통찰이 떠오르면 그 내용을 즉시 기록해 두어야 한다. 그러면 나중에 내용의 정확성을 위해서 그 기록을 다시 확인할 수 있으며, 그러다보면 실제로 본문에 대한 이해를 발전시키는 데 귀중한 도움이 되기도 한다.

관련된 본문을 해석할 때 일부 까다롭거나 어려운 본문의 의미에 대해서는 특별한 관심을 쏟아야 한다. 실제 설교할 때에는 그러한 어려운 내용들을 직접 언급하지는 않더라도, 스스로가 하나님의 말씀을 올바로 다루고 있다는 확신을 얻기 위해서는 그런 사항들까지라도 분명하게 이해하는 것이 중요하다.

2) 인물의 배경 연구

특정 인물의 삶의 배경에 대한 이해는 그의 일처리 방식이나 일상생활, 또는 도시나 해당 나라 안에서의 타인과의 상호 관계에 대한 이해의 폭도 넓혀준다. 이러한 배경 연구에는 다양한 요소들이 해당된다. 예를 들어 기후나 심지어 특정한 시기의 날씨도 살펴볼 필요가 있으며, 습관이나 혹은 예배와 같은 일상적인 관습들, 식사와 음료, 의복, 농업, 학교 교육, 건강, 지리, 사회 구조, 시골 생활, 당시의 직업과 무역, 화폐, 중량과 치수, 그리고 심지어는 특정 지역의 동식물에 대해서 다양하게 연구할 필요가 있다.

이러한 배경 지식의 가치는 성경에 등장하는 인물의 삶 속에서 일어난 사건들에 생명력을 불어넣어 실감나게 이해할 수 있도록 해준다는 점이다. 성경의 인물들 역시 우리와 마찬가지로 실제 세계에서 실제로 벌어지는 사건들 속에서 살아갔다. 또 그들은 우리와 마찬가지로 당시의 문화와 주변 정황의 영향을 받으면서 살았다.[3]

하나의 사례로서 요한복음 4장에서 예수께서 사마리아 여인과 만났던 내용을 살펴보자. 당시 예수는 대략 정오 즈음 "제 6시"에 야곱의 우물에 도착하였다(요 4:6). 그는 목이 말랐지만 스스로 직접 물을 긷지 않고 그 여인에게 물을 부탁하였다(4:7). 왜 그랬을까? 11절은 그 해답을 제시한다. "여자가 가로되 주여 물 길을 그릇도 없고 이 우물은 깊은데 어디서 이 생수를 얻겠삽나이까?" 당시 관습에 따르면 여자가 물을 길으러 우물에 올 때 물주전자 뿐만 아니라 우물에 내릴 가죽 두레박과 밧줄도 함께 가지고 왔다고 한다. 그런데 예수는 이런 도구가 없어서 스스로 물을 길어 마실 수 없었다. 그래서 그는 마침 이 여자가 물을 길으러 왔기 때문에 이 여자에게 마실 물을 요청했던 것이다.

3) 인물에 대한 분석

　등장인물과 관련된 모든 본문을 세밀하게 연구하고 당시의 배경을 살펴본 다음에는 인물 자체를 자세히 분석해야 한다. 이렇게 할 때 성경의 전기적인 자료들은 오늘날의 전기문학(傳記文學, biography)과 상당히 다르다는 점을 유념해야 한다. 오늘날 대부분의 전기문학은 잘 알려진 유명인사의 생애와 사건들에 관하여 소개하면서 사람들의 호기심을 충족하려는 목적으로 기록되었다. 하지만 성경의 전기문학은 그보다 더 큰 하나님의 말씀의 내러티브의 일부분이다. 그래서 성경의 전기문학은 단순한 역사가 아니라 거룩한 역사이며 단순히 사람들의 삶을 담고 있는 것이 아니라 그 사람들의 삶 속에서 일하시는 하나님의 구원을 담고 있다. 성경의 내러티브는 그래서 항상 사람들과 교류하시는 하나님을 알리려는 의사소통적인 목적을 담고 있다.[4]

　성경 인물을 연구하고 분석하는 효과적인 방법은 그 인물에게 일련의 질문을 던져보는 것이다. 여러분 자신이 이 인물과 인터뷰하기 위하여 파견된 뉴스 기자라고 생각해 보라. 여러분은 이 인물의 삶의 모든 가능한 영역에 대해서 탐구하고 싶어 할 것이다. 그렇게 탐구할 때 명심할 점은 예수 그리스도를 제외하고 성경의 모든 인물들은 불완전한 존재라는 점이다. 때때로 성경은 여러 인물들의 오점을 깜짝 놀랄 정도로 솔직하게 그려내고 있다. 그렇게 하나님의 말씀은 인간의 본성을 적나라하게 제시하고 있다.

　다음은 성경 인물의 삶을 연구할 때 집중적으로 탐구할 일련의 질문 목록이다. 명심할 점은 당신은 이런 질문들을 성경 본문에게 묻고 있다는 점이다. 그래서 억지로 답을 끌어낼 것이 아니라 인물의 삶에 관한 중요한 사항들을 암시하고 있는 본문의 한도 내에서 해답을 찾아보아야 한다.

　　A. 인물의 삶에 관하여
　　　1. 인물의 이름의 뜻은 무엇인가?
　　　2. 인물의 조상들의 배경은 어떠한가? 그는 언제 어디에서 태어났는가?

그의 출생과 관련된 비범한 상황으로는 무엇이 있는가?
3. 이 인물의 부모나 친척은 얼마나 경건하거나 불경건한 사람들인가?
4. 이 인물의 성장 과정에 영향을 준 요인은 무엇인가? 무엇이 그의 생각과 신앙에 영향을 끼쳤는가?
5. 인물의 직업이 그의 사역에 어떤 영향을 끼쳤는가? 직업과 관련해서 어떤 변화가 개입되었는가?
6. 이 인물의 중요한 친구나 적, 혹은 동료는 누구인가? 그들은 어떻게 이 인물에게 무슨 영향을 끼쳤는가?
7. 이 인물의 배우자나 자녀는 누구인가? 그들은 어떻게 이 인물에 영향을 끼쳤는가?
8. 이 인물의 생애 중에 일궈낸 가장 위대한 업적은 무엇인가? 그 업적은 다른 사람들에게 얼마나 유익한가 혹은 해로운가?
9. 이 사람은 어떤 여행을 했는가? 또한 그 여행의 이유나 목적은 무엇인가?
10. 이 인물의 생애에서 분명하게 드러나는 어떤 권력이나 성공은 무엇인가? 이 인물이 지녔던 공식적인 관직이나 직함은 무엇인가?
11. 종교적이거나 세속적이건 이 인물의 인생에 영향을 미친 중요한 위기나 사건은 무엇인가?
12. 이 인물의 생애 중에서 성경에 누락되어 있는 시기나 단계는 무엇이며, 그 이유는 무엇인가?
13. 이 인물의 사망과 관련된 주변 정황은 무엇인가?
14. 이 인물이 생애 중에 극복한 위기나 난관 혹은 적군은 무엇인가? 그 승리와 성공을 어떻게 쟁취하였는가?

B. 인물의 성품

1. 이 인물의 성품과 속성은 어떠한가? 그는 어떤 유형의 사람이며 그렇게 판단할 수 있는 이유는 무엇인가?

2. 이 인물의 독특한 성품은 그와 관계된 주변 사람들에게 어떤 영향을 끼쳤는가? 그는 어떤 종류의 영향력을 주변 사람들에게 행사하였는가?
3. 이 인물의 생애 속에서 찾아볼 수 있는 덕목은 무엇인가? 그런 덕목의 저변에 자리하고 있는 요인들은 무엇인가?
4. 이 인물의 영적인 상태는 어떠한가? 그는 언제 구원을 체험하였는가? 그의 삶 속에서 영적 성장은 어떻게 나타났는가? 그는 어떻게 하나님으로부터 도움과 은혜를 받게 되었는가?
5. 이 인물의 삶으로부터 발견되는 악행이나 실수, 결점, 약함, 또는 불합리한 특권은 무엇인가? 그 원인과 치료책은 무엇인가?
6. 이 인물의 인생철학은 무엇인가? 그의 삶의 동기는 무엇인가?

C. 이 인물에 대한 실제적인 적용점
1. 이 인물이 달성한 중요한 공헌은 무엇인가? 그가 무시해버린 결정적인 기회는 무엇인가?
2. 이 인물의 삶으로부터 끌어낼 수 있는 중요한 교훈은 무엇인가?
3. 그가 오늘날 생존해 있다면 그의 직업이나 신분은 어떤 모습일까? 이 인물은 오늘날의 사람들과 어떤 부분이 비슷한가? 그의 실제 나이를 오늘날 청중의 연령대와 어떻게 비교할 수 있을까?
4. 그리스도의 구원하는 메시지가 이 인물의 삶을 통해서는 어떻게 제시되고 있는가?
5. 오늘날의 청중에게 실제적으로 적용될 만한 교훈으로서 이 인물로부터 배울 수 있는 것은 무엇인가?

성경 인물에 대한 분석을 끝낸 다음에는, 본문이 암시하는 것들에 대한 연구 결과에 따라 그 인물의 성품과 행동들을 간단하고 명료하게 정리해야 한다. 인물의 부정적인 측면과 긍정적인 측면 모두가 누락되지 않고 있는 그대로 밝혀져야 한다. 인물에 관한 본문을 세밀하게 분석하고 그 배경을 연구하며 인물에 대한 조사를 끝낸 다음에는 연구 결과를 자신의 말로 정리할 수 있어야 한다.

4) 상상력의 사용

성경 인물을 연구하다 보면 그 생애 중에 아무런 언급이 없는 빈 간격을 종종 발견하게 된다. 중요한 인물인 경우에는 이런 간격은 그리 넓지 않고 좁은 편이다. 하지만 상당한 정보를 제시하는 중요한 인물들의 생애에도 이런 간격이 나타나곤 한다. 예를 들어 아브라함의 생애 중에 창세기 16장과 17장 사이에는 13년의 시간적인 간격이 자리하고 있다. 또 사도 요한은 그리스도의 생애에 대한 우리의 일반적인 지식의 간격에 대해서 다음과 같이 특별한 언급을 하고 있다. "예수의 행하신 일이 이 외에도 많으니 만일 낱낱이 기록된다면 이 세상이라도 이 기록된 책을 두기에 부족할 줄 아노라"(요 21:25).

덜 중요한 인물일수록 그 인물에 관한 객관적인 사실들에 대한 정보가 빈약하기 때문에 자연히 인물 묘사의 시간적인 간격은 더욱 클 수밖에 없다. 예를 들어 브리스길라와 아굴라에 관한 여러 관련 사실들이 많이 알려지긴 했지만, 그들의 일상적인 삶에 관한 자세한 내용들이 성경에는 많이 누락되어 있다. 그래서 이런 인물들을 연구하고 설교에서 다루려는 경우에는, 본문을 왜곡하려는 것이 아니라 그 본문이 기록될 당시의 일상적인 활동이나 정황에 대한 이해의 지평을 넓히기 위하여 상상력을 활용하는 것이 큰 유익이 된다.

올바르게 사용한다면 상상력은 설교 준비에 많은 도움을 준다. 웹스터 사전은 상상력을 가리켜서 "외부의 사물들에 대한 관념을 파악하고 형성하는 지적인 능력"으로 정의하고 있다. 또 윌호이트(Wilhoit)와 라이켄(Ryken)은 이렇게 적고 있다. "상상력은 이미지를 만들고 또 이미지를 파악하는 능력이다." 이러한 설명을 고려할 때, "성경은 상상력이 매우 풍부한 책이다."[5] 실제적인 관점으로 볼 때 또 상상력은 사물을 이해하고 또 타인에게 이 사물을 보여줄 수 있는 능력이다. 반면에 "인물설교에 활력과 생기가 전혀 없다면 이는 상상력을 제대로 활용하지 않았기 때문이다."[6]

　물론 상상력을 너무 무절제하게 사용하는 것도 바람직하지 않다. 성경 해석과 설교에서 상상력을 어느 정도 사용할 것인지의 문제는 본문에 대한 객관적인 해석과 모든 배경 자료들에 대한 연구, 그리고 인물에 대한 객관적인 분석에 대한 일관성에 달려 있다. 예를 들어서 사울 왕으로부터의 다윗의 도주를 거대한 록키산맥을 배경으로 일어난 것으로 상상하는 것은 당시 가나안의 지형을 고려할 때 실제 모습과는 거리가 멀다. 또 거대한 저인망 어선을 타고서 고기잡이하는 베드로의 모습을 상상하는 것 역시 당시에 사용된 배의 크기를 고려할 때 비현실적이다. 하지만 창세기 16장 이후에서 아브라함에 대하여 침묵하고 있는 13년 동안에 이스마엘을 자기 무릎에 앉히는 아브라함의 모습을 상상하는 것은 자녀를 향한 아버지들의 애정을 고려할 때 충분히 가능한 일이다.

　상상력은 성경 인물의 일상적인 삶의 정황과 처한 환경들을 실감나게 이해하는 데 많은 도움을 준다. "성경에 기록된 내용들은 여러 가지 신학적인 진술들보다는 생생한 삶의 경험들에 훨씬 더 가깝다."[7] 그래서 적절한 통제에 따라 상상력을 사용하면, 본문이 전제하는 삶의 정황들과 환경들을 오늘날의 청중들의 삶 속으로 생동감 있게 가져올 수 있다. 그래서 설교를 위한 관련 자료들을 찾고자 할 때 특히 상상력을 동원하는 것이 매우 중요하다. 그래서 만일에 설교에서 성경 인물의 성품을 청중에게 제시하는 데 도움이 될 만한 예증적인 일화나 서술이나 혹은 인용거리가 있다면, 이런 자료들을 상상력을 동원하여 각색한 다음에 설교 안의 적당한 자리로 포함시켜야 한다.

　설교에서의 상상력 사용과 관련해서 한 가지 주의사항이 있다. 비록 상상력은 설교 준비와 전달 과정에서 유용한 동반자이지만, 거꾸로 상상력을 계기로 어떤 교리에 관한 진술이나 의무조항들을 이끌어내지 않도록 해야 한다. 성경적인 교리에 대한 이해와 하나님의 말씀에 대한 순종은 오직 하나님의 말씀 자체에 근거한 것이지, 인간의 상상력의 결과물이 결코 아니기 때문이다.

5) 설교의 핵심 결정

지금까지의 인물설교 준비 과정은 인물에 관한 본문을 연구하고 관련 정보를 수집하며 인물을 분석하고 상상력을 발휘하는 단계에 집중하였다. 준비 과정이 이 단계에 이르면 비록 중요하지 않은 인물이더라도 많은 양의 자료들이 모아지게 될 것이다. 그 다음 단계는 설교의 핵심을 좁히는 단계이다. 그동안의 준비 과정을 통해서 얻어진 모든 정보들을 한 편의 설교에 모두 다 전달하기에는 그 분량이 너무 많다. 이 점은 인물설교 뿐만 아니라 한 구절씩 자세하게 주해하는 연속설교에서도 마찬가지이다. 이런 유형의 설교를 준비하는 부지런한 목회자는 연구 과정에서 많은 설교 자료들을 수집하겠지만, 해당 주제나 본문에 관하여 그동안 발견한 모든 정보들을 전부 다 청중과 나눌 수도 없을 뿐만 아니라, 그럴 필요도 없다.

그렇다면 그 많은 자료 중에서 설교의 핵심을 어떻게 좁힐 것인가? 이 질문에 대답하고자 할 때 다음 몇 가지 요소들을 고려할 필요가 있다. 먼저 설교자는 청중 분석 결과를 어느 정도 참고할 필요가 있다. 설교 메시지의 핵심을 어디에 둘 것인가의 여부는 청중의 상황에 달려 있다. 예를 들어 설명하자면 니고데모에 관하여 설교한다고 가정해 보자! 그러면 관련 구절인 요한복음 3장과 7:50-52, 그리고 19:38-42을 연구한 다음에는 설교의 핵심을 정해야 한다. 그런데 만일 이 설교를 기독교 대학이나 신학교 학생들에게 전할 예정이라면 그 청중에 맞게 설교 핵심을 정해야 한다. 또 성경을 그대로 믿는 평범한 교회의 성도들에게 설교하는 경우라면 신학생들과는 다른 강조점을 지닌 설교를 하게 될 것이다. 또 대도시에서 구제업무를 맡은 사람들에게 설교할 예정이라면 마찬가지로 이전과 다른 핵심을 강조해야 할 것이다. 하나님의 말씀의 진리가 청중에 따라서 이리저리 바뀌는 것이 아니라, 그 진리가 제시되고 강조되며 또 결정적인 변화를 불러오기 위하여 적용되는 방식이 바뀌는 것이다. 그래서 설교자는 "자신에게도 흥미로우며 동시에 청중의 예상되는 관심과 완전히 일치하거나 최소한 일부분이 겹치는 그러한 주제나 초점을 다루어야

한다."⁸⁾

청중 분석 단계에서는 다음 질문들에 대한 해답을 찾아보는 것이 여러모로 도움이 된다.

1. 청중이 당신에 대해서 알고 있는 것은 무엇인가? 그 내용은 당신에게 우호적인 것인가 아니면 불쾌한 것인가? 그것은 용납할 만한 것인가 아니면 악의적인가?
2. 당신이 다루려는 주제에 대해서 청중은 무엇을 알고 있는가? 그 주제나 내용들은 청중에게 익숙한 것인가 낯선 것인가? 그 내용들은 청중이 환영할 만한 것인가 아니면 달갑지 않은 것들인가?
3. 설교 메시지가 전해지는 상황은 어떤 상황인가? 그것은 정규적인 주일 예배시간인가, 청소년 수련회인가 아니면 장례예배 때인가? 그 상황은 청중에게 어떤 영향을 미치는가?
4. 청중은 동질그룹인가? 사람들을 서로 모이도록 한 관심사는 서로 비슷한가? 그 그룹이 더욱 동질그룹이 되도록 하는 데 당신이 도울 수 있는 것은 무엇인가?
5. 이 그룹은 젊은가? 그들은 당신의 메시지에 대해서 그간의 경험에 따라 응답할 것인가 아니면 동료들의 강압적인 요구에 따라 응답할 것인가?
6. 청중의 성별은 어떠한가? 주로 남성인가 여성인가, 아니면 혼성인가?
7. 청중의 문화적인 상태는 어떠한가? 그들은 어떤 사회 문화적인 지위나 인종 그룹에 속해 있는가?
8. 청중의 우호관계는 어떠한가? 그들은 신앙과 신념이나 기타 여러 가지에 있어서 서로 일체감을 유지하는가?
9. 청중의 감정은 어떠한가? 슬픔이나, 두려움, 애통함, 혹은 수치와 같이, 행동을 억누르거나 감출 만한 어떤 감정들을 나타내는가? 반대로 어떤 행동을 촉진할 만한 감정들—예를 들어 희망과 애국심, 야망, 혹은 분노와 같은 감정들—을 보이는가? 또 격려하거나 낙심하게 만드는 어떤 감정들—예를 들어 기쁨과

사랑, 자비, 혹은 자존감-이 나타나는가?
10. 사람들로 하여금 행동하게 만드는 동기는 무엇이며, 설교 메시지에서는 그런 감정을 어떻게 이끌어낼 수 있을까?[9]

설교의 핵심은 이상의 청중 분석 결과에 따라 조절해야 한다. 하지만 설교의 초점에 관계없이 설교 메시지는 그 자체로 통일성을 가져야 하며 특정한 강조점에 집중해야 한다. 그래서 설교의 구성이 결정적으로 중요한데, 이는 그 자체로 중요하기 때문이 아니라, 하나님의 말씀을 청중에게 분명하고 호기심을 끌며 기억하기 쉽게 효과적으로 전달하는 수단이기 때문이다. 또 좋은 설교 구성은 청중 뿐만 아니라 설교자에게도 도움이 된다. 그 이유는 구성이 튼튼하면 메시지를 기억하기 쉬울 뿐만 아니라 현장에 맞게 즉흥적인 방법으로 전달하는 데도 효과적이기 때문이다.

어느 설교이든 성경의 특정 구절에 집중하거나 또는 성경 인물에게서 배울 수 있는 어떤 한 가지 교훈에 집중하게 마련이다.

만일 설교의 초점이 특정 구절에 모아진다면 성경 인물의 이야기는 그 특정 구절을 따라서 진행될 것이고 설교가 진행되더라도 계속해서 그 특정 구절에 대한 설명이나 진술로 되돌아올 것이다. 예를 들어서 히스기야 왕의 생애는 성경의 몇 몇 장들을 통해서 전개된다(왕하 18-20장과 대하 29-32장). 하지만 그의 생애에 대한 인물설교의 핵심 구절로 활용됨직한 구절은 역대하 31:20-21이다. 이 설교의 핵심사상은 하나님은 전심으로 순종하는 자에게 복을 내리셨다는 것이다. 히스기야가 누렸던 하나님의 은총은 21절에서 분명하게 나타난다. "그 행하는 모든 일들에서 히스기야는 형통하였다"는 것이다.

이러한 두 구절이 설교의 초점 역할을 할 때 설교자는 관련된 부분을 끌어와서 히스기야의 생애를 순차적으로 제시하겠지만 그러더라도 설교 전체의 강조점은 이 두 구절에 모아진다. 다음의 설교 개요에서 알 수 있듯이 히스기야의 행동에 대한 네 가지 강조점을 통해서 우리는 하나님께서 전심을 다한 순종에 대하여 축복을 베푸신다는 사실을 알 수 있다.

I. 하나님은 올바른 성품에서 비롯된 행위에 복을 내려주신다(대하 31:20).

    A. 히스기야는 선하게 행동하였다.

    B. 히스기야는 올바르게 행동하였다.

       그는 하나님의 계명을 준행하였다(왕하 18:6).

    C. 히스기야는 진리대로 행동하였다.

II. 하나님은 다방면의 개혁에 복을 내려주신다(대하 31:20a).

    A. 히스기야의 개혁

       1. 그는 성전을 정화하였다(대하 29:3이하).

       2. 그는 예배를 회복하였다(대하 29:20이하).

       3. 그는 유월절을 다시 시행하였다(대하 30:15이하).

       4. 그는 다른 절기도 다시 시행하였다(대하 30:23이하).

       5. 그는 여러 개혁을 단행하였다(대하 31:1).

    B. 다른 사람들의 행동들(대하 31:1). 백성들은 왕의 모범을 따랐다.

III. 하나님은 선한 동기로 시작된 행동들에 복을 내려주신다(대하 31:21).

    A. 행동들이 선하다.

       이전의 행동들을 다시 검토해 보라.

    B. 동기들은 심판을 받는다.

       그의 동기는 '하나님을 구하다'라는 구절로 집약된다.

IV. 하나님은 올바른 태도에 따른 행동들에 복을 내려주신다(대하 31:21).

    A. 태도의 범위

       '그 행하는 모든 일들'이 다 포함된다.

    B. 태도에 대한 평가

       그의 태토는 '일심으로'라는 구절로 집약된다.

위의 설교 개요에서 핵심적인 구절은 인물의 생애의 핵심을 적절히 요약할 수 있어야 하며 청중의 상상력에도 호소력을 발휘해야 한다.

하지만 또 다른 인물설교에서는 성경의 특정 구절에 초점을 맞추기보다는 그 인물에게서 배울 수 있는 특정한 교훈에 초점을 맞추는 것이 더 나은 경우도 있다. 이런 인물설교 방법에서 설교자의 목표는 오늘날의 청중에게도 분명하고도 적용 가능한 교훈을 부각시키고 또 그 교훈이 실제 삶 속에서 그대로 구현될 수 있도록 하는 것이다. 그러한 교훈들은 특히 성도에게 바람직한 성품에 대한 탐구과정에서 분명하게 부각되는 어느 특정한 덕목을 가리킬 수도 있다. 또 오늘날의 그리스도인들이 삶 속에서 구현해야 하는 경건한 미덕이나 특성이기도 하다. 예를 들어 누가복음 7:1-10에 등장하는 백부장은 세 가지 삶의 영역에서 다음과 같은 경건한 성품을 보여주고 있다.

I. 경건한 성품은 사랑 안에서 나타난다(눅 7:2).
    A. 백부장이 사랑하는 자는 종에 불과했다
    B. 백부장이 사랑하는 자는 거의 죽게 되었다.

II. 경건한 성품은 겸손으로 나타난다.
    A. 경건한 성품은 초기의 행동에서부터 잘 나타난다(눅 7:3).
    B. 경건한 성품은 겸손한 행동으로 표현된다(눅 7:6-7a).

III. 경건한 성품은 믿음으로 표현된다.
    A. 믿음은 공개적으로 표현된다(눅 7:7b).
    B. 믿음은 분명한 모범으로 나타난다(눅 7:8).
    C. 믿음은 하나님으로부터 응답을 받는다.
        1. 예수의 칭찬의 말씀으로(눅 7:9)
        2. 예수의 치유를 통해서(눅 7:10)

이러한 설교는 경건한 성도의 내면의 삶을 강조하면서 오늘날에도 우리 역시 하나님 앞에서 올바른 내면의 삶을 유지해야 한다는 점을 설득력 있게 보여줄 수 있다. 또 다른 사례는 오늘날의 설교에서 (내 판단으로는) 너무 부당하게 비난을 받는 구약의 한 인물의 생애에서도 찾아볼 수 있다. 그 인물이 바로 사사기 4장에 등장하는 바락이다. 바락은 드보라가 자기와 동행하지 않으면 시스라의 군대와 맞서 싸우기를 거절하였기 때문에 일반적으로 소위 나약함의 대명사로 설교에서 비난을 받곤 한다(삿 4:8). 또 같은 맥락에서 사사기 4:9의 드보라의 명령도 바락에 대한 비난으로 간주되곤 한다. 드보라의 선언에 근거하여 오늘날의 사람들은 바락은 겁쟁이이고 올바른 리더십을 보여주지 못하였으며 믿음도 부족하고 여자에게 의지하면서 당연히 쟁취했어야 할 영광을 잃어버린 졸부라고 단정 내리곤 한다. 하지만 이러한 결론은 다음 두 가지 중요한 요점을 간과하고 있다. 첫째 히브리서 11:32에서 바락은 믿음의 용사들의 목록에 올라 있지만 정작 이 목록에는 드보라는 빠져 있다. 둘째로 사무엘상 12:11은 "여호와께서 여룹바알과 베단과 입다와 나 사무엘을 보내사 너희를 너희 사방 원수의 손에서 건져내사 너희로 안전히 거하게 하셨다"고 말하고 있다.[10] 이렇게 구약과 신약의 저자들이 모두 바락을 긍정적으로 다루고 있기 때문에 그의 성품 역시 긍정적으로 이해해야 한다는 결론을 내릴 수 있다. 이러한 결론은 사사기 자체 안에서도 그대로 확인된다. 사사기 2:16은 "여호와께서 사사를 세우사 노략하는 자의 손에서 그들을 건져내게 하셨다"고 한 다음 4:4에서는 "그 때에 랍비돗의 아내 여선지 드보라가 이스라엘의 사사가 되었다"고 언급하고 있다. 사사시대에 사사들의 분명한 책임 중의 하나는 전쟁 중에 이스라엘을 지도하는 것이었는데, 당시 바락이 아니라 드보라가 하나님의 선택된 사사였기 때문에 자연히 사사로서의 책임은 직접 그녀에게 부여되었던 것이다.

　이제 바락에 대한 긍정적인 면을 살펴보자. 당시 바락은 선지자도 아니었고 사사도 아니었으며, 오히려 드보라가 그런 책임을 떠맡았음을 기억할 필요가 있다(삿 4:4). 또 당시 바락은 군인으로서(삿 4:6) 그의 임무는 하나님께서 선택한 대표자의 지시를 따르는 것이었음도 인정해야 한다. 그래서 당시 바락은 그저 한 여자에게 의지하는 것이 아니라 당시 이스라엘을 위하여 하나님으로부터 선택받은 대표자에게 복종했던 것이다. 그래서 바락은 당시 자기에게 부여된 것을 그대로 감당하였다. 즉 그는 지시대로 군사 일만 명을 거느리고 전쟁터로 나아갔으며(삿 4:6, 10), 전술적인 열세에도 불구하고 공격을 감행하였고(4:14), 계속해서 용감하게 적군을 추격하였다(4:16). 따라서 4:9의 드보라의 말뜻은 바락에 대한 책망보다는 전쟁의 승리에 대한 영광은 결코 바락 자신이 거둘 것이 아니라는 의미로 받아들여야 한다. 이런 상황에서 바락이 자신보다는 한 여인이 더 큰 영광을 얻게 될 것이라는 것을 미리 알면서도 말씀에 순종하여 겸손하게 전쟁터로 나아갔다는 사실은 그의 믿음과 순종을 분명하게 증거해 주는 것이라고 할 수 있다. 바락을 호의적으로 이해할 수 있는 또 다른 증거는 사사기 5장에 놀라운 승리에 대한 찬가에서 바락의 이름이 드보라와 함께 등장한다는 사실에서 찾아볼 수 있다.

따라서 바락의 생애에서 발견할 수 있는 것은 영원한 하나님을 향한 변함없는 신앙의 삶과 이러한 신앙적인 삶으로 인하여 하나님께서 당시 이스라엘 백성들에게 놀라운 승리를 가져다주셨다는 사실이다.

인물설교를 통해서 강조할 수 있는 또 다른 교훈은 한 개인 내면에 있는 갈등이나 사람들 사이의 충돌을 해결하는 문제이다. 아브라함은 생애 속에서 일련의 갈등과 충돌을 경험하게 되는데, 그 과정에 대한 인물설교는 다음과 같이 한 편이나 혹은 연속된 설교로 나누어서 설교할 수 있다.

I. 가족과 하나님 사이의 갈등의 문제(창 11:31-12:4)
II. 지위와 하나님 사이의 갈등의 문제(창 13:5-12)
III. 재산과 하나님 사이의 갈등의 문제(창 14:17-24)
IV. 아들과 하나님 사이의 갈등의 문제(창 22:1-14)

인물설교를 통해서 제시할 마지막 교훈으로는 마땅히 피해야 할 단점이나 실수를 강조하거나 또는 어느 특정한 생활양식의 무익함을 분명하게 논증하는 것이다. 예를 들어 다윗 왕의 아들 압살롬은 전자에 대한 좋은 사례를 보여준다. 그의 이름은 "평화의 아버지"라는 뜻이지만 그의 성품은 적의(敵意)로 가득 차 있었다. 그래서 압살롬의 생애로부터 우리는 적의의 실상과 그로 말미암은 비참한 결과에 관한 교훈을 찾아볼 수 있다.

I. 적의의 토대에 관한 묘사

   A. 그의 적의는 허영심에서 비롯되었다(삼하 14:25-26).

      1. 그는 얼굴이 매우 잘 생겼다(삼하 14:25).

      2. 그는 자신의 외모에 집착하였다(삼하 14:26).

        그는 자신의 외모에 너무 집착한 나머지 머리털을 깎고 나면 그 무게를 달아보기까지 하였다.

   B. 그의 적의는 기만에서 비롯되었다

      1. 살인에 대한 속임수(삼하 13:23-29)

      2. 관계의 회복을 위한 속임수(삼하 13:37-14:33)

   C. 야망으로 불타오르는 삶(삼하 15:4-6)

      1. 그는 왕이 되기를 원했다.

      2. 그는 개인적인 야망이 자신의 삶을 주도해가는 것을 방치하였다

      3. 그는 목적을 이루는 것이라면 무슨 수단이든 닥치는 대로 이용하였다.

II. 적의의 초점이 집중하는 것

   A. 그의 적의는 세속적인 권력에 쏠려 있었다.

      1. 그는 반역의 음모를 위하여 예배를 이용하였다(삼하 15:7-9).

      2. 그는 권력을 전복시키기 위하여 술책을 이용하였다(삼하 15:10-12).

      3. 그는 권력을 속이기 위해서 부도덕한 방법을 이용하였다(삼하 16:15-23).

   B. 그의 적의는 하나님의 권위에 쏠려 있었다.

      1. 하나님께서 다윗을 왕으로 세우셨다.

      2. 압살롬은 하나님의 권위에 도전하였다.

        a. 하나님께서 그를 분명히 대적하셨다(삼하 17:14).

        b. 압살롬은 대결에서 패배하였다(삼하 18:9-17).

III. 적의의 결과는 분명하다.

   A. 적의는 파멸로 이끈다(삼하 17:1-14).

      1. 압살롬은 두 가지 전투 계획을 보고받았다.

            a. 한 가지 계획은 다른 장수가 일만 이천 명의 군사로 다윗을 공격하
              자는 것이었다.
            b. 또 다른 계획은 압살롬이 직접 모든 군사를 이끌고 다윗을 공격하자
              는 것이었다.
          2. 압살롬은 두 번째 계획이 더 좋아 보여서 이를 선택하였다(그의 자만심
            이 그렇게 유도하였다).
      B. 적의는 멸망으로 이끈다(삼하 18:1-17).
         1. 압살롬의 군대가 패망하였다(삼하 18:1-8).
         2. 압살롬 자신도 전투에서 전사하고 말았다(삼하 18:9-17).

 설교의 초점으로 강조되는 교훈이 무엇이든 그 교훈은 오직 한 가지 초점만
을 유지하는 것이 바람직하다. 인물설교에서의 위험은 특히 성경의 중요한 인
물에 관하여 설교하는 경우 설교의 핵심과 무관한 여러 사항들을 마구 늘어놓
는 것이다. 이러한 잡동사니 같은 자료들은 설교의 진행에 도움이 되기보다는
오히려 그 흐름을 방해한다. 그래서 해돈 로빈슨도 아이디어들이 너무 많아서
가 아니라 설교의 핵심과 관련이 없는 아이디어들이 마구 나열되기 때문에 설
교가 종종 실패한다고 지적한다.[10] 효과적인 인물설교를 포함하여 모든 설교
는 하나의 기본적인 핵심사상을 담고 있어야 하며 모든 자료들은 시종일관 그
핵심을 계속 두드려야 한다.
 인물설교를 통해서 부각하려는 설교의 핵심이 확보되면 그 다음에는 그 인
물에 대한 하나님의 은혜에 대한 가능성도 그만큼 분명하게 부각될 수 있다.
성경의 인물이 분명 실패하였음에도 불구하고 하나님의 용서하시는 은혜를
받았다면 그만큼 하나님의 은혜는 명백하게 드러나는 셈이다. 실패와 용서,
그리고 은혜로 점철되는 사도 바울의 일생도 이 점에 대한 좋은 사례를 제공
하고 있다. 그래서 그는 자신의 회심 체험은 "후에 주를 믿어 영생 얻는 자들
에게 본이 되게 하려는 것"이라고 말하고 있다(딤전 1:16). 여기에서 바울은 자
신은 죄인 중의 죄수이며(딤전 1:15), 그럼에도 불구하고 자신을 구원해 주셨

기 때문에 하나님은 다른 사람들도 구원해 주실 수 있음을 강조하고 있는 것이다.

이와는 반대로 성경의 인물이 하나님의 은혜에 올바로 반응하는 데 실패하는 경우, 그에 대한 인물설교는 그러한 실패로 말미암은 부정적인 결과를 선명하게 보여줄 수 있다. 사울 왕의 사례가 바로 이 점을 효과적으로 증명한다. 그래서 인물설교의 장점은 하나님께서 죄인들의 삶 속에 구원을 베푸시며 그들이 그 은혜에 대해서 올바로 반응해야 하는 것의 중요성을 효과적으로 보여줄 수 있다는 점이다.

인물설교를 준비하는 과정에서 설교의 핵심을 확보하는 효과적인 방법은 성경 인물의 모습 속에서 설교자가 자신의 모습을 찾아보는 것이다. 창세기 3장의 인류의 타락 이래로 사람들의 기본적인 성품은 전혀 바뀌지 않고 그대로 이어져 내려오고 있다. 야고보가 엘리야를 가리켜서 "우리와 성정이 같은 사람"(약 5:17)으로 표현할 때 그 역시 이런 진리를 직시하고 있었다. 성경에 등장하는 인물을 연구하다 보면 그 속에서 우리와 동일한 소망과 열망, 목표와 두려움, 그리고 실패와 같은 여러 모습들을 발견하게 된다. 그러는 가운데 설교자는 다른 사람과도 함께 나눌 수 있는 통렬한 메시지를 확보하게 되는 것이다.

1단계:
인물의 선정

2단계:
본문의 해석
- 관련 구절을 찾아낸다.
- 관련 구절들을 연대순으로 정리한다.
- 관련 구절들을 상황에 따라서 이해한다.

3단계:
인물의 배경 연구
- 지리적인 배경
- 역사적인 배경
- 정치적인 배경
- 사회적인 배경

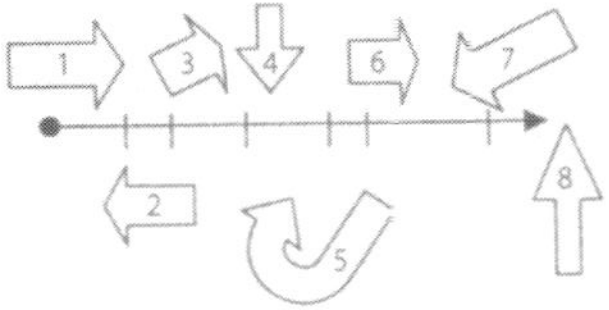

〈도표 4.2 인물설교의 전개 과정 ①〉

4단계:
인물에 대한 분석

- 인물의 생애에 관한 모든 사항들에 관하여 질문한다.
- 이전 단계에서 얻어진 연구 결과를 활용하여 질문에 대한 해답을 찾아낸다.

5단계:
상상력의 사용

- 본문의 세부 사항들의 간격을 메우기 위하여
- 인물의 배경에 관한 세부 사항들의 간격을 메우기 위하여

6단계:
설교의 핵심 결정

- 특정한 강조점에 집중한다(예를 들어 특정 구절이나 교훈).
- 특정한 청중에게 집중한다.
- 특정한 주제에 집중한다.

〈도표 4.2 인물설교의 전개 과정 ②〉

복습 질문들

1. 성경에서 특정 인물을 강조하는 분량이 실제 그 인물에 대한 설교에 어떻게 영향을 미치는가?
2. 인물설교를 준비하는 데 필요한 네 단계는 무엇인가?
3. 효과적인 설교를 위하여 필수적인 요소들은 어떤 것이 있는가?
4. 인물에 관한 구절들을 해석하는 데 배경은 무슨 역할을 하는가?
5. 설교 준비 과정에서 상상력을 활용함에 있어서 주의할 점은 무엇인가?
6. 인물설교에서 핵심 구절을 사용할 계획이라면, 설교에서 그 구절은 어떤 역할을 감당해야 하는가?
7. 인물설교가 한 가지 초점만을 고수하는 것이 현명한 이유는 무엇인가?

연습문제

1. 상상으로 바나바와 인터뷰를 해보라.
2. 청중 분석을 위한 질문들을 사용하여 당신이 정기적으로 설교하는 교회 회중들을 분석해 보라.
3. 룻기는 룻의 성품에 관하여 무엇을 말해 주고 있는가?
4. 사도행전 5:1-10을 연구한 후 아나니아라는 인물에 관한 설교의 핵심 주제를 정해 보라.

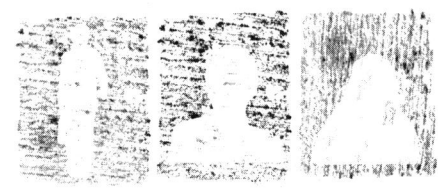

인물설교, 이렇게 하라

05 인물설교의 여러 기교들

이 장의 목표 ■ ■ ■

이 장을 읽은 후에 여러분은,
- 인물설교를 전하기 전의 철저한 준비의 필요성을 이해할 것이며,
- 효과적인 설교 구성에 필수불가결한 요소들이 무엇인지를 파악할 수 있을 것이며,
- 인물설교의 요지를 확장시키는 능력을 향상시켜서 그 설교의 핵심적인 요소들이 오늘의 청중에게 연관성 있게 전달되도록 할 수 있을 것이며,
- 설교 메시지를 가장 효과적으로 표현하도록 돕는 수단들을 통해서 설교의 효율을 향상시킬 수 있을 것이며,
- 청중에게 확신 있게 설교를 전달하도록 하는 핵심적인 요소들을 파악할 수 있을 것이다.

여러 가지 면에서 볼 때 인물설교를 구성하는 실제적인 기술은 구절 단위의 강해설교를 구성하는 경우와 매우 흡사하다. 설교 준비를 위한 여러 기술은 쉽게 이해할 수 있으며 그대로 시행했을 때 여러 면에서 유익하다. 인물설교의 전개 과정에서는 준비와 구성, 확장, 표현 그리고 전달의 다섯 단계를 밟게 된다.[1]

1. 준비 단계

철저하게 준비한 만큼 설교자는 하나님의 말씀의 메시지를 분명한 확신과 담대함으로 전할 수 있다. 설교 준비 과정에서 설교자는 당연히 시간을 효과적으로 사용하고 싶겠지만, 완벽한 준비를 대신할 것은 아무것도 없다는 점을 명심해야 한다.

1) 설교할 인물 결정하기

인물설교를 하기로 결정했으면 첫 번째 과제는 설교에서 다룰 인물을 선정하는 것이다. 이 단계에서는 성경의 인물에 관한 개략적인 정보를 제공하고 있는 여러 참고자료들을 이용할 수 있으며, 이런 자료를 통해서 다양한 가능성들을 떠올려 볼 수도 있다.

예를 들어 허버트 로키어(Herbert Lockyer)는 성경에 등장하는 대부분의 남자들과 여자들, 어린이들, 왕 그리고 왕비들에 관한 방대한 연구서적들을 저술하였다. E. M. 브레이크록(Blaiklock)은 『최신성경 인물핸드북』(*Today's Handbook of Bible Characters*)에서 성경에 연대기 순서로 등장하는 중요한 인물들에 관한 통찰력이 담긴 연구결과를 소개하고 있다. 또 조안 코메이(Joan Comay)의 『구약인명사전』(*Who's Who in the Old Testament*)과 로날드 브라운릭(Ronald Brownrigg)의 『신약인명사전』(*Who's Who in the New Testament*)도 유용하다. 제임스 하스팅스(James Hastings)도 6권으로 된 『성경의 위대한 인물들』(*Greater Men and Women of the Bible*)을 저술하였으며, 프랭크 미드(Frank Mead)도 『성경의 인명록』(*Who's Who in the Bible*)을 통해서 250명의 성경 인물들을 한 페이지씩 할애하여 다루고 있다. 알렉산더 화이트(Alexander Whyte)의 6권짜리 『성경 인물』(*Bible Characters*)은 성경에 등장하는 126명에 관한 자신의 설교를 소개하고 있다. F. B. 메이어(Meyer)도 아브라함과 다윗, 엘리야, 이스라엘, 요셉, 여호수아, 예레미야, 모세, 사무엘, 스가랴, 세례 요한, 사도 바울 그리고 베드로에 관한 13명의 중요한 인물들에 관한 13권짜리 인물설교집을 저술하였다. 에디스 딘(Edith Deen)은 『성경의 여인들』(All the Women of the Bible)이라는 유용한 책을 저술하였으며, 허버트 스티븐슨(Herbert F. Stevenson)이 저술한 『성인들의 은하계: 덜 알려진 성경 인물들』(A Galaxy of Saints: Lesser-Known Bible Men and Women) 역시 설교자들에게 유익한 정보를 제공한다.

이상의 자료들은 인물설교를 준비하는 단계에서 설교자들의 관심과 흥미를 촉발시킬 수많은 자료들 중에 몇몇 대표적인 것들이다. 위의 서적들 중에 일부는 절판된 경우도 있고 또 일부는 도서관이나 중고서점에서나 겨우 찾아낼 수 있는 것도 있지만, 그 밖의 다른 서적들은 기독교 서점에서 쉽게 구할 수 있는 것들이다. 인물설교의 엄청난 잠재력에 관하여 생각하다 보면 그 준비 과정에서 대두되는 문제는 설교할 만한 인물을 찾아낼 수 있는가 없는가가 아니라 과연 이렇게 많은 사람들 중에서 구체적으로 누구를 선택해야 하는지가 고민이 된다는 것을 곧 깨닫게 될 것이다.

2) 인물에 관하여 연구하기

설교할 인물을 결정하였으면 그 다음 단계는 그 인물에 관한 모든 자료들을 숙지해야 한다. 이 단계에서는 다음 몇 가지 과정을 밟는 것이 도움이 된다.

인물에 관한 연구를 시작할 때 가장 분명한 출발점은 그 인물에 관한 성경의 모든 관련 구절들을 찾아내서 이를 순차적으로 정리하는 것이다. 그 다음에 그 인물의 생애에 관한 내용을 읽고 평소에 자주 사용하는 성경 사전이나 지도책, 지리나 관습과 문화에 관한 서적들에서 그 인물에 관한 모든 배경적인 정보들을 파악한다. 물론 이 과정에서 그 인물 자체에 관하여 집중적으로 분석할 수도 있으며 관련되는 주석서들을 참고할 수도 있다. 마지막으로는 같은 인물에 관한 다른 사람들의 설교를 점검해 본다.

그런데 이러한 모든 과정을 다 마쳤더라도 한 가지 중요한 과정이 여전히 빠졌을 수도 있다. 이 과정에서 설교자가 명심할 점은 세속적인 인물에 관하여 연구하는 것이 아니라 바로 하나님의 말씀을 다루고 있다는 점이다. 그래서 인물에 관하여 연구하는 모든 과정에서 계속 기도하는 자세를 유지해야 하며 매단계마다 성령의 인도를 구해야 한다.

성경은 하나님의 진리를 영적으로 분별해야 하며(고전 2:14) 이 역시 그리스도의 마음을 가진 영적인 사람만이 가능하다(고전 2:15-16)는 점을 분명하게 천명하고 있다. 게다가 지혜와 계시의 영을 부어주시며 우리의 이해할 수 있는 마음의 눈을 열어주시는 분도 바로 하나님이시다(엡 1:17-18). 우리도 바울처럼 하나님의 말씀은 오직 성령의 능력 안에서만이 선포될 수 있다는 점을 명심해야 한다(살전 1:5).

설교에서 다룰 인물에 관한 가능한 모든 것들을 파악하려는 노력 속에서도 설교자는 하나님의 말씀을 계속 묵상하는 자세를 유지해야 하며 심령을 주님께 완전히 열어두어야 한다(고후 6:11-13). 그렇게 함으로써 원래는 무관하거나 사소한 것으로 간주되었던 성경 자료들이 새로운 조명으로 말미암아 설교 전체 메시지를 효과적으로 선포하도록 하는 기폭제 역할을 감당하게 된다.[2]

2. 설교의 구성 단계

설교의 구성이 좋다고 자동적으로 좋은 설교가 되는 것은 아니다. 하지만 설교의 구성이 탄탄하지 않고서는 좋은 설교가 되기 어렵다. 좋은 구성을 위해서는 설득력 있는 논지(a cogent theme)와 세심하게 짜여진 명제, 효과적인 개요나 줄거리, 그리고 원칙에 근거한 메시지와 같은 것들이 필요하다. 물론 효과적인 구성을 만들기 위한 예비 단계로 먼저 주제(subject)를 선정해야 하는데, 인물설교에서는 그 인물의 이름이 주제가 된다. 그 인물과 관련된 모든 자료들도 잠재적으로는 설교의 주제로 발전될 수 있다.

1) 논지 결정하기

설교의 주제를 선택하였으면 그 다음에는 설교의 논지를 결정해야 한다. 논지는 주제를 어느 한 가지 초점으로 집약시킨 것으로 본문이나 또는 사건에 담긴 가장 핵심적인 진리를 말한다. 그래서 논지는 전체 설교에서 매우 응집력 있는 요소인 셈이다. 몇몇 설교학 책에서는 이 논지를 '명제'(proposition)나 '주제'(subject)라는 항목에서 다루는 경우가 있다.

예를 들어 도엑에 관한 설교의 논지는 비방에 집중될 것이다(삼상 21:7; 22:9-10, 18). 또 삼손에 관한 설교라면 그 설교의 논지는 '유혹에 대한 굴복'이 될 것이다(삿 13-16장). 논지는 한 가지 분명한 목표를 가지고 있으며, 명확한 목적을 강조한다. 도엑의 경우에 설교의 강조점은 비방의 사악함에 집중될 것이다. 또 삼손에 관한 설교에서는 유혹에 굴복하는 것이 최상의 선택인 것처럼 보이도록 하는 유혹의 마력을 강조할 것이다. 논지를 직접적이고 간단하게 진술하는 것이 매우 중요하다. 성경 인물에 관하여 오랫동안 연구하다보면 여러 가지 개념들을 발견하겠지만 설교자는 한 가지 응집력 있는 논지로 그런 여러 개념들을 모두 묶어서 통합시킬 수 있어야 한다.

설교자가 논지를 결정하면 그 다음에 설교의 기본적인 흐름은 그 논지를 중심으로 논리적이면서도 응집력 있게 조직되면서 점차 클라이맥스를 향하여 발전되어 간다. 여호수아의 생애(설교의 주제)를 연구해 보면 설교로 다룰 만한 여러 흥미 있는 내용들을 발견하게 된다. 하지만 설교의 목표를 젊은 그리스도인들로 하여금 자신의 생애를 주님을 섬기는 데 헌신하도록 도전하려는 것이라고 가정해 보자. 여호수아의 생애로부터 끄집어 낼 수 있는 적절한 설교의 논지는 "하나님께서 자신의 사역에 쓰시는 사람"이 될 것이다. 또 역대하 31:20-21에 근거한 히스기야의 생애에 관한 설교의 논지는 "하나님은 전심으로 순종하는 사람에게 복을 내리신다"가 될 수 있다. 이러한 논지는 21절에 "일심으로 행하여 형통하였더라"는 구절에 근거하여 발전시킨 것이다.

2) 명제 정하기

설교의 논지가 정해진 다음에는 설교의 명제(proposition)를 확정지을 단계이다. 설교의 명제는 설교의 목표를 담고 있을 뿐만 아니라 그 설교의 논지가 어떻게 설명되고 예증되거나 증명될 수 있는지를 나타내는 하나의 간단한 문장을 말한다. 명제란 설교의 논지를 간결한 형태로 나타내 보여주는 문장을 말한다. 나는 명제 문장을 복수 주어와 한정적인 동사로 표현하는 편을 선호한다.[3] 그러한 명제는 설교의 전체 구조에 대한 윤곽을 효과적으로 보여줄 수 있다.

역대하 31:20-21에 근거하고 또 앞에서 언급한 논지('하나님은 전심으로 순종하는 사람에게 복을 내리신다)를 따르는 히스기야의 생애(설교의 주제)에 관한 설교의 경우에 그 설교의 명제는 논지와도 긴밀하게 관련되어 있다. 질문 형태로 작성해 본 이 설교의 명제는 다음과 같다. "하나님께서 전심으로 순종하는 자들에게 복을 내리신다는 것을 보여주는 히스기야의 네 가지 삶의 요소는 무엇인가?"

'하나님께서 자신의 사역에 쓰시는 사람'이라는 논지를 담고 있는 여호수아(설교의 주제)에 관한 설교에서 명제는 "하나님께서 자신의 사역에 들어 쓰시는 사람이 되려면 우리는 삶 속에서 다음 세 가지 특성을 확보해야 한다"로 정할 수 있다.

물론 일부 독자들 중에는 이런 명제를 확정하기 전에 먼저 설교의 주제를 명확하게 정하고 관련 자료들을 충분히 파악했으면 명제를 정하는 것을 건너뛰고 즉시로 메시지 전체에 대한 개략적인 구조를 정하는 단계로 이동하려고 할 수도 있다. 하지만 분명한 것은 앞에서 언급한 것처럼 토대를 쌓는 준비 과정을 끝내지 않고서 설교의 명제를 정하는 것은 결코 바람직하지 않다는 것이다.

3) 설교의 개요 발전시키기

개요(outline)는 어느 본문이나 책, 또는 사건에 관한 특정한 사상이 설교 전체의 논지와 어떻게 서로 관련이 있는지, 또 전체 사상은 세부적인 내용이나 청중과 어떻게 관련을 맺고 있는지를 간략하게 보여주는 요약된 내용이다. 잘 짜여지고 세심하게 나열된 개요는 설교의 전체 사상이 자연스럽고도 효과적으로 발전되도록 하는 데 매우 중요하다.[4]

훌륭한 개요는 실제 설교 전달 과정에서 몇 가지 면에서 설교자에게도 유익하다. 잘 정리된 개요는 정해진 논지를 따라서 설교 전체 메시지가 통일성을 유지할 수 있도록 해준다. 또 설교가 특정한 목표와 클라이맥스를 향하여 일관되게 발전할 수 있도록 도와준다. 잘 짜여진 개요는 설교자가 본문이나 사건을 서술해가면서 설교에서 사상을 분명하게 발전시켜 가는 과정을 안내해준다. 마지막으로 적절한 개요는 실제 설교 전달과정에서 정해진 과정을 따라서 순차적으로 전달하는 데도 도움을 준다.

여러 설교학자들이나 훌륭한 연설가들은 완전한 문장으로 짜여진 설교 개요를 미리 작성하는 것의 중요성을 강조하고 있다.[5] 이런 형태의 설교 개요는 각각의 고유한 요점들로 이루어져 있으며, 각기 온전하고도 분명하며 확정적인 개념들을 담고 있다. 그런데 또 다른 한편으로 간단한 구절이나 심지어는 한 단어로도 설교 개요를 만들 수 있다.[6] 설교자가 어떤 방법을 사용하든 설교 전체 메시지가 명확성을 확보하는 것이 매우 중요하다. 이를 위해서 어떤 대지나 소지가 서로 뒤엉켜서 청중을 혼란스럽게 하지 않도록 해야 한다.

효과적인 설교 개요를 위해서는 다음 다섯 가지 중요한 특성이 확보되어야 한다. 첫째로 효과적인 개요를 위해서는 개요 전체가 통일성을 지녀야 한다. 전체 개요에서 각 대지들(예를 들어 로마숫자 I, II, III과 같은 항목들)은 전체 논지의 일정 부분을 다루어야 하며, 각 대지 속의 소지들(대문자 A, B, C와 같은 항목들)과 소소지들(1, 2, 3의 항목들) 역시 전체 대지와 긴밀한 관계를 유지하면서 세부적으로 발전되어야 가야 한다.

역대하 31:20-21과 히스기야 왕을 인물설교의 초점으로 활용하는 앞의 설교 사례는 이러한 통일성이 어떻게 발전되어가는지를 잘 보여준다. 앞에서 소개한 바와 같이 이 설교의 논지는 '하나님은 전심으로 순종하는 사람에게 복을 내리신다' 이다. 또 설교의 명제는 '하나님께서 전심으로 순종하는 자들에게 복을 내리신다는 것을 보여주는 히스기야의 네 가지 삶의 요소는 무엇인가?' 이다. 이러한 명제를 보면 이 설교는 결국 네 가지 중요한 요점을 제시할 것이며 각각의 요점은 하나님께서 복을 내리시는 이유가 무엇인지에 관한 해답을 순차적으로 제시할 것이다. 그래서 네 가지 요점은 다음과 같은 설교 개요로 정리될 수 있다.

I. 하나님은 올바른 성품에서 비롯된 행동에 복을 내리신다.
II. 하나님은 다방면의 개혁에 복을 내리신다.
III. 하나님은 선한 동기로 시작된 행동들에 복을 내리신다.
IV. 하나님은 올바른 태도에 따른 행동에 복을 내리신다.

이상의 네 가지 대지는 '하나님은 순종하는 자에게 복을 내리신다' 는 논지와 긴밀하게 연결되어 있다. 게다가 각 대지는 이 설교의 명제에 담긴 질문에 대하여 분명한 해답을 제시하고 있다.

또 각각의 소지도 이와 마찬가지로 그 소지가 속한 대지에 관한 세부적인 정보를 단계적으로 제시하면서 전개되어야 한다. 예를 들어 이 설교의 두 번째 대지인 '하나님은 올바른 한계 안에서 이루어진 행동에 복을 내리신다' 는 내용은 다시 두 개의 소지로 확장될 수 있으며 그 소지들도 추가로 각각의 소지들로 더 자세히 확장될 수 있다. 다음의 보기에서는 어떻게 소지 A와 B가 대지의 특정 부분을 자세하게 확장시키고 있으며, 다시 소소지 1과 2에서는 해당 소지의 특정한 요소를 어떻게 세부적으로 확장시키고 있는지를 살펴볼 수 있다.

II. 하나님은 다방면의 개혁에 복을 내리신다.

　A. 히스기야의 개혁

　　1. 그는 성전을 정화하였다(대하 29:3-19).

　　2. 그는 예배를 회복하였다(대하 29:20-30:14).

　　3. 그는 유월절을 다시 시행하였다(대하 30:15-22).

　　4. 그는 다른 절기도 다시 시행하였다(대하 30:23-27).

　　5. 그는 여러 개혁을 단행하였다(대하 31:1).

　B. 다른 사람들의 개혁

　　1. 그의 개혁은 모범이 되었다.

　　2. 그의 개혁은 다른 사람들에게 선례가 되었다(대하 31:1).

훌륭한 개요를 위해서는 둘째로 통일성 이외에 단순성도 필요하다. 어느 개요에서든지 복합적이거나 여러 개념들을 한꺼번에 제시하려고 해서는 안 된다. 그보다 각 대지는 오직 하나의 개념만을 제시해야 한다. 히스기야에 관한 앞의 설교 개요를 다시 살펴보자! 여기에서의 대지는 '하나님은 올바른 성품과 다방면의 개혁에 복을 내리셨다'라는 식으로 구성하지 않았다. 이러한 표현은 복합적인 개념을 담고 있어서 청중이 쉽게 이해하는 데 지장을 초래하기 때문에 피해야 한다.

설교를 쉽게 이해시키는 데 도움이 되는 설교 개요의 셋째 특성은 모든 대지와 소지는 서로 대응되며 균등해야 한다는 것이다. 각 대지는 길이에 있어서도 균형이 잡혀야 하며, 전체 논지와 조화로워야 하며, 전체 흐름에 있어서 발전적이어야 한다. 히스기야에 관한 설교의 개요에서도 네 개의 대지가 모두 선언적인 문장으로 이루어져 있으며, 비슷한 길이로 되어 있고 설교의 전체 논지와 직접 관련을 맺고 있으며, 서론에서 결론으로 점차 발전해가는 메시지를 전달하고 있다.

설교 개요의 넷째 특성으로 개요가 묘사적이어야 한다는 점을 강조할 필요가 있다. 각각의 대지는 성경 본문의 의미를 묘사해야 하고 의미를 전달하는 가운데 청중에게 쉽게 이해될 수 있어야 한다. 앞에 제시한 히스기야의 설교 개요는 대지와 소지 모두 이런 특성을 잘 보여주고 있다.

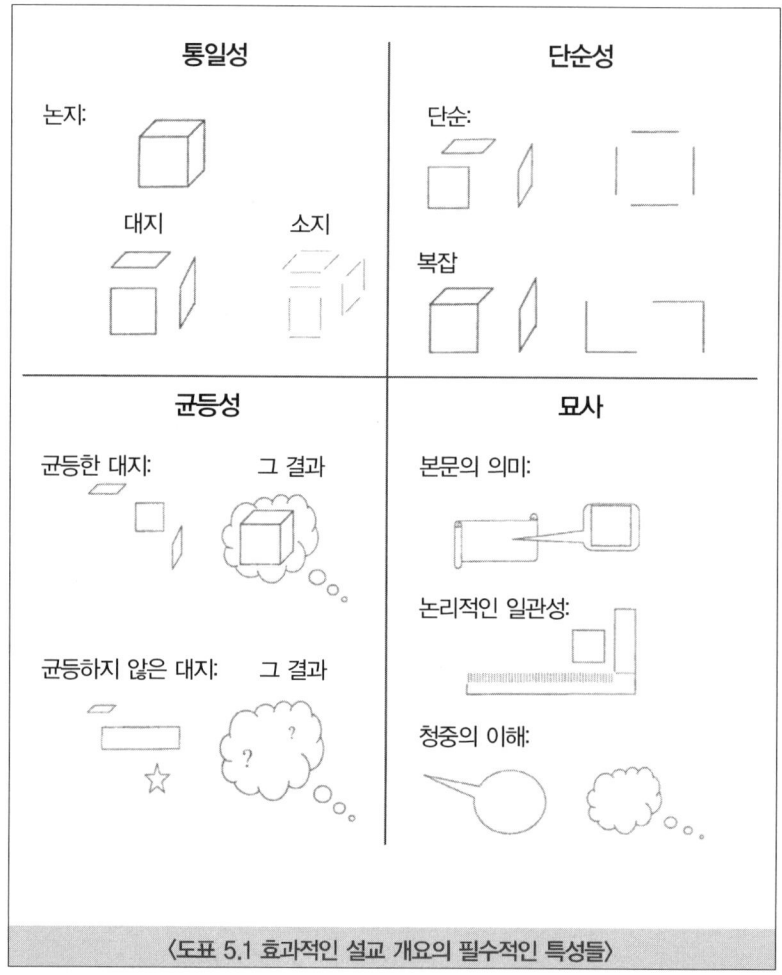

〈도표 5.1 효과적인 설교 개요의 필수적인 특성들〉

개요의 다섯째 특성은 청중에게 바람직한 행동의 동기를 부여하거나 적용적이어야 한다는 점에서 찾아볼 수 있다. 이 점에 대해서는 설교의 적용적인 원리에 대한 논의를 통해서 더 자세히 살펴보자.

4) 적용적인 원리 찾아내기

설교 준비 과정에서 설교의 주제와 논지, 명제 그리고 설교 개요를 결정하였다면, 그 다음은 구체적인 적용점을 만드는 단계로 이어진다. 최근에 설교학자들은 오늘날의 청중에게 설교의 적용점을 현재 시제와 명확한 진술문으로 제시하는 방법의 중요성을 강조하고 있다.[7] 하나님의 말씀의 사역자로서 설교자들에게는 과거의 성경의 세계와 오늘의 청중의 세계 사이의 간격을 연결시킬 의무가 있다.

다음 두 가지 조언은 설교 개요에서 그러한 설교적인 다리를 구축하려는 설교자들에게 도움이 될 것이다. 첫째 설교 개요의 요점에서는 과거 시제의 동사를 사용하지 말라는 것이다. 둘째로 설교 개요이 요점에서는 (하나님을 제외하고) 성경의 등장인물의 이름을 사용하지 말아야 한다. 이런 두 가지 제안을 그대로 이행하기 위해서는 설교 개요에 담긴 핵심적인 원리들은 성경의 등장인물들 뿐만 아니라 오늘날의 청중들에게도 그대로 적용 가능한 것이어야 한다.

적용 가능한 원리들에 대한 강조는 설교 개요에서 명확한 명제를 만들면서부터 시작된다. 앞에서 살펴본 여호수아에 관한 설교의 명제를 기억해 보라. 그 명제에는 여호수아의 이름이나 과거 시제 동사가 들어 있지 않았다. 그보다는 오늘과 우리에 집중하고 있다. 이런 원칙을 여호수아에 관한 설교 전체에 적용시켜 본다면 다음과 같은 설교 개요를 얻어낼 수 있을 것이다.

I. 우리는 믿음의 사람이 되어야 한다.
    A. 갈등에 직면했을 때의 믿음의 사람(출 17장)
    B. 반대에 직면했을 때의 믿음의 사람(민 13-14장)
    C. 불가능한 일에 직면했을 때의 믿음의 사람(수 6장)

II. 우리는 잘 훈련받은 사람이 되어야 한다.
　　A. 하나님을 섬기는 데 잘 훈련됨(출 24:12-13)
　　B. 하나님의 섭리를 이해하는 데 잘 훈련됨(출 32:17이하)
　　C. 하나님의 영에 복종하는 데 잘 훈련됨(민 27:18)
　　D. 하나님의 사람에게 순종하는 데 잘 훈련됨(수 1:1)
　III. 우리는 기꺼이 순종하는 사람이 되어야 한다.
　　A. 하나님의 뜻에 순종함(수 1:2-4)
　　B. 하나님의 말씀에 순종함(수 1:7-8)
　　C. 인생의 목적에 대한 하나님의 뜻에 순종함(수 24:15)

위의 설교 개요에는 여호수아의 이름이나 과거 시제 동사가 전혀 사용되지 않았음에 주목하라. 인물설교이든 그 밖의 다른 설교이든 오늘날 상당수의 설교가 바로 이 점에 실패하는 경우가 많다. 위와 동일한 주제를 담고 있는 오늘날의 전형적인 설교 한 편의 개요는 아마도 다음과 같을 것이다.

　I. 여호수아는 믿음의 사람이었다.
　II. 여호수아는 잘 훈련받은 사람이었다.
　III. 여호수아는 기꺼이 순종하는 사람이었다.

그런데 이런 설교가 성경의 인물과 그가 가진 좋은 성품을 잘 강조하고 있기는 하지만, 이런 설교 개요의 약점은 그 인물의 삶이나 교훈이 오늘날에도 여전히 가능하고 또 오늘날의 청중이 당연히 뒤따라야 한다는 필연성을 충분히 강조하지 못한다는 것이다. 이런 설교를 들은 청중은 그저 '오늘 설교를 통해서 여호수아가 그렇게 살았다는 것을 알게 되어서 좋았어. 하지만 나는 결코 그렇게 살 수 없지'라고 생각하면서 교회 문을 나서게 될 것이다. 하지만 성경은 그러한 삶은 성도라면 누구에게나 가능하다는 점을 분명히 하고 있다. 그래서 설교자는 개요의 요점을 포함하여 모든 방법을 다 동원하여 경건한 교훈들의 적용점을 충분히 강조해야 한다. 만일 설교자가 충분한 연구과정을 통해서 성경적인 원리를 추출하였고 이런 원리들을 설교 개요에서 적용적인 원리로 제시하면 실제 적용에 군더더기를 보태지 않고도 충분히 청중에게 적용적인 메시지를 전달할 수 있을 것이다.

1. 논지
- 하나의 과녁만을 지향한다.
- 분명한 목적을 강조한다.
- 하나의 진술문으로 표현된다.
- 가장 현저한 진리를 담고 있다.

2. 명제
- 설교의 분명한 목적을 제시한다.
- 설교 전체의 구조를 미리 보여준다.
- 설교 전체의 논지를 요약한다.

3. 개요
- 설교 전체의 논지 안에서 통일성을 유지한다.
- 설교의 전개 과정을 안내한다.
- 설교의 클라이맥스를 향하여 점차 발전한다.

4. 원리
- 과거와 현재 사이의 간격을 연결한다.
- 청중에게 구체적인 요점을 제시한다.
- 설교의 적용점을 강조한다.

〈도표 5.2 효과적인 인물설교를 위해서는 좋은 구성이 필수적이다.〉

3. 설교 개요의 확장

설교 준비 과정이 이즈음에 이르면 설교는 점점 완전해 보인다. 하지만 아직은 강단에서 전해질 준비가 다 된 것은 아니고 좀더 확장되어야 한다. 이제 설교자는 기도로 성령의 인도를 의식적으로 구하면서, 청중에게 메시지가 효과적으로 전해져서 그들의 마음과 심령을 사로잡기 위해서는 어떤 부분이 포함되어야 하며 어떤 절차를 거쳐야 하는지를 결정해야 한다. 이를 위해서 설교에 필요한 예화와 적용점, 전환문장, 서론, 결론 그리고 설교 제목을 고려해 보아야 한다. 이런 요소들은 설교 메시지가 청중에게 적시성 있게 들리도록 하는 데 매우 중요하다.

1) 예화

예화는 설교에서 설명하거나 논증하거나 또는 추상적인 메시지를 구체화시켜서 적용하고자 할 때 사용되는 구체적인 사례를 가리킨다. 미식축구에서 훌륭한 러닝 백(running back, 볼을 가지고 뛰는 선수-역주)처럼 훌륭한 예화는 설교의 흐름을 원활하게 한다.[8]

설교에 좋은 예화가 필요한 이유는 다음 세 가지 역할 때문이다. 첫째로 좋은 예화는 청중에게 우리 대부분이 그러하듯이 들려오는 메시지를 그림으로 생각하도록 도와준다. 사랑이나 학교, 교회, 코끼리, 의자, 그리고 전택설(타락 전 선택설, supralapsarianism)과 같은 단어를 읽을 때면 당신 마음에 무엇이 떠오르는가? 사랑이라는 단어에 대해서는 아마도 대부분이 어떤 사람(아마도 당신의 배우자)의 모습이 떠오를 것이다 또 학교라는 단어에서는 어떤 건물(또는 당신이 다니고 있는 학교)이 떠오를 것이며, 교회에 대해서도 다른 건물(또는 당신이 현재 출석하고 있는 교회 건물)이 생각날 것이고, 코끼리라는 단어에서는 크고 코가 길고 네 발 달린 동물이 떠오를 것이며, 의자에서는 아마도 지금 앉아 있는 의자의 모습을 떠올릴 것이다. 하지만 전택설을 시각화하기란 매우 어려울 것이다. 그 이유는 이 용어는 쉽게 시각화할 수 없는 추상적인 단어이기 때문이다.

우리 마음은 시각적으로 사고하는 것을 좋아한다. 예화는 청중이 그렇게 정보를 시각화할 수 있도록 도와주며 추상적인 개념을 구체적인 모습으로 전화하도록 유도한다.

예화의 둘째 기능은 청중이 설교의 사상과 논지를 잘 따라가도록 안내해 준다는 점이다. 오늘날 대부분의 사람들은 방송 미디어의 영향 때문에 깊은 사고나 장시간 계속되는 논쟁에 그리 익숙하지 않다. 우리 대부분은 텔레비전 방송에서도 생각을 깊게 하지 못하고 몇 분 단위로 '상업 광고방송'을 찾도록 프로그램되어 있어서 '이제 그만 광고시간이다'라고 말하거나 또는 그렇게 말하는 것을 들어본 적이 많을 것이다. 연구 결과에 따르면 심지어 최적의 조건에서라도 청중은 6-7분 이상 계속해서 주의를 기울이기 어렵다고 한다. 그래서 예화는 청중에게 일종의 '휴식시간'을 제공하면서 다시 나머지 메시지에 주의를 기울이도록 도와준다.

예화의 셋째 기능은 지속적인 효과에서 찾아볼 수 있다. 사실 강력한 예화는 일반적인 설교의 요점보다 훨씬 오랫동안 기억된다. 잘 선별된 예화는 청중이 설교의 명제나 논지를 잃어버리더라도, 그 설교가 결과적으로 의도했던 취지나 적용점을 계속 기억하도록 도와준다.

훌륭한 예화의 몇 가지 자질을 명심할 필요가 있다. 예화의 실제 사건이 오래 전에 일어났더라도 그 예화의 호소력은 설교를 듣는 당시의 청중에게 집중되어야 한다. 또 효과적인 예화를 위해서는 부정확한 표현이나 잘못된 설명을 피하고 정확한 내용을 담고 있어야 한다. 그 내용은 분명해야 하고 용어들 역시 쉽게 이해될 만한 것들이어야 한다. 또 설교의 요점을 잘 예증할 목적으로 제시되어야 하며, 좋은 이야기를 하나 들려주려는 목적만으로 예화를 소개하지 않도록 해야 한다. 마지막으로 예화는 재미있어야 한다. 그래서 흥미로운 주제와 내용을 담고 있어야 하며 생생하고도 열정적으로 전달해야 한다.[9)]

2) 적용

설교자가 성경의 의미(significance)를 청중의 마음과 의지에 직접적으로 연관되도록 연결시킬 때 설교의 적용이 발생한다. 이를 위해서 설교자는 성도들이 각자의 삶 속에서 성경이 가르치는 진리를 그대로 실행에 옮기도록 구체적인 방법과 수단들을 제안한다.[10]

설교에서 청중에게 적용적인 메시지를 제시하려고 할 때 다음 두 가지 철학적인 전략이 가능하다. 첫째는 일반적인 원리만 제시하고 그 원리를 각자가 실제 삶 속에서 구체적으로 적용하는 문제는 청중에게 맡겨두는 것이다. 또 다른 전략은 구체적인 사례를 제시하면서 청중에게 적용에 관하여 설교자와 함께 생각해 보도록 유도하면서 그 사례를 각자의 삶에도 적용할 수 있도록 격려하는 것이다. 대체적으로 두 번째 전략이 좀더 성공적이다. 그 이유는 청중은 성경적 원리와 그에 대한 구체적인 적용점을 서로 연결시켜서 생각하는 데 익숙해지다 보면 이 원리를 각자 자신의 삶의 여러 영역들에도 자발적으로 적용하는 데 더욱 익숙해지기 때문이다.

적용은 성경적인 설교를 통해서 소개된 성경의 진리를 구체적으로 납득시키도록 해줄 뿐만 아니라 구체적인 의무를 어떻게 실행할 것인지에 대한 방법도 제시한다. 설교가 때로는 무엇을 행하라고 말하면서도 정작 그것을 어떻게 이행해야 하는지에 대해서는 별 말이 없는 경우가 있다. 기도생활에 충실하지 않고 성경을 잘 읽지도 않는다고 설교시간에 청중을 닦달하면서도, 정작 그 문제를 어떻게 해결할 수 있는지에 대한 구체적인 지침은 전혀 제공하지 않는 경우가 많다. 하지만 적용은 "어떻게 하란 말인가?"라는 질문에 대답해야 한다. 이를 위해서 설교자는 적용의 메시지를 다음 네 가지의 구체적인 적용의 영역과 긴밀하게 연결시켜야 한다. 그것은 지성과 의지와 감정, 그리고 예배이다.

먼저 적용에는 청중의 지적인 이해의 차원이 포함되어야 한다. 즉 설교에서 제시된 이슈들을 통해서 어떻게 사고해야 하는지를 분명히 제시해 주어야 한다. 일단 청중이 어느 사안을 지적으로 이해하게 되면, 그들은 의지적인 선택을 내릴 능력을 갖춘 셈이다. 설교의 적용점을 실제 삶 속에서 그대로 실행하기 위해서는 의지의 작용이 결정적으로 중요하다. 청중은 의지와 아울러 감정을 지닌 개인들의 모임이다. 즉 그들은 무언가를 느낀다. 그래서 설교를 전달할 때에는 청중의 현재 느낌을 고려해야 할 뿐만 아니라 적용적인 메시지를 그들의 감정과 서로 연결시켜야 한다. 청중의 감정은 지성과 의지가 원하는 방향과는 정반대 방향으로 강력하게 쏠릴 수도 있다. 그래서 효과적인 적용을 위해서는 이러한 청중의 정서를 이해하면서 그 정서의 문제를 잘 다루어야 하다.

적용의 궁극적인 목적은 예배에 있다. 즉 청중으로 하여금 삶의 모든 영역에서 주님과 올바로 예배하는 관계를 맺도록 인도하는 것이다. 이 목적을 달성하기 위해서는 적용을 실제로 이행하기 위한 예비조건으로서 회개와 죄의 고백이 필요하다.

설교에서 적용은 어디에 위치해야 하는가? 만일 앞에서 먼저 영적인 원리들이 제시되고 이어서 요점들이 등장한다면 이러한 핵심 요점들이 자연스럽게 적용적인 메시지 역할을 하게 된다. 하지만 메시지가 결론까지 계속 이어지면서 적절한 원리들에 대한 추가적인 적용이 나중에 등장할 수도 있다.

마지막으로 적용은 항상 성경적인 원리로부터 도출되어야 하며 이 원리들과 서로 일치해야 한다.[11]

3) 전환부

전환부(transition)는 설교의 한 부분을 다른 부분과 서로 연결시켜 주는 문장이나 구절로서, 설교의 논리적인 연결점을 제공하면서 두 부분이 서로 계속해서 발전하고 있음을 보여준다. "부드럽고도 효과적인 전환부는 설교를 탁월하게 만드는 결정적인 요소 중의 하나이다. 부적절한 전환부는 설교 전체의 구조와 전달을 약화시킬 수 있다."[12]

설교자는 설교가 진행될 때 청중이 설교의 모든 요점들을 그대로 따라오고 있다고 넘겨짚어서는 결코 안 된다. 그보다는 설교자는 청중이 설교를 잘 따라오고 있는지를 확인하기 위하여 전환부를 적절히 활용해야 한다. 전환부는 설교의 사고의 흐름을 분명하게 하고 메시지가 부드럽게 전달되도록 하는 데, 그리고 처음부터 끝까지 메시지가 발전적으로 진행되도록 하는 데 꼭 필요하다.

또 전환부는 설교의 흐름이나 사상을 청중이 잘 따라오고 있는지 확인하려고 할 때면 언제 어느 곳에서든지 꼭 필요하다. 설교의 서론이 끝나고 본론으로 연결시킬 때에도 전환부가 필요하며 각 요점이나 대지를 다음 요점이나 대지로 이어갈 때, 그리고 설교 전체의 메시지를 결론부로 이어갈 때에도 매번 전환부가 필요하다. 이렇게 중간에 전환문장을 위치시키는 목적은 설교가 전개되어 가는 매단계에서 청중이 관심을 잃어버리지 않고 전체 흐름에 효과적으로 동참하도록 이끌어가기 위함이다.

그래서 설교자는 전환부를 아주 세심하게 준비해야 한다. 설교 전체의 흐름에서 중요한 자리에 위치하는 전환문장에 대해서는 미리 적어보거나 실제 설교 전달하기 전에 큰 소리로 연습해 두어야 한다.

4) 서론

설교의 서론은 전체 메시지에서 매우 중요한 요소이다. 목회자로서, 특히 지역 교회를 섬기는 목회자인 경우에 훌륭한 설교를 전하려면 좋은 서론을 미리 잘 준비해 둘 필요가 있다. 그 이유는 설교자는 다른 공적인 연설가들에게는 전혀 해당되지 않는 다음 네 가지 불리한 점을 가지고 있기 때문이다. 목회자들은 이러한 불리한 점을 부정적으로 생각할 것이 아니라 일종의 도전으로 받아들여야 한다. 이런 불리한 요소들은 목회자가 특정 교회의 회중을 섬기도록 하나님으로부터 부름을 받은 결과로 말미암은 것들이다.

첫째로 목회자는 다른 연설가들에 비하여 더 자주 공개적인 연설을 해야 하고 그것도 더 많은 주제를 다루어야 한다. 정치가나 영화배우나 다른 운동선수들 중에서 목회자만큼이나 자주 연설을 해야 하고 또 계속해서 새로운 주제를 준비해야 하는 사람은 아무도 없다. 둘째로 목회자는 기본적으로 매번 같은 청중에게 메시지를 전해야 한다. 청중도 이전에 그 목회자가 설교하는 것을 많이 들어보았다. 그래서 청중은 그 목회자가 오늘 설교에서 무엇을 말하고 어떻게 말할 것인지를 잘 알고 있다고 생각한다. 셋째로 목회자가 메시지를 전하는 청중은 그 메시지의 주제에 대해서 어느 정도 익숙하다. 마지막으로 인간의 타락한 죄성은 하나님의 말씀에 대해서 본래적으로 거부하려는 경향이 있다.[13] 하지만 훌륭한 서론은 이러한 불리한 점들을 모두 극복할 수 있도록 해준다.

서론에는 다음 세 가지 목적이 있다. 첫째로 서론은 전달되는 메시지의 논지에 대한 청중의 관심을 일깨워야 한다. 둘째로 서론은 청중으로 하여금 메시지에 대한 흥미를 떨어뜨리는 장애물들을 극복할 수 있도록 도와주어야 한다. 서론 단계에서 청중은 이 메시지가 정말로 들을 만한 가치가 있는지를 알고 싶어 한다. 이 메시지는 청중의 필요를 적절하게 만족시켜 주는가? 또 실제 삶 속에 적용할 만한 실제적인 내용을 담고 있는가? 마지막으로 서론은 청중으로 하여금 본론을 잘 받아들이도록 준비시켜서 그 본론을 잘 이해하고 평가하며 수용할 수 있도록 도와준다.

그래서 설교의 서론도 미리 잘 준비해야 하며, 메시지의 취지와 일치해야 하고 매설교마다 다양하게 바뀌어야 한다. 또 서론은 확신을 가지고 단순하게 전달되어야 하며, 서론부터 부정적인 느낌을 심어주어서는 안 된다.

훌륭한 서론은 다음 몇 가지 요소들로 구성되어 있다. 먼저 청중의 관심을 사로잡을 만한 흥미로운 내용을 담고 있어야 한다. 또 설교에서 앞으로 다룰 주제의 중요성을 잘 설득하는 역할을 감당해야 하며 왜 청중은 이 내용을 들어야 하는지를 보여주어야 한다. 또 훌륭한 서론은 설교의 주제를 분명하게 제시하면서 그 주제를 해당되는 성경 본문과 잘 연결시켜야 한다.

일반적으로 서론은 설교 본문부가 완성된 다음에 준비한다. 무언가 말할 내용이 확정되지 않은 상태에서 그 내용을 소개할 수는 없는 노릇이다. 따라서 적절한 서론을 준비하기 전에 먼저 설교의 논지를 분명하게 확보하고 그 내용에 익숙해지는 것이 중요하다.[14]

5) 결론

좋은 설교를 위해서는 훌륭한 서론만큼이나 기억에 남는 결론도 필요하다. 하지만 상당수의 설교자들은 몇 가지 중요한 생각들을 즉흥적으로 메모하고 결론에 대해서는 이것이 메시지에 별로 중요하지 않은 것처럼 가볍게 취급한다. 하지만 결론은 설교자가 청중에게 행동을 촉구하는 마지막 순간이며, 하나님의 말씀에 대한 응답을 마지막으로 요청하면서 성경의 진리를 실제 삶 속에서 실행에 옮기도록 재촉하는 중요한 기회이다. 이렇게 결론은 설교에 매우 중요하기 때문에 설교자는 결론을 준비하는 데도 충분한 시간을 투자해야 하며, 전달과정에서도 결론에 적절한 시간을 배분해야 한다. 연설하는 사람들은 메시지의 본론을 설명하는 데 자신에게 할당된 시간을 모두 사용해 버리고 결론은 급하게 마무리해 버리곤 한다. 하지만 이런 연설은, 충분한 시간과 에너지를 결론에 할애하여 메시지 전체의 목적을 달성하는 중요한 부분이 바로 결론이라는 점을 여실히 보여주는 설교에 비해서 매우 비효과적이다. 일반적인 규칙을 제시하자면 설교자는 전체 메시지의 시간 중에 5-10퍼센트를 결론에 할애해야 한다.

효과적인 결론을 위해서는 다음 몇 가지 특성을 확보해야 한다. 먼저 결론은 방금 전달된 설교 본론과 통일성을 가져야 한다. 또 결론은 설교의 일부분(예를 들어 마지막 대지)이 아니라 전체 설교 메시지를 반영해야 한다. 좋은 결론의 또 다른 특성으로는 설교 전체의 논지와 일치해야 한다. 다시 말해서 결론에서는 그 어떤 새로운 내용을 다시 소개해서는 안 된다. 결론의 목적은 말 그대로 종료하는 것이지 새로운 메시지를 다시 시작하는 것이 아니다. 이 외에도 결론의 언어는 분명하고 정확하며 구체적이어야 한다. 결론에서는 모든 추상적인 표현이나 모호한 일반적인 원칙들은 피해야 한다.

또 훌륭한 결론을 위해서는 특히 개인적이고 구체적이어야 한다. 설교 메시지는 사람들에게 전해지는 것이며 청중 개개인이 그 메시지의 파장을 느낄 수 있어야 한다. 그래서 인칭대명사(여러분, 우리, 우리들의, 등등)를 언급하는 것이 개인적인 파장과 친밀감을 획득하는 데 도움을 줄 수 있다. 이 외에도 결론은 설득력 있게 전해져야 한다. 설득력 있는 결론부를 통해서 청중은 설교의 목적에 직면해야 하고, 그들이 받아들이고 믿으며 실행에 옮겨야 하는 것들이 무엇인지를 직시할 수 있도록 해야 한다. 이렇게 설득력 있는 결론을 전달하기 위해서는 메시지에 강력함과 긴급함이 필요하다. 그래서 결론부에서는 긴장의 정도를 낮추지 말아야 한다. 그보다는 메시지에 대한 설교자 자신의 강도 높은 헌신과 참여를 부각시키며, 결론이 끝날 때까지 계속 구체적인 행동을 강하게 호소해야 한다.

마지막으로 좋은 결론은 부정적인 질책보다는 일반적으로 긍정적인 권면을 강조해야 한다. 때로는 메시지가 부정적인 접근을 필요로 하는 경우가 있겠지만 그러나 청중은 오히려 긍정적인 접근에 더 잘 반응한다.

이상의 특징들 이외에도 효과적인 결론에는 다음 네 가지 요소가 들어 있다. 그 첫 번째 요소는 설교 전체의 핵심 요지와 논지를 간결하게 요약하는 내용을 담고 있는 잘 정돈된 종합적인 진술문이다. 종합적인 진술문은 설교 전체를 마지막 초점으로 몰아가서 느슨한 내용들을 모두 단단하게 결합시키려는 의도로 만들어진 것이다. 결론부의 특별한 목적은 말 그대로 설교 전체에 결론을 내리는 것이다.

효과적인 결론의 둘째 요소는 분명하게 잘 정돈된 목적 진술문(purpose statement)에서 찾아볼 수 있다. 이러한 진술문의 의도는 전체 메시지에 대한 청중의 바람직한 반응을 유도하려는 것이다. 이러한 목적 진술문의 특성 때문에 결론에는 '그러므로'와 '해야 한다'는 표현들이 포함된다. 예를 들어 다음과 같은 결론을 보라. "오늘은 이런 특정한 진리를 살펴보았습니다. 그러므로 하나님을 사랑하는 우리는 이 말씀에 이렇게 반응해야 합니다." 물론 모든 설교의 결론이 항상 이렇게 '그러므로'와 '해야 한다'라는 표현이나 구절로 마무리되어야 할 필요는 없지만, 결론에서는 설교 메시지에 대한 청중의 바람직한 반응을 꼭 이끌어내도록 해야 한다.

효과적인 결론의 셋째 요소는 명확한 호소와 권면에서 발견된다. 설교자는 설교가 종반부에 다다를 때 청중이 신앙으로나 태도, 행동, 혹은 느낌과 같은 다양한 방식으로 메시지에 반응하기를 원할 것이다. 그래서 청중에게 어떤 내용을 호소하기도 한다. 그런 호소는 분명 다양한 동기에서 비롯되었을 것이다. 또 다른 사람들에 대한 자비와 인정에 호소하기도 하고 정의나 사랑, 두려움 또는 특정한 필요에 대한 사람들의 열망이나 갈증에 호소하기도 할 것이다. 하지만 이러한 호소는 설교의 전체적인 목적과 일치해야 하며 특히 청중의 삶과 밀접한 관련을 맺고 있어야 한다.

결론의 마지막 요소는 말 그대로 결론을 내리는 문장에서 찾아볼 수 있다. 설교 결론의 마지막 몇 개의 문장은 세심하게 준비하고 미리 계획하는 가운데 만들어져야 하며, 직접 그대로 글로 작성해서 준비해야 한다. 이 마지막 문장들이 매우 중요한 이유는 이 내용들이 선포되면 그대로 설교가 끝나기 때문이다.[15]

6) 제목

대부분의 설교자들은 설교 제목을 제시한다. 그 제목들 중에 일부는 아주 재미있는 것들도 있다. 하지만 내가 보아온 대부분의 설교 제목들은 오히려 세속적이었는데, 좋은 설교 제목을 고안해 내는 것은 상당히 어려운 일인 것 같다.[16]

분명 이 과제는 편집자들에게도 어려운 일이다. 제목을 참고하기 위하여 혹시 『리더스 다이제스트』의 목차를 살펴본 적이 있는가? 그 중에 몇 가지 제목은 매우 탁월하다. 또 나머지 몇 개는 좋고, 관심을 끄는 데 있어서 또 일부는 그저 보통 수준에 불과하다.

교회 교인들이 주일날 아침 교회에 도착한 다음 주보를 집어 들고서 예배 순서를 살피는 중에 비로소 설교 제목을 보게 되는 경우라면, 제목이 그렇게 좋아야 할 필요는 별로 없다. 왜냐하면 이미 청중은 예배에 참석하고 있으며, 제목이 좋든 싫든 관계없이 그들은 설교를 들을 것이기 때문이다. 좋은 설교 제목의 목적은 바로 여기에 있다.

제목의 일차적인 목적은 청중의 눈을 붙잡고서 그들의 호기심을 일깨우고 더 자세히 듣고자 하는 욕구를 불러일으키는 것이다. 간단히 말하자면 설교의 목적은 누군가로 하여금 설교를 듣고 싶어 하도록 만드는 것이다. 설교 제목의 일차적인 기능은 광고적인 목적을 위한 것이다. 그래서 제목은 설교의 논지를 적절하게 소개하는 광고 형태를 띠고 있다.

훌륭한 제목은 간결하고 집약적이어야 한다. 또 설교 일부분이 아니라 전체를 집약적으로 표현해야 한다. 또 설교의 핵심사상을 직접적으로 표현하지 않으면서도 그 핵심을 잘 제시할 수 있어야 하고, 내용이 분명해야 한다. 제목의 형태는 호기심을 자극하는 질문이나 깜짝 놀랄 선언문이나 혹은 도전적인 사상을 담은 문장과 같이 다양한 형태로 만들 수 있다.

설교의 제목은 항상 적절해야 한다. 다시 말해서 설교의 분위기나 청중의 전체적인 성향, 그리고 설교하는 시기의 특성에 부합해야 한다는 것이다.

일반적인 원칙을 말하자면 처음 떠오른 제목은 대체적으로 가장 최선의 제목이 아니다. 창세기 3장에서 인간의 타락에 관한 설교의 제목은 "하나님으로부터 숨는 자" 정도가 되겠지만 "최초의 도망자"라고 하면 더 흥미로운 제목이 될 것이다. 구약의 하박국 선지자에 대한 설교를 위해서는 처음에는 "신앙의 선지자" 정도가 떠오르겠지만, "두통과 심장병에 대한 하나님의 치료"라고 하면 좀더 많은 관심을 끌 수 있을 것이다.

설교의 핵심사상과 개요가 구성되고 서론과 결론으로 충분히 확장되었다고 하더라도 주일날 아침에 선포하기에 충분할 정도로 준비된 것은 아니다. 실제로 전달하기 전에 또 다른 과정을 거쳐야 하기 때문이다.

4. 표현하기

　설교는 단순한 성경 연구나 조사, 그리고 그 이후의 개요 작성과 예화와는 차원이 다르다. 성경의 메시지를 통해서 하나님의 설교자는 하나님의 백성들이 하나님의 말씀에 따라 하나님의 일을 이행하도록 준비시키기 때문이다. 그래서 설교는 꼭 소통되어야 하는 중요한 메시지이다. 설교가 가장 효과적으로 청중에게 소통되기 위해서는 가장 효과적인 방법으로 표현되어야 한다.

1) 설교를 단순화하기

　우리는 종종 단순함과 빈약함을 혼동하곤 한다. 설교자들은 설교를 통해서 심오한 하나님의 말씀을 선포하기를 원한다. 하지만 성경의 대부분이 평범한 사람들을 위해서 기록되었다는 것과 설교자 대부분이 평범한 사람들에게 설교한다는 점을 기억할 필요가 있다.

　그래서 되도록이면 설교 메시지를 단순화시키고, 가능한 메시지를 직접적이고 솔직하게 전하려고 노력해야 한다. 또 설교자의 원고나 노트를 전혀 보지 않고 설교를 듣는 청중도 쉽게 따라갈 만한 사고의 흐름을 따라서 메시지를 전해야 한다. 자신의 설교를 청중이 얼마나 쉽게 따라올 수 있는지를 확인하려면, 원고를 보지 않고도 설교 전체의 흐름을 얼마나 쉽게 떠올릴 수 있는지 확인하는 것이 좋다. 설교 전체의 흐름을 적절히 유지하기 위해서 계속 원고를 참고해야 한다면, 원고도 없는 청중은 어떻게 그 동일한 사상의 흐름을 모두 잘 따라갈 수 있겠는가?

　설교의 단순함을 보여주는 또 다른 증거는 설교 전체 메시지와 무관한 엉뚱한 관심을 이끌어 내지 않아야 한다는 것이다. 예를 들어서 핵심 대지를 두운법에 따라 정리하는 방법은 설교자에게나 청중 모두에게 전체 메시지를 쉽게 기억할 수 있도록 도움을 준다. 하지만 그 두운법이 부자연스럽거나 강요된 것이라면, 청중의 관심은 설교 전체의 논지보다는 두운법에 얽매이기 때문에 결국 전체 설교에도 유해한 셈이다. 때로는 두운법이 부자연스럽거나 심지어 성경의 진리를 정확하게 제시하는 것을 방해하는 경우도 있다. 또 대부분의 청중은 설교자만큼이나 그렇게 두운법에 푹 빠지지는 않을 것이다.

설교의 단순성은 설교 자료를 현명하게 배열함으로써도 얻어질 수 있다. 그래서 가장 효과적인 방법으로 자료들이 배치될 때까지 설교자는 계속해서 설교 자료들을 더 압축하고 재배열하고 수정하고 일부는 제거해야 한다. 이를 위해서 때로는 설교문을 직접 작성해야 하는 경우도 있다. 이런 과제는 시간을 많이 소모하고 힘든 작업이지만, 이를 통해서 설교자는 표현에 더욱 정확성을 기할 수 있다.

이보다 좀더 실제적인 방법은 설교문을 미리 녹음해 보는 것이다. 또 심지어 비디오카메라를 이용하여 미리 녹화해 보는 것도 좋은 방법이다. 그 다음에 설교문을 재생하면서 필요한 부분을 수정하면 된다. 이러한 수정 작업은 실제 연습 단계나 마찬가지이다.

명료한 설교문을 위해서는 단순한 언어가 매우 중요하다. 어느 누구라도 쉽게 이해할 수 없는 용어를 사용하는 것은 설교에서는 결코 유익이 없다. 만일 설교에 전문적인 신학 용어(예를 들어 전택설)가 필요하다면 그 용어를 충분히 설명해 주어야 한다. 이전에 내 수업에 참여했던 학생은 다음과 같은 사례로 이 원칙의 중요성을 잘 보여준 적이 있었다.

여러분께서 비전적(秘敎的)인 묵상에 집중하는 동안, 분명하고 명료하게 범주화된 발성 활동에 집중하는 것이야말로 여러분의 생각을 더욱 확장시키는 좋은 방법입니다. 다채로운 말 꾸밈과 이중적인 언어유희에 대한 의존은 불가해성을 조장하는 경향이 있습니다. 따라서 간명과 응축에 대한 높은 선호도에 따라서 겉치레 말과 과장법, 그리고 과시하는 말은 모두 피해야 합니다.

한마디로 말하자면 복잡하게 허풍을 늘어놓지 말라는 것이다.

2) 설교의 연습

설교의 효과는 강단에서 공적으로 선포하기 전에 먼저 개인적으로 연습해 봄으로써 상당 부분 개선된다. 그런데 일부 설교자들은 설교를 연습하면 자연스럽게 느껴지지 않는다고 하면서 설교를 연습하기를 주저하는 경우가 있다. 하지만 설교가 자연스럽다는 것이 도대체 무엇인가?

내가 처음으로 물에서 수영하려고 애쓸 무렵 수영이 자연스럽다는 느낌은 전혀 들지 않았다. 당시 나는 물 속에서 숨을 한 번 내쉬고 그 다음 고개를 옆으로 돌려서 물 밖에서 숨을 들이쉬는 크롤 수영법(혹은 자유형)으로 수영하려고 애썼다. 물 밖으로 고개를 내밀고 숨을 쉬려고 헐떡였지만 자연스럽다는 기분은 전혀 들지 않았다. 또 내가 어렸을 무렵에 내 부친은 조그만 배트로 조그만 공을 치면서 야구하는 방법을 가르쳐 주셨다. 하지만 그 역시 자연스럽지 못하기는 마찬가지였다. 하지만 오늘날 나는 수영할 줄 알며 심지어 크롤 영법도 터득하였으며 (가끔이긴 하지만) 야구공도 칠 줄 안다. 예전에 비해서 훨씬 자연스러워졌다. 왜 그랬을까? 바로 연습 때문이었다.

설교자들은 수영 연습도 기꺼이 하려고 할 것이고 야구공을 치거나 악기를 다루는 연습도 하고 또 그 자체로는 영원한 가치가 별로 없어 보이는 기술을 익히기 위해서 기꺼이 연습하려 할 것이다. 그렇다면 왜 하나님의 말씀을 좀 더 효과적으로 전달하는 것에 대해서는 연습하기를 주저하는 것일까? 우리는 하나님의 말씀을 능력 있게 선포하는 자로 성장하기 위하여 스스로 충분히 연습에 몰두해야 한다.

설교를 연습할 때 메시지의 말씨와 어법에 집중해 보라. 무언가 개선되어야 할 내용을 말했다면 그 다음에는 잠시 멈추고 그 내용을 더 나은 방법으로 말해 보라. 여러분은 또 비구어적인 의사소통 기술도 향상시켜야 한다. 자세나 몸짓 동작, 움직임, 태도, 외모, 목소리, 얼굴 표정 그리고 신체적인 조정과 같은 모든 것들이 효과적인 의사소통에 매우 중요한 역할을 감당하며, 이 역시 연습을 통해서 충분히 개선될 수 있다.[17]

5. 설교의 전달

이제는 전체 설교 과정에서 가장 활기찬 단계에 접어들었다. 그동안 신중하게 준비하고 연습한 살아 있는 하나님의 말씀을 실제 청중들에게 전달할 단계이다. 이와 관련해서 다음 두 가지 사항을 강조하고 싶다.[18]

1) 현재 시제로 전달하기

설교 메시지가 청중의 삶에 실제적으로 적용되어야 한다면 설교자는 그 메시지를 가능한 현재 시제로 전달해야 한다. 이 점에 대해서는 앞에서 적용적인 원리를 찾아내는 문제와 관련해서 이미 언급하였지만 여기에서 다시 한번 더 강조하고자 한다.

설교자가 특정한 시대와 문화에서 실제로 생활하였던 과거의 역사적인 인물들에 관하여 설교하는 것은 분명 사실이다. 하지만 또 명심할 점은 이 시대에 오늘날의 문화권에서 살아가는 사람들에게 설교하고 있다는 것이다. 그래서 설교자는 자신의 메시지가 오늘을 사는 청중에게 직접 관계하도록 최선을 다 해야 한다.

설교가 그러한 적시성을 확보하도록 하는 유용한 방법 중의 하나는 자신의 설교문이 과거 시제와 비교하여 얼마나 많은 현재 시제로 표현되고 있는지를 확인해 보는 것이다. 만일 메시지의 상당 부분이 과거 시제로 표현되고 있다면, 결국 그 메시지는 오늘을 사는 청중에게 적시성 있게 선포된다고 보기 어려울 것이다.

예를 들어 로마에 있는 바울을 방문했던 골로새 교회의 에바브라에 관한 인물설교를 준비했다고 가정해 보자. 사도 바울이 골로새서를 기록할 당시 그는 에바브라에 관하여 아주 열렬하게 칭찬하였다. 그래서 에바브라에 관한 인물설교에서는 주로 그는 누구였으며 무엇을 하였고 방문한 장소는 어디인지를 청중에게 소개할 것이다. 하지만 설교가 그것으로만 끝나버린다면 설교를 다

듣고 난 청중은 "에바브라는 정말 훌륭한 그리스도인이었구나"라고만 생각하고 말 것이다. 청중은 자신도 그와 같은 훌륭한 성품을 지닐 수 있다는 것은 전혀 생각해 보지도 않고 집으로 돌아갈 것이다.

아래의 설교 개요는 에바브라에 관한 인물설교로서 현재 시제가 전혀 포함되어 있지 않다. 이 설교의 논지는 오늘날의 청중에게 그대로 적용될 수 있는 것이지만, 개요의 전체적인 구성이나 흐름은 현대적인 적용과 별로 무관해 보인다.

I. 에바브라는 유능한 종이었다.
    A. 그는 그리스도를 섬겼다(골 4:12).
    B. 그는 다른 사람들을 섬겼다(골 1:7).
II. 에바브라는 유능한 사역자였다.
    A. 그는 구원의 도리를 가르쳤다(골 1:5하-6).
    B. 그는 성숙의 도리를 가르쳤다(골 1:4-5).
III. 에바브라는 유능한 기도의 용사였다(골 4:12).
    A. 그의 기도는 강렬하였다.
    B. 그의 기도는 끊이지 않았다.
    C. 그의 기도는 분명한 목적이 있었다.

위의 개요와는 달리 처음부터 끝까지 현재 시제로 표현된 다음의 설교 개요를 살펴보자. 아래의 개요는 그 자체로 적용적인 의미를 담고 있으면서 전체 메시지가 현재 시제로 전달되도록 유도하고 있다. 이 설교의 명제는 유능한 그리스도인의 세 가지 성품이다.

I. 유능한 그리스도인은 섬기는 자이다.
    A. 그리스도인은 그리스도를 섬겨야 한다(골 4:12).
    B. 그리스도인은 다른 사람들을 섬겨야 한다(골 1:7).

II. 유능한 그리스도인은 사역자이다.
   A. 그리스도인은 구원의 도리를 가르쳐야 한다(골 1:5하–6).
   B. 그리스도인은 성숙의 도리를 가르쳐야 한다(골 1:4-5).
III. 유능한 그리스도인은 기도의 용사이다(골 4:12).
   A. 그리스도인은 간절하게 기도해야 한다.
   B. 그리스도인은 쉬지 말고 기도해야 한다.
   C. 그리스도인은 분명한 목적을 가지고 기도해야 한다.

2) 분명한 목표를 지향하는 설교

설교의 목표(objective)는 다음 두 가지 범주로 구분할 수 있다. 즉 청중의 필요에 응답하는 것과 일정한 목적을 달성하는 것이다. 설교의 목적을 마음에 분명히 염두에 두고서 심지어 이를 진술문으로 적어보는 것은 설교가 좀더 정확하고 강력하게 선포되도록 하는 데 도움이 된다.

앞의 3장에서는 청중의 필요에 응답하는 것의 중요성에 관하여 살펴보았다. 예수 그리스도는 사람들의 분명히 표현된 필요와 암시적인 필요 모두에 얼마나 효과적으로 응답하셨는지를 구체적으로 예증하고 있다. 오늘날의 청중 역시 필요를 가진 사람들의 모임이며 우리의 마음도 그러한 필요에 매우 취약한 것이 분명하다.

설교의 중요한 목적은 설교를 통해서 응답하려는 청중의 필요를 효과적으로 다루는 것이다. 이를 위해서 먼저 설교자는 청중의 필요를 미리 선정하고 그러한 구체적인 필요를 직접 다루어야 한다. 이러한 필요들은 설교 전에 미리 염두에 두고 있는 설교의 바람직한 결과치와 직접 밀접하게 관련되어야 하며 이를 위해서 설교의 목적을 미리 진술문으로 정리하는 것이 필요하다.

목적 진술문을 미리 작성하는 이유는 설교의 목적을 분명한 용어로 미리 확정해 두기 위함이다. 이 설교의 목적은 무엇인가? 청중에게 무언가를 이해시키기 위함인가 아니면 무언가를 느끼거나 어떤 존재가 되기로 결단하거나 특정한 행동을 실행하도록 하려는 것인가? 분명한 목적은 분명한 사고를 촉진시키며 분명한 사고는 다시 분명한 전달에 도움을 준다.

그래서 매설교마다 실제로 청중에게 전달하기 전에 미리 목적 진술문을 작성하는 것이 매우 중요하다. 목적 진술문은 간략하고도 구체적이며 분명하게 작성되어야 한다. 설교의 목적이 간략하게 작성되면 그만큼 설교자는 설교 요지를 쉽게 기억할 수 있다. 또 구체적으로 작성되면 그만큼 설교자는 설교의 목적이 무엇인지 다시 말해서 정보를 제시하려는 것인지 고무시키려는 것인지 혹은 동기를 부여하거나 훈화하려는 것인지를 미리 정확하게 알 수 있다. 마지막으로 목적 진술문을 분명하게 작성함으로써 설교자는 이 설교가 어떤 바람직한 결과를 미리 의도하고 있는지를 선명하게 알 수 있다. 이렇게 설교의 목적을 명확하게 정하는 방법들을 통해서 설교자의 마음과 심령에 설교의 목표가 분명하게 각인될 때, 그 목적은 설교 메시지를 전하는 가운데 실제로 청중에게도 그대로 나타날 것이다.

인물설교를 전달하는 궁극적인 목적은 성경의 인물이 청중의 삶 속에서 다시 부활하도록 하는 것이다. 그리하여 설교가 끝나고 청중이 교회 문을 나설 때, 그들은 성경에 등장하는 인물과 자신을 직접 연결시켜서 오늘의 삶을 위하여 필요한 교훈을 그들에게서 배울 수 있을 것이고, 또 그런 원리들을 각자의 삶에 그대로 적용시킬 수 있을 것이다.

복습 질문들

1. 인물설교의 잠재력과 관련된 문제는 무엇인가?
2. 설교의 명제를 진술하는 데 자주 사용되는 방법은 무엇인가?
3. 설교 개요의 다섯 가지 핵심적인 요소는 무엇인가?
4. 예화가 청중에게 미치는 영향은 무엇인가?
5. 인물설교에서는 언제 적용이 발생하는가?
6. 전환부란 무엇이며 설교에서 전환부가 필요한 경우는 언제인가?
7. 서론의 기본적인 목적은 무엇인가?
8. 효과적인 결론의 특징은 무엇인가?
9. 전체 설교 과정에서 가장 활기찬 단계는 언제인가?

연습문제

1. 막달라 마리아에 관하여 언급하는 모든 성경 구절들을 연대기 순으로 나열해 보라.
2. 막달라 마리아에 관한 인물설교의 논지와 명제를 제시해 보라.
3. 예화와 적용을 포함하여 막달라 마리아에 관한 인물설교의 개요를 작성하라.

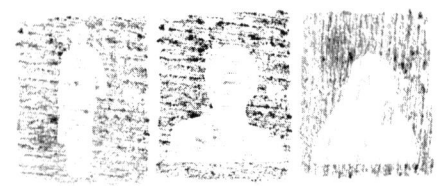

인물설교, 이렇게 하라

06 인물설교의 모델

이 장의 목표 ■ ■ ■

> **이 장을 읽은 후에 여러분은,**
> ∞ 인물설교를 구성하는 기본적인 준비 단계를 이해할 수 있으며,
> ∞ 효과적인 인물설교를 체계화시키는 데 필요한 연구 과정을 시각화할 수 있으며,
> ∞ 인물설교를 준비하는 연구 과정에서 꼭 거쳐야 할 과정들을 파악할 수 있으며,
> ∞ 온전한 인물설교의 구성요소들을 이해할 수 있다.

당신은 무언가를 조립해 본 적이 있는가? 조립 중에 원하는 대로 잘 만들어지지 않아서 힘들어하거나 좌절을 경험한 적이 있는가? 아마도 뒤뜰에 아이들을 위한 놀이기구 세트를 설치해 보려고 시도한 적이 있을 것이다. 또는 새로 구입한 VCR을 텔레비전과 연결시키려고 애써본 적도 있을 것이다. 때로는 당신 앞에 널려 있는 여러 부품들을 조립하려고 해보았지만 설명서대로 만들어지지 않아서 실망한 적도 있을 것이다.

특정 형태에 따라서 설교해야 한다는 이야기를 사람에게서나 책 혹은 소논문에서 접할 때, 설교자로서 우리도 이와 같은 실망감을 느낄 때가 있다. 앞장에서 우리는 효과적인 인물설교를 위한 여러 기교들에 대해서 살펴보았다. 이번 장의 목적은 설교 착상 단계부터 개요까지의 인물설교의 모델을 소개하려는 것이다. 그래서 여러분은 이 장에서 인물설교를 실제로 준비해 가는 발전과정에서 예증적으로 드러나는 인물설교의 기본 원리들을 이해하게 될 것

이다.

  인물설교는 실제로 어떻게 준비할까? 실제 연구 과정은 어떤 것일까? 일관성이 있고 확신을 주는 인물설교는 어떻게 구성해야 하는가? 인물설교의 사례를 만들어가는 과정을 통해서 이런 질문들에 대한 해답을 찾을 수 있을 것이다.[1]

1. 준비 단계

  인물설교를 준비하는 초기 과정은 다음 세 가지 단계로 이루어져 있다. 첫째는 어떤 주제를 설교할 것인지를 결정하라. 그 다음에는 인물설교를 통해서 소개할 인물의 유형을 선택하라. 마지막으로 선택된 인물을 어떤 형태의 설교로 다룰 것인지를 결정하라.

1) 설교할 주제

  월 단위나 연간 설교 일정을 계획할 때, 설교자는 무슨 주제를 설교할 것인지를 미리 결정하게 된다. 몇몇 설교학자들은 가능하다면 일 년 전에 미리 설교 일정을 계획할 것을 권유하고 있다. 이런 계획은 누구에 관하여 인물설교를 할 것이고, 또 그 인물에 관하여 언제 설교할 것인지를 여유 있게 결정함으로써 많은 도움을 얻을 수 있다. 설교 일정을 계획할 때 지혜롭고 효과적으로 계획할 수 있도록 해주는 몇 가지 요소들을 숙지할 필요가 있다.

  첫째로, 그리고 무엇보다도 가장 중요한 점은 무슨 주제로 설교할 것인지를 결정함에 있어서 성령의 인도하심을 구해야 한다는 것이다. 성경은 그리스도인들 모두가 성숙한 "하나님의 아들"(엡 5:18)이며 그의 영으로 충만해져서(엡 5:18) 결국 하나님의 영의 인도와 지도(요 16:13)를 받을 수 있음을 분명히 밝히고 있다. 그래서 하나님의 진리를 증거하는 우리와 같은 설교자들은 우리의 마음이 주님께 전적으로 순종해야 한다는 점을 명심해야 한다. 그리고 설교할 주제를 선택함에 있어서도 반드시 하나님께로부터 오는 지혜를 간구해야 한다.[2]

성령의 인도와 관련해서 설교할 주제를 선택하고자 할 때 다음 몇 가지 실제적인 질문들에 대해서도 함께 고려해야 한다. 예를 들어서 앞으로의 목회 일정이나 교회 행사는 무엇이 계획되어 있는가? 앞으로 다가올 특별한 절기는 어떤 것이 있는가? 선교집회나 부흥회, 또는 기독교교육에 관한 세미나가 예정되어 있지는 않은가? 또 휴가 기간은 설교 주제의 선정에 어떤 영향을 미치는가? 초청 설교자가 설교 일정에 관여되어 있지는 않은가? 현재 교회가 새 건축 프로그램을 시작하는 것과 같은 어떤 특별한 결정을 내려야 하는 시기에 와 있지는 않은가? 이러한 여러 고려 사항들은 설교 주제를 결정하고자 할 때 유익한 아이디어를 제공해 준다.

또한 교회 성도들의 필요에 대해서도 함께 고려해야 한다. 청중의 필요와 아울러 설교자로서 하나님의 말씀과 은혜를 향한 성도들의 욕구를 충족시켜 주어야 하는 우리의 책임과 관련해서는 제3장("인물설교는 청중의 필요에 응답한다." pp.66-72)의 내용을 다시 복습해 보라.

마지막으로 특정 주제에 관하여 설교할 자세와 준비가 되어 있는지에 대한 설교자 자신의 준비상태를 고려하라. 예를 들어서 자신은 이사야나 예레미야, 또는 스가랴와 같은 구약의 위대한 선지자들에 관한 인물설교를 하기를 원한다고 가정해 보자. 하지만 그럼에도 불구하고 이런 인물들과 그들의 생애나 저술들에 대해서는 전혀 깊이 연구해 본 적이 없다면 어떻게 해야 할까? 지혜로운 선택은, 인물설교에 대한 계획을 알리고 실제로 설교를 시작하기 이전에 먼저 원하는 인물의 배경을 충분히 연구하여 가능한 그 인물에 익숙해지는 것이다. 망대를 세우는 것과 같은 어려운 임무를 시도하기 전에 먼저 "그 비용을 예산하라"는 예수의 교훈은 그대로 인물설교를 계획할 때도 해당된다(눅 14:28-33).

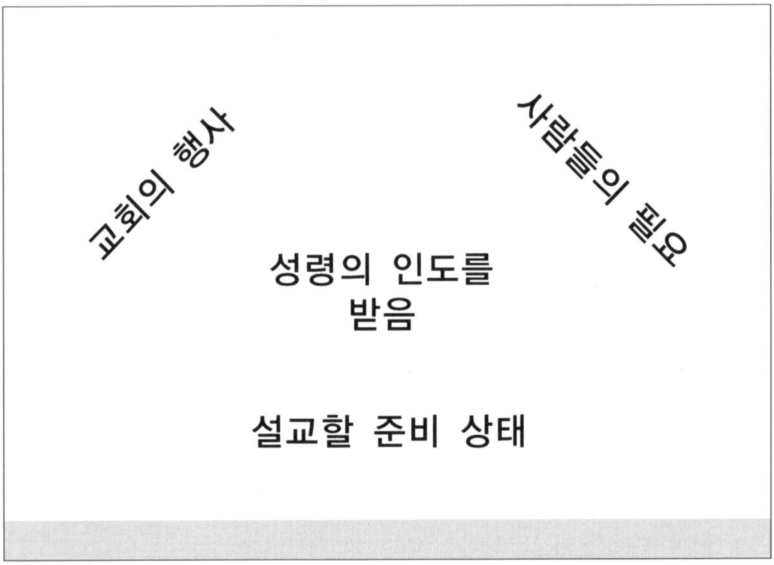

```
        교회의 행사                    사람들의 필요

              성령의 인도를
                  받음

              설교할 준비 상태
```

〈도표 6.1 설교 주제를 결정하기 위하여 고려해야 할 몇 가지 요소들〉

2) 설교할 인물

설교할 주제를 정하기 위하여 계속 기도하면서 여러 사항들을 세심하게 고려했다고 가정해 보자. 그래서 현재 목회하는 교회 성도들이 주님을 향한 믿음에 대하여 분명한 확신을 얻고자 하는 그들의 영적 필요에 응답하려는 의도로 인물설교를 전하기로 결정하였다고 가정해 보자. 그런 결론에 도달하였으면 그 다음 단계로 이제 그런 필요에 응답할 수 있는 성경의 인물을 선택해야 한다.

충분한 묵상과 연구를 통해서 우리는 예수의 제자들 중의 한 사람이 그리스도와의 관계에서 계속 의심과 불신의 문제를 극복하게 되었다고 결론을 내리게 되었다. 그 제자가 바로 도마로서 일반적으로 '의심하는 도마'로도 알려져 있다. 그는 성경에 기록된 몇몇 사건에서 중요한 역할을 감당하고 있지만, '주역'이라고 불릴 만한 인물도 아니다. 그는 비록 베드로나 바울과 동일한 범주에 포함되지는 않지만, 신약성경에는 그에 관한 중요한 내용들이 실려 있어서

'조연'으로 분류될 수도 없다. 그는 소위 덜 중요한 주연이라고 부를 만한 인물이다.

그의 생애에 관한 한 분명한 사실은 그는 주님과 동행하겠다는 헌신적인 선택을 내린 훌륭한 사람이라는 것이다. 그는 물론 완벽한 인간도 아니다. 하지만 이 점이 바로 우리가 설교를 통해서 청중들에게 분명히 각인시켜야 할 사항이기도 하다. 즉 우리처럼 신앙에 대한 갈등을 겪었던 불완전한 인간인 그가 결국 신앙의 확신과 자신의 인생에 대한 자신감을 회복하게 되었다는 것이다.

3) 설교 형태

설교를 통해서 응답하려는 청중의 필요를 파악하였고 또 설교할 인물을 선택하였다면, 그 다음에는 어떤 설교 형태를 통해서 실제 메시지를 전달할 것인지를 결정해야 한다. 인물설교의 형태와 관련하여 '역사적 인물설교'나 '성품지향적 인물설교' 중에 하나를 선택할 수 있다.

도마의 생애와 관련해서 여기에서는 성품지향적 인물설교 형태를 사용하고자 한다. 성품지향적 인물설교는 인물 내면의 성품을 더 쉽게 강조할 수 있으며, 도마가 어떻게 행동했는지에 대해서 뿐만 아니라 그의 동기와 장점, 그리고 약점에 대해서도 잘 보여준다. 이런 모든 요소들이 서로 상호 작용함으로써 그의 참 모습, 즉 의심을 극복한 도마를 성도들 앞에 다시 되살려낼 수 있다.

성경에서 도마는 주연이 아니며 그에 관하여 언급하는 구절도 상대적으로 적기 때문에 그의 생애에 대한 인물설교는 연속적인 설교보다는 한 편의 설교로 요약하는 편이 더 좋다. 이 한편의 설교에서 우리는 도마라는 인물의 내면적인 성품들의 전체적인 상호 작용에 주의하면서 어떻게 그의 내면의 자아가 외부적인 행동으로 표출되었는지를 살펴볼 것이다.

그동안의 설교 주제와 인물에 대한 연구 결과를 통해서 우리는 도마를 설교의 주제로 정하였고, 또 그 설교의 핵심으로서 주님을 따르는 자들이 삶 속에서 어떻게 신앙의 확신을 얻을 수 있는지에 대해서 집중하기로 하였다. 이러한 준비 단계는 이미 하나님의 말씀을 충분히 읽고 또 그리스도의 생애에 대해서 연구하여 도마의 생애에 대해서 어느 정도 익숙하다는 것을 전제로 하는 것이다. 실제로 설교하기 전에 바로 이러한 일반적인 지식을 충분히 보충해야 한다. 그런 다음에는 도마의 생애를 세밀하게 연구하는 단계로 이어진다.

설교준비 이전의 결정사항들

설교할 인물 결정하기: 도마
    열두 제자 중의 한 사람
    '의심 많은 도마'로도 불림

설교 계획: 　　　한 편
    (성경의 비중은 '주연'과 '조연'의 중간 수준)

설교 형태: 　　　성품지향적 인물설교
    (도마의 내면의 성품을 강조할 예정)

관심사: 　　　주님을 따르는 자는 신앙의 확신을 어떻게 강화할 수 있을까?

〈도표 6.2 인물설교를 준비할 때의 결정 사항들〉

2. 연구 과정

도마에 관한 연구 과정은 다음 몇 단계로 이루어져 있다.

1) 본문 해석하기

설교의 주제로 도마가 선택되었다면 그 다음에는 그에 관하여 언급하고 있는 성경 구절들을 찾아서 순차적으로 정리해야 한다. 이를 위한 한 가지 방법은 관련 구절들을 '오리고 붙이는 것'이다. 즉 도마에 관하여 언급하고 있는 구절들을 모두 복사해서 이들을 연대순으로 정리하는 것이다.

도마에 관하여 언급된 구절들은 마태복음 10:3; 마가복음 3:18; 누가복음 6:15; 요한복음 11:16; 14:5; 20:24, 26, 27, 28; 21:2; 사도행전 1:13이다.

네 복음서들의 상호 조화되는 기준을 참고하면 도마에 관한 구절을 다음과 같이 정리할 수 있다.[3]

시기	관련구절	관련구절
AD 28년 가을	마가복음 3:13-19	누가복음 6:12-16
	13 또 산에 오르사	12 이 때에 예수께서 기도하시러 산으로 가사 밤이 맞도록 하나님께 기도하시고
	자기의 원하는 자들을 부르시니 나아온지라	13 밝으매 그 제자들을 부르사
	14 이에 열둘을 세우셨으니 이는 자기와 함께 있게 하시고 또 보내사 전도도 하며 15 귀신을 내어쫓는 권세도 있게 하려 하심이러라	그 중에서 열둘을 택하여 사도라 칭하셨으니

	16 이 열둘을 세우셨으니 시몬에게는 베드란 이름을 더하셨고 17 또 세베대의 아들 야고보와 야고보의 형제 요한이니 이 둘에게는 보아너게 곧 우뢰의 아들이란 이름을 더하셨으며 18 또 안드레와 빌립과 바돌로매와 마태와 도마와 알패오의 아들 야고보와 및 다대오와 가나안인 시몬이며 19 또 가룟 유다니 이는 예수를 판 자러라	14 곧 베드로라고도 이름 주신 시몬과 및 그 형제 안드레와 및 야고보와 요한과 빌립과 바돌로매와 마태와 도마와 및 알패오의 아들 야고보와 및 셀롯이라 하는 시몬과 16 및 야고보의 아들 유다와 및 예수를 파는 자 될 가룟 유다라
AD 29년 겨울	마태복음 10:1-4 1 예수께서 그 열두 제자를 부르사 더러운 귀신을 쫓아내며 모든 병과 모든 약한 것을 고치는 권능을 주시니라 2 열두 사도의 이름은 이러하니 베드로라 하는 시몬을 비롯하여 그의 형제 안드레와 세베대의 아들 야고보와 그의 형제 요한, 3 빌립과 바돌로매, 도마와 세리 마태, 알패오의 아들 야고보와 다대오, 4 가나안인 시몬과 및 가룟 유다 곧 예수를 판 자라	
AD 30년 겨울	요한복음 11:16 디두모라 하는 도마가 다른 제자들에게 말하되 우리도 주와 함께 죽으러 가자 하니라	
십자가 처형 전의 목요일 밤	요한복음 14:5 도마가 가로되 주여 어디로 가시는지 우리가 알지 못하거늘 그 길을 어찌 알겠삽나이까	

부활의 날, 주일	요한복음 20:24 열두 제자 중에 하나인 디두모라 하는 도마는 예수 오셨을 때에 함께 있지 아니한지라
부활 후 1주 후, 주일	요한복음 20:26-29 26 여드레를 지나서 제자들이 다시 집안에 있을 때에 도마도 함께 있고 문들이 닫혔는데 예수께서 오사 가운데 서서 가라사대 너희에게 평강이 있을지어다 하시고 27 도마에게 이르시되 네 손가락을 이리 내밀어 내 손을 보고 네 손을 내밀어 내 옆구리에 넣어 보라 그리하고 믿음 없는 자가 되지 말고 믿는 자가 되라 28 도마가 대답하여 가로되 나의 주시며 나의 하나님이시니이다 29 예수께서 가라사대 너는 나를 본 고로 믿느냐 보지 못하고 믿는 자들은 복되도다 하시니라
며칠 후	요한복음 21:1-2 1 그 후에 예수께서 디베랴 바다에서 또 제자들에게 자기를 나타내셨으니 나타내신 일이 이러하니라 2 시몬 베드로와 디두모라 하는 도마와 갈릴리 가나 사람 나다나엘과 세베대의 아들들과 또 다른 제자 둘이 함께 있더니
그리스도의 승천 후 다락방에서	사도행전 1:13 들어가 저희 유하는 다락에 올라가니 베드로, 요한, 야고보, 안드레와 빌립, 도마와 바돌로매, 마태와 및 알패오의 아들 야고보, 셀롯인 시몬, 야고보의 아들 유다가 다 거기 있어

 이제 도마에 관한 모든 구절들을 정리하였으니, 각각의 구절에서 중요한 요소들과 핵심 사상들을 찾아내야 한다. 이 구절들 중에서 도마의 이름이 열두 사도들과 함께 등장하는 경우가 네 구절이다. 그 구절들을 서로 비교해 보면 다음과 같은 결과를 얻을 수 있다.

마태복음 10장	마가복음 3장	누가복음 6장	사도행전 1장
시몬(베드로) 안드레 야고보 요한	시몬(베드로) 야고보 요한 안드레	시몬(베드로) 안드레 야고보 요한	베드로 요한 야고보 안드레
빌립 바돌로매 도마 마태	빌립 바돌로매 마태 도마	빌립 바돌로매 마태 도마	빌립 도마 바돌로매 마태
알패오의 아들 야고보 다대오 가나안인 시몬 가룟 유다	알패오의 아들 야고보 다대오 가나안인 시몬 가룟 유다	알패오의 아들 야고보 셀롯인 시몬 야고보의 아들 유다 가룟 유다	알패오의 아들 야고보 셀롯인 시몬 야고보의 아들 유다

이 목록을 서로 비교해 보면 몇 가지 중요한 사항들을 찾아낼 수 있다. 네 목록 모두 베드로를 맨 첫 자리에 위치시키고 있다. 또 가룟 유다를 소개하는 세 개의 목록에서는 그를 맨 나중에 위치시키고 있다. 네 명씩 묶여진 세 그룹은 항상 함께 등장하며 세 그룹에는 모두 분명 지도자로 보이는 인물이 계속 등장하고 있는데, 그들의 이름인 베드로와 빌립, 그리고 알패오의 아들 야고보가 항상 맨 처음에 소개되고 있다. 도마는 사도행전의 목록을 제외하고는 항상 두 번째 무리에 등장하면서 계속 마태와 한 조를 이루고 있다. 이렇게 도마는 처음부터 예수께서 부르신 열두 제자들 속에 포함되어 있었다.

요한복음에서 도마에 관하여 언급하는 구절들은 그의 내적인 성품에 관해서 더 많은 정보를 제공하고 있는데, 특히 그의 개성과 관련해서 다음 네 구절들을 자세히 살펴볼 필요가 있다.

먼저 요한복음 11:16의 전후 문맥에서 예수는 나사로가 병들었다는 연락을 받고서 베다니로 돌아가야만 했다. 예수께서 제자들에게 유대로 다시 되돌아 가야겠다고 말씀하시자 제자들은 위험하다는 이유로 그 계획에 모두 반대하였다. 그래도 예수는 나사로가 죽었다고 하면서 자기와 함께 유대로 돌아가자고 제자들을 격려하였다. 그때 유일하게 도마가 나서서 예수와 함께 죽는다고 하더라도 그와 함께 다시 유대로 돌아가야 한다고 동의하였다.

그 다음 요한복음 14:5 전후 문맥에서 예수는 자신의 죽음과 장소에 대한 예비, 그리고 제자들에게로 되돌아올 것에 관하여 알린다. 여기에서 예수는 자신이 어디로 가는지 제자들이 안다고 말씀하신다. 이 때에도 유일하게 도마가 나서서 예수께서 어디로 가시는지 모르겠다고 반문한다.

요한복음 20:24에서 예수께서 부활하신 이후 처음으로 제자들에게 나타나실 때 도마는 그 자리에 없었다. 우리는 다음에 도마가 다시 등장하는 구절과 관련해서 이 점을 유념해 둘 필요가 있다. 왜냐하면 자신은 직접 만져보고 눈으로 보기 전까지는 예수의 부활을 믿지 않겠노라고 다른 제자들에게 말하고 있기 때문이다.

요한복음 20:26-29에는 도마가 다른 제자들과 함께 있을 때에 예수께서 다시 나타나신 장면이 기록되어 있다. 이 때 예수는 도마에게 직접 자기를 만져보라고 하신다. 하지만 그럴 필요가 없는 이유는 여기에서 도마는 복음서 그 어느 곳에서든 그 어떤 제자들 보다 더 분명하고도 직접적으로 그리스도의 신성을 확신 있게 증거하고 있기 때문이다.

요한복음 21:2에서 도마는, 밤중에 디베랴 바다에 고기를 잡으러 나갔던 다른 제자들과 함께 등장하고 있다. 다음 날 새벽에 예수는 해변에서 제자들에게 나타나셨다. 하지만 이 구절은 도마의 생애에서 가장 중요한 구절은 아니다.

성실한 설교자라면 전문적인 주해 도구나 참고 자료들을 동원하여 이 구절들 모두를 자세히 연구해 보아야 한다. 그 과정에서 중요한 단어들에 주의를 기울여야 한다. 예를 들어 요한복음 11:16에서 '다른 제자들'로 번역된 헬라어 단어 'summathetes'는 신약성경 전체에서 오직 여기에만 한 번 등장한다.

이 단어는 제자들 사이의 특별한 연대의식을 강조하는 것으로 도마와 다른 제자들 사이의 일체감과 결속력을 보여준다.[4] 또 관련이 있는 문법적 사항들이나 특이한 표현들에 대해서도 세심한 주의를 기울여야 한다. 예를 들어 요한복음 20:28의 "나의 주시며 나의 하나님"이라는 도마의 고백은 예수 그리스도의 신성에 관한 집약적인 의미를 담고 있다.

2) 배경 연구하기

이 단계에서는 도마와 그 시대의 배경을 연구하기 위해서 성경 사전이나 백과사전, 지도, 혹은 지리책들을 참고하게 된다. 예를 들어서, 요한복음 11장의 전후 문맥에서 예수께서 나사로가 중한 병에 걸렸다는 연락을 받았을 때 왜 이틀씩이나 지체하였을까? 요한복음 10:40에 의하면 예수는 예루살렘을 떠난 이후 "요단강 건너편" 다시 말해서 베뢰아 지방으로 건너가셨다. 이곳이 바로 나사로의 누이들이 보낸 종이 예수께 왔을 때 예수께서 머물던 곳으로 베다니로부터는 하루가 걸린다. 그 종은 예수께 오느라 하루가 걸렸을 것이고, 소식을 접한 예수는 그곳에서 이틀을 더 머무르셨고(11:6), 다시 하루가 걸려 베다니로 가셨다. 그런데 예수가 베다니에 도착했을 때 성경에 따르면 나사로는 죽은 지 이미 나흘이 지났다고 한다. 다시 말해서 그 종이 예수를 찾아 떠나자마자 즉시로 나사로는 그만 죽었음에 틀림없다는 것이다. 예수는 이미 모든 사실을 알고 계셨으며(11:4) 그래서 그는 서둘러 베다니로 갈 필요가 없었.

이렇게 인물의 배경을 연구하는 과정에서 설교의 논지와 밀접한 관련이 있는 것으로 생각되는 여러 배경적인 정보들을 자세히 살펴보아야 한다.

3) 인물 분석하기

제4장("인물에 대한 분석" pp.100-3)에서 소개한 일련의 질문들이 도마의 생애에 대해서 연구할 때에도 그대로 적용된다. 첫째 질문은 '그 인물의 이름

의 의미는 무엇인가?' 이다. 도마(아람어)와 디두모(헬라어) 두 이름의 의미는 모두가 "쌍둥이"이다. 두 가지 이름 모두가 정식 이름으로 보기 어렵기 때문에 도마는 아마도 원래 다른 이름을 가지고 있었을 것이며, 쌍둥이라는 말은 그의 신원을 좀더 정확하게 표시하기 위하여 덧붙여졌던 것 같다. 그렇다면 그는 누구와 쌍둥이였을까? 이 질문에 대해서는 다양한 가능성이 제시되고 있지만 공관복음에 소개되는 제자들의 명단에서 그는 마태와 매우 가깝게 언급되고 있는 것으로 봐서 아마도 그는 마태와 쌍둥이였을 것이다. 시리아 전통에 의하면 도마의 실제 이름은 유다라고 한다. 이것이 만일 사실이라면 도마라는 이름은 그를 유다라고 불리던 예수의 또 다른 제자와 구분해 주는 것이라고 볼 수 있다.[5]

도마에 관한 둘째 질문은 '그의 조상들의 배경은 어떠한지, 그리고 그는 언제 어디에서 태어났으며 그의 출생과 관련된 특이한 상황으로는 무엇이 있는가?' 하는 것이다. 도마에 대한 이러한 질문들에 대해서 오늘날 우리는 정확한 해답을 찾을 수 없다. 그의 가족들에 대해서도 별로 아는 바가 없다(다만 그는 마태와 쌍둥이였으며, 그렇다면 우리는 최소한 그의 형제 하나를 알게 되는 셈이다). 또 그가 언제 그리고 어디에서 태어났는지에 대해서도 알려진 바가 없다. 하지만 그는 갈릴리 사람이었으며, 그래서 아마도 갈릴리 지방 어디에선가 태어났을 것으로 추정될 뿐이다.

셋째 질문은 '도마의 부모나 친척은 어떤 사람들인가? 그들은 경건한 사람들인가 아니면 불경건한 사람들인가?' 하는 것이다. 이 질문에 대해서도 우리는 정확하게 대답할 수 없다. 그의 부모나 친척들에 대해서도 전혀 알려진 바가 없다(다만 그는 마태와 쌍둥이였다는 것에 근거하여 그의 친척이 세리였다는 사실을 발견할 수 있을 뿐이다).

넷째 질문은 '이 인물의 성장 과정에 영향을 준 요인은 무엇인가? 무엇이 그의 생각과 신앙에 영향을 끼쳤는가?' 하는 것이다. 이 질문에 대한 해답을 찾기 위해서는 약간의 추론을 펼쳐야 한다. 도마는 갈릴리 사람이기 때문에 도마도 다음과 같은 갈릴리 사람들의 일반적인 성품을 가지고 있을 것으로 추정해 볼 수 있다.

갈릴리 사람들은 헬라에서 교육을 받은 사람들에게는 다소 거칠고 교양 없게 들리는 아람 방언을 사용했으며, 예루살렘 사람들로부터는 무식한 시골뜨기로 여겨졌다. 예루살렘의 엄격한 종교 지도자들 역시 율법을 준수함에 있어서 갈릴리 출신 유대인들이 다소 엄격하지 않다고 의심하면서 이들을 불신하였다.[6]

이런 방식으로 계속해서 인물을 분석하는 여러 질문들에 대답해 보라. 그러다 보면 도마의 객관적인 자료에 관한 지식을 습득할 수 있을 뿐만 아니라 도마 자신의 인물에 대한 생생한 느낌까지도 얻을 수 있을 것이다.

4) 상상력 사용하기

도마와 같은 인물에 관한 설교에서 상상력을 효과적으로 사용하면, 과거 사건들과 인물들을 좀더 구체적이고 생생하게 현재로 되살릴 수 있다. 이에 대한 사례로서 요한복음 11장에서 예수께서 나사로를 위해서 베다니로 청함을 받는 부분을 집중적으로 살펴보자.

요한복음 11:7에서 예수는 제자들에게 이렇게 말씀하신다. "유대로 다시 가자." 그러자 제자들이 이렇게 반문한다. "랍비여 방금도 유대인들이 돌로 치려 하였는데 또 그리로 가시려 하나이까?"(11:8). 좀더 대화가 오간 다음 11:15에서 예수는 이렇게 말씀하신다. "그에게로 가자." 이제 상상력을 사용하여 당시 대화가 오가던 정황과 시간의 흐름에 비추어보면서 이 대화를 좀더 자세히 재구성해 보자. 요한복음 8장에서 예수는 예루살렘에 머물러 계셨으며 당시 유대인들은 그를 돌로 쳐서 죽이려 하였다(8:59). 그 후에도 10장에서 두 차례나 예수를 돌로 치려고 시도하였다(10:31, 39). 이러한 유대인들의 시도는 제자들의 기억 속에 계속해서 생생하게 남아 있었다. 그래서 예루살렘으로 다시 되돌아간다는 것은 이러한 잠재적인 죽음의 위기 속으로 들어가는 것을 의미했다. 분명 그것은 유쾌한 기대감을 안겨주지는 못했을 것이다. 그래서 예수가 "그에게로 가자"고 할 때 그 말의 의미는 "우리가 지금 머물고 있는 이 안전한 지역에서 떠나자. 최근에 사람들이 나를 세 번이나 죽이려 했던 장소로 되돌아가자"는 것이나 다름없었다.

그래서 요한복음 11:8에서 제자들은 이렇게 반문한다. "랍비여 방금 전에도 유대인들이 돌로 치려 하였는데 또 그리로 되돌아가시려 하나이까?" 상상력을 사용하여 이 말을 좀더 현대적인 표현으로 바꾸어보자. "주님! 설마 그곳으로 다시 되돌아가시려는 것은 아니겠죠? 그건 정말 현명한 결정이 아닙니다. 되돌아가는 것은 곧 자살행위입니다."

예수께서 나사로가 잠들었다고 말씀할 때도(11:11), 제자들은 즉각 이렇게 반응하였다. "주님 만일 그가 잠들었다면 곧 낫겠나이다." 상상력을 사용하여 이 대답을 재구성해 보자. "잠들었다면 잠시 후 저절로 나을 것입니다. 그거 잘 됐네요. 이제 예수님은 돌아갈 필요가 없습니다. 여기에 안전하게 머무르실 수 있습니다. 주님을 돌로 치려 하고 우리 자신도 생명이 위험해질 수 있는 예루살렘으로 되돌아갈 필요가 없습니다. 여기에서 우리와 함께 가만히 머물러 계시면 모든 것이 잘될 것입니다."

하지만 예수는 그렇게 설득당하지 않으셨다. 그는 나사로가 이미 죽었음을 잘 알고 있으며 그래서 그렇게 솔직하게 대답하였다(11:14-15). 그래서 모두가 다시 나사로에게로 가야 한다는 열망을 다시 반복하여 말씀하셨다. 이제 제자들은 어떻게 반응할까? 상상력을 사용하여 당시 제자들의 모습을 재구성해 보자. 베드로는 어디에 있는가? 그는 항상 무언가 할 말이 있어 보인다. 하지만 지금은 아니다. 또 주께서 사랑하시는 제자인 요한은 무엇을 하고 있는가? 그도 조용하다. 그 밖에 다른 제자들은 어디에 있는가? 그들은 모두가 '여기에서 빨리 벗어났으면 좋겠다'는 듯이 옆에 앉아 있다.

이러한 상황에서 한 제자가 입을 열었다. 그 제자가 바로 도마이다. 그는 동료 제자들을 둘러보고는 이렇게 말했다. "우리도 다 주와 함께 죽으러 가자."

도마의 주장을 어떻게 하면 오늘의 청중들에게 좀더 강력하게 전달할 수 있을까? 상상력을 사용하여 동료 제자들을 설득하고 있는 도마의 모습을 생생하게 그려보자. "우리 모두는 하나다. 우리 모두는 같은 끈으로 연결되어 있으며 그 끈이 바로 우리 주님 예수 그리스도시다. 우리는 그를 버릴 수 없다. 그에게 결코 등을 돌릴 수 없지. 설령 죽는다고 하더라도 우리는 그와 함께 가야만 해."

이렇게 상상력을 사용하여 그 사건의 세부적인 모습을 생생하게 재구성할 수 있다. 그렇게 한다고 해서 성경의 자료를 바꾸자는 것이 아니다. 새로운 사상이나 개념을 허구로 만들어내려는 것도 아니다. 그보다는 성경이 제공하는 정보를 사용하여 오늘날의 청중이 그 사건의 영향력을 좀더 직접 느낄 수 있도록 과거 사건을 생생하게 전달하려는 것이다.

5) 설교의 핵심 정하기

인물설교를 준비하는 과정에서 이제까지는 관련 구절을 해석하고 인물의 배경을 연구하였으며 인물의 특성에 관하여 자세히 조사하였고 성경의 장면을 생생하게 재구성하기 위하여 상상력을 동원해 본 결과 이제 한 편의 설교로 다 전달하기에는 너무 많은 자료들을 모으게 되었다. 그래서 이제부터는 설교의 핵심을 좁혀서 한 편의 설교에 충분히 전달될 수 있도록 정리해야 한다. 이를 위해서는 카메라의 초점이 선명한 장면에 집중되듯이 메시지의 핵심을 청중의 상황에 맞추어야 한다.

설교의 핵심을 청중의 상황에 집중시킬 수 있는 결정적인 방법이 바로 청중 분석이다. 우리는 도마에 관하여 인물설교를 전하기로 결정하였다. 그렇지만 과연 누가 그 설교를 듣게 될 것인가? 여름 캠프에 참석한 젊은이들에게 설교할 것인가? 아니면 시골 교회에 가서 설교할 것인가? 설교를 듣게 될 성도들은 도시에 살고 있는 사람들인가? 그 사람들의 연령대는 어떠한가? 청중은 남성과 여성, 어린이와 성인들이 서로 섞여 있는가? 또 설교하는 상황은 정규적인 주일 예배 시간인가 아니면 특별한 집회인가? 이런 질문들이나 또는 제4장("설교의 핵심 결정" pp.105-7)에 제시된 청중 분석에 관한 다른 질문들에 대한 해답을 찾아보면, 설교를 듣게 될 특정한 청중을 향하여 설교의 초점을 집약시킬 수 있을 것이다.

논의를 위해서 설교를 듣게 될 청중은 중서부 지역의 조그만 도시에 위치한 교회의 주일예배에 모인 대략 200명 정도의 복음주의적인 회중들이라고 가정해 보자. 교회 성도들은 농부와 블루칼라의 노동자들, 그리고 직장 노동자들로 구성되어 있으며, 가끔 몇몇 불신자들도 정기적으로 예배에 참석하는 경우도 있지만 대부분의 교인들은 기독교 신앙을 고백하는 회심자들이다. 6학년까지의 어린이들은 주일학교에 참석하고 있으며 이들은 대예배실과 분리되어 있다. 그래서 회중은 중학교 1학년부터 심지어 90대 노인들까지 다양한 연령층으로 이루어져 있다. 설교자는 이 교회에서 대략 3년 정도 목회를 해 오고 있으며 목회자에 대한 성도들의 태도는 매우 우호적이다. 또 성도들 대부분은 "의심하는 도마"라는 표현에 대해서는 매우 익숙한 편이지만 도마에 관한 설교는 아주 오랫동안 전혀 들어본 적이 없다.

이 교회의 청중을 자세히 분석하는 가운데 여러분은 비록 이들은 중생한 그리스도인들이지만 각자의 삶 속에서는 여전히 하나님께서 실제로 존재하시는지에 대해서, 또 그분이 과연 자신들의 필요에 응답하시는 분인지, 그리고 어떤 문제에 대해서든지 그를 늘 신뢰할 수 있는지에 대한 불확실성 때문에 여전히 고민하고 있다는 것을 알게 되었다고 하자. 그래서 이들은 하나님과의 영적인 관계에 대한 확신을 필요로 하고 있다. 이러한 필요와 관련해서 그들은 부활하신 예수 그리스도에 대한 의심과 신앙의 불확실성 때문에 고민하였던 도마와 아주 유사한 입장에 있다고 결론내릴 수 있다.

6) 교훈 정리하기

지금까지 도마에 관한 자세한 연구와 청중 분석을 통해서 얻어진 여러 결론들에 근거하여, 신앙의 확신에 관한 교훈과 삶 속에서 그 확신을 어떻게 얻을 수 있는지에 대해서 집중적으로 설교하기로 결정하였다. 그래서 도마에 관하여 언급하고 있는 어느 한 구절에 집중하기보다는 신앙의 확신에 관한 교훈과 특히 도마는 삶 속에서 그 확신을 어떻게 발전시켜갔는지에 대해서 집중하기로 하였다. 즉 도마의 영적인 발달의 여러 단계들을 보여주는 몇 몇 구절들을 단계적으로 추적하기로 결정한 것이다.

이를 위해서는 그동안 도마에 관하여 매력적인 정보나 자료들을 많이 확보하였더라도 구체적으로 이 주제를 효과적으로 개진시키는 데 유익하지 않은 여러 매력적인 정보나 자료들은 제외시키거나 간소화하도록 해야 한다. 예를 들어서 고대 교회사의 전통에 의하면 복음서가 기록되던 시기 이후에 도마에게 두 가지 가능한 일들이 일어났었다고 한다. 그가 아마도 파르티아로 건너가서 그곳의 무시무시한 원주민들에게 복음을 전하였고 결국은 메소포타미아에서 순교했다고 한다. 또 다른 전통에 의하면 도마는 결국 인도로 가서 그곳에서 순교했다고도 한다.[7] 이런 정보들은 흥미롭기는 하지만 어떻게 도마가 예수 그리스도의 신성과 관련한 신앙의 확신을 얻게 되었는지에 대한 것과는 아무런 관련이 없다.

이와 마찬가지로 예수께서 밤새도록 기도하신 후, 그 전부터 예수를 따르던 많은 제자들 중에서 특별히 열두 제자를 발탁하신 자세한 사항들도 설교로 소개할 만하다(눅 6:12-13). 당시 도마는 예수에게서 진리를 배우고 그의 생활 방식을 받아들이겠다고 결심한 많은 사람들에 속해 있었으며 예수는 이런 무리들 중에서 도마를 제자로 부르셨음을 분명히 말하고 있다. 이 모든 정보들은 흥미로운 사실이며 적절한 기회에 효과적으로 설교할 수 있는 내용이기도 하다. 하지만 지금 염두에 두고 있는 설교의 목적은 그것이 아니다. 그래서 현재 설교에서는 이런 정보들을 제외시키거나 축소시켜야 한다.

이 설교에서 강조하려는 영적인 교훈은 신앙의 확신을 얻는 문제에 관한 것이다. 그 교훈을 도마의 삶에서 배울 수 있다는 것이다. 우리는 스스로에게 물어보아야 한다. 과연 나는 그 확신이 필요한가? 설교의 핵심을 특정한 청중의 필요와 맞추자, 나는 도마의 삶 속에서 내 모습을 볼 수 있었다. 즉 의심하는 도마의 모습 속에서 확신을 갖지 못한 내 자신의 모습을 볼 수 있었다. 또 확신을 향하여 서서히 성장해 가는 그의 모습 속에서 변화하는 내 자신의 모습도 볼 수 있었다. 도마의 모습 속에서 내 자신과 청중 모두를 발견하게 되자 설교 메시지도 점차 분명해지고 그 초점도 더욱 명확해졌다. 바로 그러한 메시지가 선포되어야 하며 그래서 성도들이 실제로 믿고 또 각자의 삶 속에서 그대로 구현되어야 한다.

7) 설교의 형태

실제 설교의 개요는 어떤 모습일까? 그 내용은 어떻게 구성되었을까? 또 청중은 어떻게 그 메시지로부터 동기를 부여받게 될까? 설교의 형태에 대해서는 다양하게 접근해 볼 수 있을 것이다 여기에서의 목적은 독자들에게 도마에 관한 인물설교에서 반드시 따라야 할 단 하나의 정확한 설교 형태를 소개하려는 것이 아니다. 정기적으로 설교를 준비하는 목회자들은 어떤 설교에 대한 분명한 개요가 그렇게 항상 순간적으로 떠오르는 것은 아니라는 것을 잘 알 것이다. "본문의 의미는 명확하지만 그것을 제시하는 방식이나 적용점은 성경 저자의 문학적인 양식이나 목회자의 설교 스타일, 그리고 청중의 필요가 다양한 만큼이나 아주 다양하다."[8] 이 점을 고려하면서 도마에 관한 설교의 두 가지 개요를 아래에 소개하고자 한다. 두 번째 개요는 이 책의 부록에 완전한 설교문으로 확장하여 소개하고 있다.

두 설교의 논지는 모두가 동일하게 '주님을 따르는 자는 어떻게 삶 속에서 주님에 대한 신앙의 확신을 얻을 수 있을까?' 하는 것이다. 두 설교 개요의 대지는 적용적인 원리의 형태로 진술되어 있으며 도마라는 성경의 이름과 과거 시제 대신에 현재 시제로 서술되어 있다.[9] 첫 번째 설교의 논지는 '주님을 따르는 자는 세 단계의 확신과 관계한다' 는 명제에 기초하고 있다.

I. 주님을 따르는 자는 확신 속에서 부름 받았다.

  A. 구원의 확신(요 6:66-67)

    1. 도마의 구원에 관한 구체적인 정보가 없다.

    2. 한 가지 분명한 점은 가룟 유다를 제외하고 모든 제자들은 구원을 받았다.

  B. 제자도의 확신(눅 6:13)

    1. 도마의 제자도에 대한 헌신은 분명 의심의 여지가 없다.

    2. 예수는 제자들 중에서 그를 사도로 불러 세우셨다.

  C. 사도권에 대한 확신

    1. 그가 사도로 부르심을 받았다는 점에는 의심의 여지가 없다(눅 6:13, 15).

    2. 예수는 연단과 섬김을 위하여 그를 부르셨다(막 3:14-15).

    [이상의 첫 번째 대지는 도마의 영적 성장을 위한 배경을 제시하는 데 필요한 내용이며, 다른 대지들에 비해서 비교적 짧게 전하는 편이 좋다.]

II. 주님을 따르는 자는 지속적인 확신이 필요하다.

  A. 비록 그는 개인적인 장점을 가지고 있었지만

    1. 그는 죽기까지 예수를 따를 자세가 되어 있었다(요 11:16).

    2. 그는 자신의 확신의 부족함을 기꺼이 인정할 자세가 되어 있었다(요 14:5).

    3. 그는 자신의 의심을 솔직하게 인정할 자세가 되어 있었다(요 20:25).

  B. 비록 그는 개인적인 약점을 가지고 있었지만

    1. 그는 주님의 능력에 대해서 비관적이었다(요 11:16, "우리는 그와 함께 죽을지도 모른다")

    2. 그는 주님의 가르침에 대해서 회의적이었다(요 14:4-5, 예수께서는 "내가 가는 곳을 너희가 알리라"고 하셨지만 도마는 "우리는 모릅니다"라고 대답하였다)

3. 그는 예수의 부활을 믿지 않는 불신앙인이었다(요 20:24-25).

III. 주님을 따르는 자는 다시 확신을 얻는다.

A. 어떻게 확신을 얻는가?

1. 예수의 능력을 목격함으로써(요 11:42)

   a. 예수께서는 나사로를 죽음에서 다시 살리시려고 하였다.

   b. 도마는 옆에 서서 그 기적을 직접 목격하였다.

2. 예수의 가르침을 들음으로써(요 14:6)

   a. 도마는 예수의 가르침에 질문을 품었다.

   b. 예수는 지금까지 하신 말씀 중에 가장 위대한 선언 중의 하나로 응답하셨다.

3. 예수의 부활을 바라봄으로써(요 20:26-29)

   a. 도마는 부활 이후에 직접 예수와 대면하게 되었다.

   b. 그 결과 도마는 완전한 확신의 사람으로 변화하였다: "나의 주시며 나의 하나님"

B. 어떻게 확신을 증명할 수 있는가?(행 1:13)

1. 주님의 말씀에 순종함으로써(행 1:4)

2. 제자들과 함께 굳게 신앙을 지킴으로써

도마에 관한 인물설교의 두 번째 개요의 논지는 앞의 개요와 유사한 것으로, '도마에게서 기독교적인 삶을 위한 신앙의 확신을 얻는 세 단계를 찾아볼 수 있다'는 명제에 기초하고 있다.

I. 확신의 기초-충성(요 11장)

A. 충성의 필요

1. 위험에 직면했을 때(cf. 요 11:15 to 8:59; 10:31, 39)

2. 반대에 직면했을 때(요 11:8)

B. 충성의 표현

1. 예수께서 되돌아가야 할 상황을 말씀하심(요 11:9-15).

   a. 일해야 한다(요 11:9-11).

   b. 제자들의 부정확한 결론(요 11:12)

   c. 나사로에게 가야 하는 이유(요 11:13-15)

2. 도마가 말로 응답하다(요 11:16).

   a. 그가 지도적인 역할을 떠맡는다.

   b. 그는 암담한 앞일을 바라보지만 예수가 없는 삶보다는 그와 함께 죽는 쪽을 선택했다. 이것이 충성이다.

II. 충성의 기초-지식(요 14장)

A. 지식의 필요성(요 14:1-4)

1. 예수께서 제자들을 격려한다(요 14:1).

2. 예수께서 천국에 대하여 가르치신다(요 14:2).

3. 예수께서 제자들을 위하여 다시 오실 것을 가르치신다(요 14:3).

4. 예수께서는 자기가 가는 장소와 길을 제자들이 알고 있다는 듯이 말씀하신다(요 14:4).

   [하지만 앞에서 예수는 정반대의 모습을 암시하셨고(요 13:33, 36) 그래서 제자들은 혼란스러워하였다.]

B. 지식에 대한 요구(요 14:5)

1. 도마는 혼란스러웠지만 모르면서도 알고 있는 척 숨기지 않았다.

2. 확신을 얻는 방법은 자신의 문제와 질문에 정직하게 반응하는 것이다.

   C. 지식의 획득(요 14:6)

   1. 참 해답은 어떤 제안이 아니라 인격 속에 있다.

   2. 어떤 사실에 대한 단순한 지식이 아니라 예수의 지식이 필요하다. 여기에서 확신이 나온다.

III. 확신의 획득-신앙(요 20:24-29)

A. 불신하는 이유(요 20:24-25)

1. 예수께서 나타나셨을 때 도마가 그 자리에 없었다(요 20:24).

왜 그랬을까? 성경은 그 이유에 대해서 침묵한다.
2. 도마는 부활을 믿기를 거부하였다(요 20:25).
   a. 다른 제자들은 계속해서 그에게 부활을 입증하려고 하였다.
   b. 하지만 도마는 계속 불신을 고집하였다.

B. 신앙의 이유(요 20:26-29)
   1. 정확하게 반복되는 사건(요 20:27)
   2. 믿음을 향한 명령(요 20:27)
      a. 예수는 도마더러 자기를 만져보는 것을 허락하셨다
      b. 예수는 도마에게 "의심을 멈추고 믿으라"고 명령하셨다.
   3. 신앙이 효력을 발휘함(요 20:28)
      a. 만질 필요가 없었다.
      b. 도마는 분명한 확신을 얻었다. "나의 주시며 나의 하나님이시니이다."
   4. 약속이 주어짐(요 20:29)
      a. 육체의 시력이 확신을 가져왔다.
      b. 영적인 시력도 확신을 가져온다.

이상의 두 가지 개요를 잘 살펴보자. 이 두 개요는 설교의 전체적인 논지와 사상의 흐름을 자세히 보여주고 있다. 하지만 설교자는 실제 설교를 전달하는 현장에서 모든 소지들까지 다 강조할 필요는 없다. 여기에 언급된 자세한 소지들은 설교 전체의 사상의 흐름을 보여주기 위해서 소개된 것이다. 그래서 실제로 설교를 전달할 때에는 주로 대지들만을 강조해야 한다. 소지들은 전체 대지의 연속적인 흐름과 진행 속에서 연결고리 역할을 할 뿐이다. 이 책의 부록에는 실제로 청중에게 전체 내용을 전달할 때에 어떻게 이런 목표를 달성할 수 있는지에 대한 자세한 설교 사례가 소개되어 있다.

3. 설교문의 완성

이제 설교문이 거의 완성단계에 도달하였다. 다만 몇 가지 마지막 과정들이 덧붙여지면 된다. 이 시점에서 설교자는 청중으로 하여금 설교의 강조점을 좀 더 분명하게 그려볼 수 있도록 돕기 위하여 적절한 지점에 현대적인 예화 몇 개를 덧붙이려고 할 것이다. 물론 도마의 생애에서 일어난 여러 사건들도 예증적인 역할을 감당하기도 한다.

또 설교를 마무리해 가는 마지막 단계에서 적절한 지점에 명확한 적용점도 포함되어야 한다. 이때 설교자의 목표는 도마에 관한 성경적인 자료들의 의미가 청중 모두의 삶 속에서도 직접적으로 적용되도록 하는 것이다.

또 각각의 대지들 사이에는 효과적인 전환문장이나 구절을 집어넣어서 메시지의 논리적인 흐름이 자연스럽게 발전하거나 연결이 자연스럽도록 해야 한다. 앞에서 확인한 바와 같이 전환부는 이전의 사고를 분명하게 정리해 줄 뿐만 아니라 메시지가 다음의 사고로 흘러가도록 안내하는 역할을 한다.

마지막으로 서론과 결론을 준비하라. 각각의 내용을 세심하게 준비하여 설교의 서론과 결론이 청중에게 강한 인상을 남기도록 해야 한다.

일단 설교문이 완성되면 청중의 관심을 사로잡을 수 있는 제목을 선정해야 한다. 청중을 초청하여 설교를 들어보도록 권유하려는 목적으로 설교 내용을 미리 광고해야 하는 경우에 이 제목은 특히 중요하다.

이제 설교문이 완성되고 실제로 전달할 준비가 되었다. 이제 설교가 완전히 자신의 것이 될 때까지 그 내용을 계속 세심하게 묵상해 보라. 이 목표를 달성하기 위해서는 메시지의 일부나 전부를 직접 말로 연습해 볼 필요가 있다.

설교할 본문과 인물에 대한 연구에서부터 설교문을 완성하기까지의 모든 과정에서 항상 기도하면서 주의 말씀이 선포될 때 주께서 능력을 부어주시도록 간구해야 한다. 오직 성령께서 그의 말씀을 붙드시고 이를 직접 성도들의 심령에 아로새겨 주실 때 비로소 우리 주님의 영광을 위한 영원한 말씀의 능력이 실현될 것이다. 이 열망이야말로 우리가 소원하는 가장 위대한 것이다.

복습 질문들

1. 인물설교를 준비하는 초기 단계에서 거쳐야 할 과정들은 어떤 것이 있는가?
2. 어떤 주제를 설교할 것인지를 결정할 때 모든 설교자들에게 필요한 지침은 무엇인가?
3. 인물설교를 위한 연구에서 꼭 필요한 두 가지 단계를 여러분 자신의 말로 직접 설명해 보라.
4. 성경 본문이나 인물에 관한 배경적인 정보는 어디에서 발견할 수 있는가?
5. 설교의 초점을 결정해야 하는 이유는 무엇인가?
6. 인물설교를 준비하고 전달하는 과정에서 상상력은 어떤 기능을 하는가?
7. 도마에 관한 설교의 논지는 어떻게 결정해야 하는가?
8. 설교문을 작성하는 과정에서 서론가 결론은 언제 작성하는 것이 가장 좋은가?

연습 문제

1. 도마에 관한 첫 번째 설교를 위한 예화와 전환부, 서론 그리고 결론을 작성하여 보라.
2. 오네시모의 배경에 관하여 철저하게 조사해 보라.
3. 상상력을 활용하여 오네시모에 관한 이야기의 세부사항들을 자세히 묘사해 보라.

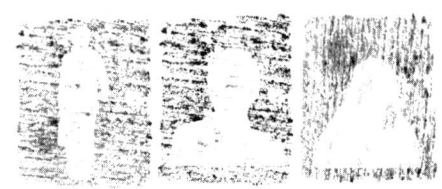

인물설교, 이렇게 하라

07 인물설교의 다양성

이 장의 목표 ■ ■ ■

> **이 장을 읽은 후에 여러분은,**
> ∞ 인물설교에서 등장인물의 성격묘사에 관하여 정의할 수 있으며,
> ∞ 언제 등장인물의 성격묘사가 필요한지를 분간할 수 있으며,
> ∞ 극적인 독백설교의 유형을 파악할 수 있으며,
> ∞ 극적인 독백설교의 기술을 이해할 수 있으며,
> ∞ 인물의 성격묘사를 진행할 때의 각 단계들을 파악할 수 있다.
>   A. 성경의 인물을 분석하는 방법
>   B. 성경의 인물 역할을 맡는 방법
>   C. 성경의 인물을 제시하는 방법

대부분 인물설교는 본문에 대한 강해와 설명과 같은 직접적인 방법으로 전달되는 경우가 많다. 이런 방법은 옛날부터 활용되어온 것으로 매우 효과적이어서 본인도 종종 사용하곤 한다. 이 책에 소개된 설교 개요의 사례들 역시 본문에 대한 강해와 설명을 염두에 둔 것들이다.

하지만 몇 가지 창조적인 발상을 통해서 인물설교의 전달 방법을 다양하게 바꿀 수 있다.[1] 그 중에 한 가지 방법은 성경의 등장인물에 대한 인터뷰 형식을 빌어서 설교하는 것이다. 성경의 인물에 관하여 질문하도록 앞에서 소개했던 질문들(제4장의 "인물에 대한 분석" pp.100-3)은 실제 설교 현장에서도 그대로 사용될 수 있다.[2] 이런 경우에 강단에 설교자 이외의 다른 한 사람을 더 등장시켜서 설교자 옆에 서거나 또는 의자를 두개 놓고 함께 앉아서 서로 인

터뷰를 나누면서 설교할 수도 있다. 그래서 성경의 인물 배역을 맡은 그 사람에게 미리 계획한 질문을 묻고 대답하도록 하면서 설교를 진행한다. 또는 설교자가 기자 역할과 피회견자 역할을 동시에 맡으면서 설교를 진행할 수도 있다. 이런 경우에 설교자는 질문을 던질 때는 한 쪽 방향을 바라보고 그 질문에 답할 때는 다른 쪽 방향을 바라보거나 또는 질문과 대답에서 서로 목소리를 바꾸어주면 청중은 설교 중에 서로 다른 역할들을 잘 분간할 수 있다.[3]

또 다른 방법도 고려해 볼 수 있는데, 예를 들어 몇몇 지원자들을 '독자의 극장'(reader's theater, 연극 대본을 미리 지정된 배역에 따라 돌아가면서 읽는 것-역주) 혹은 대화체 읽기에 참가하도록 해서 성경의 이야기를 실제 연극 형태로 공연하거나 또는 적절한 순간에 청중 모두에게 들을 수 있도록 미리 배역의 목소리를 녹음하여 들려주는 방법을 택할 수도 있다.[4] 하지만 이런 방법을 실제 설교 시간에 활용하기 위해서는 충분한 시간을 들여서 준비하고 연습을 해야 한다. 대부분의 목회자들에게 그런 독특한 공연식 설교를 매주일, 혹은 한 달에 한 번이라도 준비한다는 것은 꽤 부담 가는 일이다. 하지만 특별한 기회가 찾아올 때 이러한 연극적인 접근을 설교에 시도해 보거나 또는 재능 있는 교인들로 하여금 이를 준비할 수 있도록 하는 것도 좋다.

1. 인물설교에서의 성격묘사

인물설교를 효과 있게 전달하는 한 가지 방법은 설교자가 성경 인물의 배역을 직접 맡아서 일인칭 방식으로 메시지를 전하는 것이다. 즉 모세나 다윗, 안드레, 혹은 바울에 관하여 설교하는 것이 아니라 설교자가 직접 그 인물이 되는 것이다. 이 방법은 설교자가 설교를 일인칭으로 전하는 것이다. 설교자가 실제로 모세나 다윗, 혹은 사도의 입장에 서서 이야기를 전달하는 것이다. 해당 자료들을 충분히 준비할 수 있다면, 설교자는 심지어 인물이 입었음직한 의상을 직접 착용하고 설교할 수도 있다.[5] 또 교회의 성도 중에 누군가가 필요한 성경의 의상을 준비해 주기도 한다.

　이런 방법을 사용하면 청중은 자신들이 실제 성경의 시대로 돌아가서 성경의 인물로부터 직접 해당 메시지를 듣는 것 같은 느낌을 맛볼 수 있다. 이를 위해서 서론에서는 청중이 의도적으로 상상해야 하는 시대나 주변 정황을 분명하게 제시해 주는 것이 필요하다. 또 다른 방법은 성경의 인물이 오늘날의 시대로 직접 들어와서 현대적인 청중과 이들의 시대를 향하여 직접 말하도록 하는 것이다.[6]

　해당 인물이 당대에 입었음직한 의상을 사용하는 것은 청중의 관심을 끌기 위한 효과적인 도구이지만, 일인칭 설교에서 꼭 필수적인 요소는 아니다. 또 다른 방법으로는 해당 인물에 대한 설교를 시작할 시간이 되면 오늘은 특별한 설교자를 초대했다고 알린 다음에 그 설교자(성경의 인물)를 소개하고 여러분과 번갈아가면서 메시지를 전할 수도 있다. 또는 여러분 혼자서 강단에 올라가 다음에 잠깐 청중에게 등을 돌렸다가 돌아서서 해당 인물로서 메시지를 전할 수도 있다.[7]

1) 인물의 성격묘사에 대한 정의

　성경에 등장하는 인물에 대한 성격묘사는 설교 메시지를 전할 때 설교자가 직접 그 역할을 맡는 것을 말한다. 극적인 독백 설교(dramatic monologue sermon)를 전할 때 설교자는 더 이상 현대인으로서 메시지를 전하는 것이 아니라 성경의 인물로서 메시지를 전하는 것이다. 즉 여러분이 직접 열심당 시몬이나 헤롯 대제, 또는 솔로몬 왕이 되는 것이다.

　성경은 드라마의 견지에서 접근할 수 있다. 그리고 드라마는 성경의 인물을 실감나게 묘사함으로써, 다시 말해서 극적인 독백을 통해서 효과적으로 연출될 수 있다. 성경은 극적인 요소들로 가득 차 있다. 즉 인물의 행동이나 긴장, 로맨스, 줄거리, 주연, 선과 악의 대결 등등으로 가득 차 있다. 그래서 설교 시간에 이러한 극적인 요소들을 연출하면 청중은 매우 고무적인 통찰을 얻을 수 있으며 성경의 인물에 대한 독특한 시각을 맛볼 수 있다. 또 현재 구현되는 장면들이 자신들에게도 다시 일어날 수 있거나 또는 과거에 실제로 일어났던 것이며, 앞으로도 충분히 일어날 수 있다는 느낌을 심어줄 수도 있다.

2) 인물에 대한 성격묘사가 필요한 때

대부분의 설교자라면 설교 시간에 최소한 몇 번은 극적인 연출을 사용해 본 적이 있을 것이다. 예를 들어 예화를 통해서나 또는 설교의 진행 중에 목소리를 바꾼다든지 하여 설교자가 청중에게 마치 어린이나 여자 또는 다른 사람처럼 보이도록 한다거나 또는 이상한 몸짓을 사용하는 것도 모두가 극적인 연출이다. 이렇게 대부분의 설교자들이 연극적인 연출을 설교에 이용하는 점에는 의심의 여지가 없다. 그렇다면 여기에서 한 단계 더 나아가 볼 필요가 있다. 즉 그런 방법이나 과정을 좀더 확장시키고 설교자가 직접 그 인물의 역할을 떠맡아서 전체 설교 시간 내내 그렇게 진행하는 것이다.[8]

하지만 극적인 독백 설교(dramatic monologue sermon)를 위해서 설교자가 직접 성경의 인물 역할을 맡으려고 할 때, 맨 처음에는 상당히 조바심이 들 수도 있다. 극적인 독백 설교의 원고를 작성하는 것도 상당한 시간을 필요로 한다(이 문제에 대해서는 이 장의 뒷부분에서 더 살펴볼 것이다). 그리고 극적인 독백 설교를 전달하려면 어느 정도의 "끼"도 필요하지만 처음 시도하는 경우에는 매우 어색하게 느껴질 수도 있다.[9] 하지만 이런 전달 방법은 충분히 습득할 수 있는 것이며, 어느 정도의 노력과 연습을 통해서 다양한 메시지 전달 방법을 향상시킬 수 있다.[10]

설교에서 드라마가 매우 효과적인 이유는 다음 몇 가지 요소 때문이다. 성경의 인물을 연극적인 방법으로 제시하는 것은 기본적으로 귀납적인 접근 방법으로서 오늘날 대부분의 연역적인 설교와는 상당히 다른 방법이다. 서론에서 '어떤 이유 세 가지'나 '어떤 것에 대한 네 가지 설명'을 제시하겠다고 하면서 시작되는 설교는 대부분이 연역적인 논리를 취하고 있다. 하지만 극적인 독백 설교는 그런 방법을 택하지 않는다. 그보다는 극적인 독백 설교는 청중을 흥미로운 이야기 속으로 청중을 끌어들이고, 그들의 관심을 좀더 효과적으로 사로잡으면서 마지막 단계에서 요점에 도달하는 설교이다.

또 극적인 독백 설교는 다른 설교에 비해서 매우 시각적이다. 설교자의 몸의 움직임이나 제스처, 그리고 얼굴 표정이 전달 과정에서 좀더 시각적인 역할을 하게 된다. 이런 요소들은 비구어적인 요소들이지만 의사소통이 진행될 때에는 우리가 늘 사용하는 의사소통의 방편들이다. 그런데 극적인 독백 설교에서 해당 인물의 의상을 설교자가 직접 착용하게 되면 이러한 비구어적인 요소가 의사소통에 미치는 파급효과는 더욱 강해진다. 이 점은 오늘날과 같이 시각 지향적인 사회에서는 특히나 유리하게 작용할 수 있다.[11] 오늘날의 사람들은 설교자가 선포하는 하나님의 말씀의 진리를 시각적으로 처리하기를 원하는데, 극적인 독백 설교는 메시지의 시각화를 촉진시켜 준다. 그 결과 성경이 청중의 마음에 생생하게 되살아나게 되는 것이다 즉 청중은 성경의 인물을 직접 접할 수 있어서, 그만큼 진리는 삶의 현장에 가깝게 다가오게 된다.

이외에도 극적인 독백 설교는 메시지를 기억하는 데도 도움이 된다. 예를 들어서 갈멜산에서 바알의 선지자들과 대결하는 엘리야에 관하여 설교할 때 직접 엘리야의 입장에 서서 독백 형식으로 설교한다고 가정해 보자. 이러한 직접적인 연출은 설교자가 그 사건의 절정이나 감동을 청중에게 효과적으로 전달하는 데 도움을 준다. 또 청중도 들은 내용보다는 직접 눈으로 목격한 극적인 사건을 훨씬 잘 기억할 것이다.

설교는 나름대로 여러 목적을 달성하려는 의도를 갖고 있는데, 극적인 독백 설교는 그런 의도를 달성하는 데 매우 효과적이다. 예를 들어 어떤 설교는 청중을 격려하려고 할 때 극적인 독백 설교를 활용하여 좋은 결과를 얻을 수 있다. 또 어떤 설교는 청중에게 도전을 주려고 할 때 독백식 설교를 통해서도 그런 목적을 쉽게 달성할 수 있다. 이 외에도 청중에게 권고하거나 위로를 주거나 교훈을 제시하려는 목적도 있다. 설교의 목적이 무엇이든 극적인 독백 설교 방법을 통해서 그 목표를 효과적으로 달성할 수 있으며 청중도 설교 메시지를 더욱 잘 기억할 것이다. 결론적으로 어떤 인물설교에서든지 인물에 대한 성격묘사를 부각시키는 극적인 방법을 사용함으로써 설교의 효과를 꾀할 수 있다.

2. 극적인 독백 설교의 유형들

"극적인 독백에서는 한 명의 (극적인) 인물이 침묵하고 있는 다른 인물들에게 (독백으로) 말한다."[12] 설교와 관련하여 극적인 독백의 유형을 기본적으로 "연설 독백"(speech monologue)과 "상황 독백"(situation monologue)의 두 가지로 구분해 볼 수 있다.[13]

연설 독백에서는 메시지가 청중에게 직접적으로 전달된다. 예를 들어 청중들에게 지금 시간을 거슬러 여행한다거나 또는 주전 천년 전의 시대나 설교에서 다룰 인물이 살았던 시대를 배경으로 성경에 묘사된 마을에 살고 있다고 상상해 보라고 요청하는 것이다. 이때 설교자는 해당 인물의 의상을 착용하고 그 인물대로 분장한 다음에 그 고대의 시간과 문화의 관점에서 메시지를 전달한다. 또는 그 반대로 오늘날 이 시대의 청중들에게 메시지를 전하기 위해서 성경 인물이 이 시대를 방문하였다고 상상해 보라고 요청하면서 설교를 시작할 수도 있다. 어느 방법에서든지 설교자는 성경적인 의상을 착용할 수도 있고 그렇지 않을 수도 있다. 하지만 어느 경우든 극적인 독백 설교의 효과를 극대화하려면 누군가가 대신 설교자를 청중에게 소개하도록 해서 강단에 등장한 다음에 해당 인물의 입장에서 메시지를 전하는 것이 좋다. 그리고 독백이 끝나면 설교자는 강단을 떠나고 다른 사람이 메시지의 결론을 제시하면서 설교를 마무리하도록 하는 것이다.

상황 독백은 드라마에서의 독백과 동등한 것으로서, 설교자는 설교자 자신에게나 또는 하나님이나 누군가 상상의 인물과 혼자서 대화를 나누고 청중은 그 대화를 엿듣는 입장을 취하는 방법이다. 이런 경우에 메시지는 오늘날의 청중을 전혀 직접적으로 다루지 않을 수도 있다. 예를 들어서 룻기에 관한 상황 독백 설교를 진행한다고 가정해 보자. 이 책에 등장하는 주연은 나오미와 룻, 그리고 보아스이다. 그래서 이 책에 대해서 설교할 때 대부분의 메시지들은 주로 룻과 그의 행동이나 말에 초점을 맞춘다. 하지만 보아스보다 더 가까운 혈족이면서도 책임을 떠맡기 싫어서 룻과 결혼하려고 하지 않았던 남자의 입장에서 이 이야기를 재구성해 보면 어떻게 될까? 그는 과연 당시 상황에 대해서 어떻게 생각했을까? 그 남자의 생각을 엿볼 수 있는 구체적인 실마리를 룻기 4:1-8에서 발견할 수 있다. 그래서 상황 독백에 따른 설교에서는, 이 남자가 당시 진행되던 사건을 다른 혈족들에게 결부시키거나 또는 왜 자신은 그렇게 행동할 수밖에 없었는지를 마을의 장로들에게 설명하던 그대로 전달되는 것이다. 또 다른 사례로서 에스더에 관한 이야기를 아하수에로 왕의 관점에서 전달하는 경우를 생각해 볼 수 있다. 에스더서는 그에 대해서 뿐만 아니라 그의 생각이나 문제점, 그리고 행동에 대해서 여러 정보들을 제공하고 있다. 그래서 에스더서의 사건이 종결된 다음에 유대인들과 관련된 그의 행동에 관하여 깊이 생각하고 있는 아하수에로 왕의 입장에서 설교 메시지를 전달할 수도 있다.

연설 독백이나 상황 독백 중에 어느 방법을 사용하든, 또 여러 번에 걸쳐서 다양한 인물들을 여러 방법으로 사용하든 청중은 설교자의 노력을 깨닫게 될 것이고 설교자가 많은 노력을 기울여서 강조하는 성경의 인물에 대하여 새로운 통찰을 얻게 될 것이다. 그리고 무엇보다도 바로 그것이 설교자가 선포하는 모든 메시지의 관건이다.

3. 극적 독백 설교의 테크닉

극적 독백의 방법으로 설교를 전하려고 결정하였다면 설교자는 성경의 인물을 효과적으로 제시하는 데 반드시 필요한 몇 가지 테크닉을 염두에 두어야 한다.

극적인 독백 설교를 전할 때 설교자는 강단에서 움직임이 매우 자유롭다. 즉 성경의 인물이 움직이는 대로 자유롭게 움직이거나 몸짓을 표현할 자유가 많다는 것이다. 메시지를 효과적으로 전하기 위해서 인물이 움직였음직한 방향으로 자유롭게 움직일 수 있다. 독백 설교를 전하는 설교자는 강단 뒤에 가만히 서 있어야 할 필요가 없다. 등장인물이 그러했으리라 생각되는 대로 연단을 가로질러 걸어 다닐 수도 있고 앉거나 무릎을 꿇을 수도 있다. 경우에 따라서는 일반적인 설교 시간에 이미 강단 바깥으로 나가본 적이 있을 수도 있다. 하지만 극적인 독백 설교의 효과를 증대시키기 위해서 이보다 훨씬 자유롭게 움직여야 할 때도 있다. 이렇게 강단에서의 자유로운 움직임이 청중의 관심을 사로잡는 데 도움을 줄 때도 있다.

극적인 독백 설교에서는 또 다양한 '소품'이 필요한 경우도 있다. 만일 다윗의 역할을 맡아서 설교하는 경우라면 목동의 지팡이를 든 모습으로 설교할 수도 있다. 또 애굽에서 총리 역할을 맡고 있는 요셉의 입장에서 설교하는 경우라면 그에 어울리는 지휘봉을 든 모습을 연출할 수 있다. 그리고 베드로라면 고기 잡는 그물을 든 모습으로 나타나거나 사도 바울의 입장에서 두루마리 성경책을 들고 나타날 수도 있다. 솔로몬 왕의 모습으로 나타나야 한다면 몸치장을 위해서 쉽게 구할 수 있는 인조보석이나 장신구를 구입할 수도 있다. 그래서 성경 인물에 대한 충분한 연구와 상상력을 발휘하여 다양한 인물들에 잘 어울리는 소품이 무엇인지를 고려해 보아야 한다.[14]

극적인 독백 설교의 전달에 공통적으로 필요한 셋째 테크닉은 의상과 분장이다. 이런 요소들은 극적인 독백 설교에 항상 필요한 것은 아니지만, 사용되었을 때에 그만큼 분명한 효과를 가져다준다.[15] 대부분의 연사나 설교자들이 등장인물처럼 분장했을 때 그 인물의 역할을 훨씬 잘 소화해 낼 수 있다. 본인도 대본대로 분장하지 않으면 성경의 인물을 소화해내기가 훨씬 더 어려워지는 것을 경험하곤 한다. 반대로 분장을 잘 갖추면 메시지 전달 과정에서 해당 인물의 마음과 태도를 소화하는 데 큰 도움이 된다.

조그만 액수의 돈과 시간만 투자하면 충분히 효과적인 성경에 등장하는 인물의 의상을 마련할 수 있다. 직물 가게에서도 일반적으로 성경의 인물들이 착용한 의상과 비슷한 의복들을 판매하고 있으며, 그런 의복들을 제작하는 것도 그리 비싸지 않고 또 어렵지 않다.[16] 대형 극장이 있는 도시라면 어디에서든지 성경 인물의 의복을 마련하거나 분장하는 데 필요한 도움을 줄 수 있는 사람들을 발견할 수 있다. 전화번호부에서 '분장'이라는 항목을 찾아보라. 간단한 분장 상자는 대략 10달러에서 15달러에 구입할 수 있다. 이 외에도 분장이나 화장을 위한 도구를 갖춘 상자를 구입할 수도 있고, 백화점에 가서 비싸지 않은 낚시도구함을 구입해서 같은 목적으로 사용할 수도 있다. 또는 극장의 공연 행사에 참가하여 일부 배우들과 개인적으로 친분을 쌓아 그들에게 조언을 구할 수도 있다. 관련된 정보를 적극적으로 제공해 주려는 사람을 찾는 데 결코 어렵지 않을 것이다. 사실 그들은 드라마에 대해서 이야기하는 것을 즐거워한다.

〈도표 7.1 극적인 독백 설교는 다양한 전달 방법을 사용하여 전달효과를 꾀할 수 있다.〉

4. 인물의 성격묘사 방법

극적인 독백 설교에서 설교자는 어떻게 성경의 인물 역할을 소화할 수 있을까? 설교자가 베드로나 바울, 솔로몬, 또는 본디오 빌라도의 역할을 소화해 내는 과정은 어떻게 진행되는가?

1) 인물 분석하기

첫째는 해당 인물을 극적인 독백의 입장에서 분석해야 한다. 이를 위해서는 구체적인 방법과 목적이 정해져야 한다. 해당 인물을 자세히 연구하다 보면,[17] 그 과정에서 설교자는 그 인물에 대한 상당한 통찰을 확보하게 되고 이는 자연히 극적인 독백 설교의 자원이 된다.

(1) 분석방법

분석 방법에는 본문으로부터의 실마리와 사람에 대한 과거의 일반적인 경험, 그리고 상상력의 세 가지 요소가 포함된다.

성경에 기록된 인물의 행동이나 말은 그 인물이 어떤 부류의 사람인지에 관한 중요한 통찰을 제공한다. 해당 인물이 보여준 행동은 내면의 태도나 사고방식, 가치체계를 반영한다. 또 사람들과의 여러 경험들은 그러한 행동의 의미를 올바로 해석하여 그가 어떤 유형의 인성을 가지고 있는지를 파악할 수 있도록 도와준다. 마지막으로 설교자는 상상력을 사용함으로써 그 인물의 역할을 감당하는 데 도움을 얻을 수 있다.

이에 대한 사례로 요한복음 5:1-15에 베데스다 연못가에 머물던 38년 된 병자를 살펴보자. 전후 문맥에서 우리는 그에 관한 몇 가지 정보들을 얻을 수 있다. 그 남자는 38년 동안이나 병을 앓아왔는데, 그 의미는 그는 최소한 38세 정도는 되었다는 뜻이다. 또 10살 정도부터 앓기 시작했다면 지금은 48세가 되었다는 뜻이다. 어느 경우든 우리가 다룰 인물은 이미 성인이 된 병자이다. 또 전후 본문에 따르면 이 연못가에는 수많은 군중들이 모여 있었다. 이들은 어떤 부류의 사람들인가? 이들 대부분은 소경이나 절뚝발이, 혈기 마른 자들과 같은 환자들이었다. 하지만 이들 중에는 병자들을 연못으로 데려다 주려고 기다리는 건강한 사람들도 끼어 있었다. 이 38년 된 병자도 그곳에 계속 머물러 왔으며 계속해서 물 속으로 들어가려고 했지만 그 때마다 번번이 좌절되고 말았다. 그 당시 이 병자의 심리와 감정 상태는 어떠했을까? 패배감에 사로잡혔을까? 아니면 울적한 마음이었을까? 낙심하였을까? 풀 죽어 있었을까? 또 그 주변에 있던 다른 사람들은 어떠했을까? 그들도 비슷한 상태이지 않았을까? 그들은 서로를 기다려주면서 서로에게 친절하고 도움을 주려고 하였을까? 전혀 그럴 리 없었을 것이다. 당시 베데스다 연못의 물이 동하기 시작하면 그들은 먼저 들어가려고 연못으로 쇄도하며 몰려갔을 것이다. 그런 상황에서 이 병자도 연못에 들어가려고 애쓰다가 번번이 다른 사람들에게 거칠게 밀려나거나 밟히지 않았을까 생각된다. 이런 사항들이 우리가 본문에서 얻어낼 수 있는 실마리들이다.

그 다음에 인생에 대해서, 그리고 사람들에 대한 설교자 자신의 경험을 생각해 보면서 그 경험을 자기 앞에 놓여 있는 본문에 적용시켜 보자. 혹시 집이나 병원에서 환자를 간호하면서 그 방에서나 심지어 환자의 몸에서 나는 불쾌한 냄새를 맡아본 적이 있는가? 당시 베데스다 연못 주변의 냄새는 어떠했을까? 만약 누군가 화장실에 가야 했다면 그들은 어디로 갔을까? 당시 화장실은 그 연못에서 그리 멀지 않았을 것이다. 다만 여기서는 당시에 오늘날과 같은 공중화장실이 없었다는 점을 기억할 필요가 있다. 그렇다면 그 연못 주변의 냄새를 상상해 볼 수 있겠는가? 또 이곳에서는 어떤 소리를 들을 수 있을까? 상처받은 사람들이 괴로워하면서 신음 소리를 내는 것을 들어본 적이 있는가? 그런 경험을 베데스다 연못에 적용시켜 보면서 그 연못 주변에서 어떤 소리가 들리겠는지를 상상해 보라. 또 병들고 죽어가는 사람들이 나누는 대화를 들어본 적이 있는가? 베데스다 연못가에서 오가던 사람들의 목소리를 들을 수 있겠는가? 우리가 예전에 사람들이나 인생에 대해서 겪었던 경험들은 예수께서 베데스다 연못가에서 만났던 사람들에게서 보았고 들었던 것과 별반 다르지 않을 것이다.

그러한 상상력을 사용하여 본문의 정황을 좀더 깊게 느껴보도록 하라. 베데스다 연못과 같은 상황이라면 화가 더욱 치밀어 오르지 않을까? 수많은 군중들 때문에 움직이기 어렵지는 않았을까? 수많은 군중들에게 짓눌리면 어떤 느낌이 드는가? 예수께서 이 병자에게 무엇을 원하는지 물었을 때 그 남자는 어떻게 반응했는가? 과연 그 병자는 무심결에 느긋한 생각으로 대답했을까? 대답할 때 그 남자의 목소리는 어떠했을까? 거칠거나 팽팽하게 긴장한 목소리나 또는 화난 목소리나 절망적인 목소리는 아니었을까? 또는 이 모든 감정들이 복합적으로 어우러진 목소리는 아니었을까? 예수께서는 이 병자에게 말씀하시면서 그의 병을 치유해 주셨다. 당시 주변에는 수많은 환자들이 있었지만 예수께서는 오직 이 사람만을 고쳐주셨다는 점을 기억하라. 그랬을 때 그 남자의 기분은 어떠했을까?

이렇게 자세한 분석을 통해서 그 병자의 인품 속으로 점점 더 깊이 몰입하지 않는가? 당시 무슨 일이 일어났는지를 느낄 수 있지 않는가? 그 사건의 모습을 떠올릴 수 있는가? 당시 일어난 사건을 직접 느껴보라. 본문과 그 이야기로부터 감동을 느껴보고 여기에 힘차게 반응해 보라. 그렇게 할 때 비로소 여러분은 성경의 사건을 청중 앞에 재현할 수 있을 것이다. 그리하여 청중은 그 사건을 직접 보고 느끼며 냄새를 맡으면서, 예전에 전혀 맛보지 못했던 그리스도의 은혜가 청중 한 사람 한 사람에게 다가와서 그들의 절망스러운 상황으로부터 이끌어내는 것을 깨닫게 될 것이다.

(2) 분석의 목표

분석 과정은 나름대로의 목표 달성을 염두에 두고 있다. 그런 목표는 다음 몇 가지 사항으로 정리해 볼 수 있다.

분석의 첫째 목표는 설교하려는 인물의 외모를 시각화하는 것이다. 설교하려는 인물의 체격은 어떠한가? 그는 어떤 종류의 의복을 입고 있는가? 몸단장은 어떠한가? 그는 어떤 태도와 버릇을 가지고 있는가? 우리는 솔로몬 왕과 시몬 베드로 사이의 외모나 태도를 쉽게 구분할 수 있다. 그 인물은 활력으로 가득 찬 젊은이인가, 아니면 생의 마지막 시간을 보내고 있는 노인이나 환자인가? 인물의 외모에 대한 정보들을 시각화하면 그 인물을 청중 앞에 가장 완벽하게 구현하는 데 많은 도움을 얻을 수 있다.

분석의 둘째 목표는 설교하려는 인물의 성품을 이해하려는 것이다. 그 혹은 그녀는 어떻게 사고하는가? 그 인물은 지적이며 제대로 된 교육을 받은 사람인가? 또 그 혹은 그녀의 정서는 어떠한가? 온화하고 침착한가 아니면 자꾸 감정이 폭발하기 쉬운 유형인가? 그 인물의 영적인 상태는 어떠한가? 그 인물은 주님을 믿고 있는가 아니면 그에 관하여 의심하는가? 그 인물이 만일 믿는 자라면 하나님과의 영적인 교제는 얼마나 지속적인가? 예를 들어 베드로후서 2:7-8을 보면 롯은 올바른 분별력을 지닌 의로운 사람이었음을 알 수 있지만, 반대로 창세기를 보면 그는 하나님과 가까이 동행하는 데 심각하게 실패하고 있음을 볼 수 있다.

분석의 셋째 목표는 인물의 주변 정황들, 즉 그의 생애를 둘러싸고 일어나는 여러 가지 사건들과 배경들을 파악하려는 것이다. 설교하려는 인물의 직업은 무엇이었으며 그 직업이 그에게 어떤 영향을 끼쳤는가? 그 인물의 친구나 적은 누구였으며, 이들은 인물의 행동에 어떤 영향을 끼쳤는가? 이 인물의 가족 구성원들은 누구이며 이들은 이 인물에게 어떤 영향을 미쳤는가? 예를 들어서 아합 왕은 이세벨과 결혼하였는데, 그 결혼은 아합의 삶과 행동에 심각한 영향을 끼쳤다.

그래서 성경에 등장하는 인물에 대한 극적 독백식 설교를 위해서는 인물에 대한 분석이 꼭 필요하다.[18] 하지만 그러한 연구 작업은 단순한 분석 수준을 넘어서야 한다.

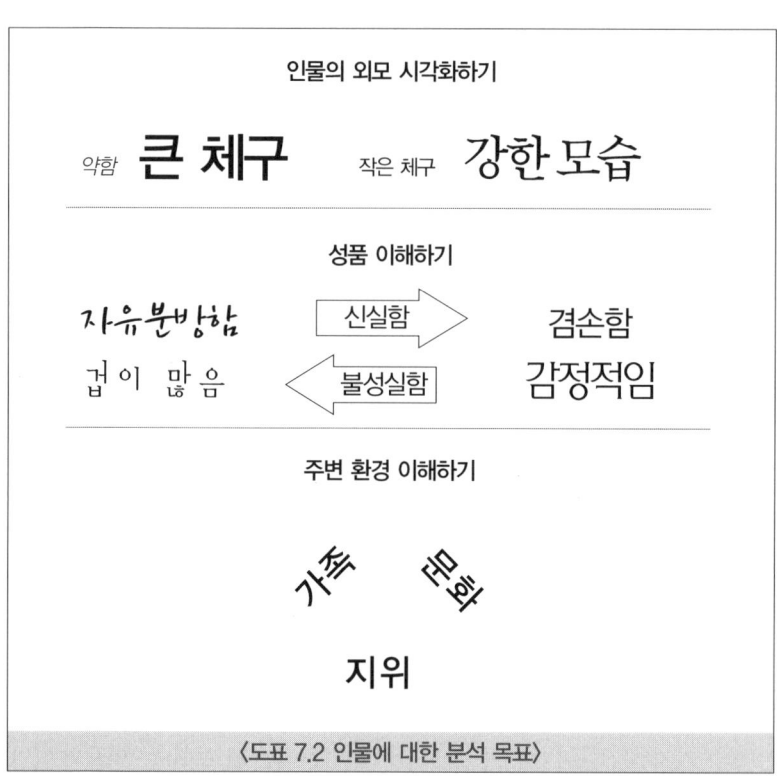

〈도표 7.2 인물에 대한 분석 목표〉

2) 성경의 인물과 하나되기

설교할 인물에 관한 분석이 끝나면 그 다음 단계는 그 인물과 하나되는 것이다. 인물과 하나되는 것은 세부적으로는 다음 두 가지 단계로 구분할 수 있는데, 두 번째 단계로 진행하기 전에 먼저 그 이전 단계를 완전히 구비해야 한다.

(1) 인물과 내면적으로 하나되기

성경의 인물과 하나됨에 있어서 첫 번째 과정은 바로 내면적으로 하나가 되는 것이다. 이 과정을 위해서는 세부적으로 다음 네 가지 요소가 포함된다. 첫째는 설교자는 등장인물이 생각했던 그대로 사고함으로써 그 인물과 하나되어야 한다. 이를 위해서는 가능한 설교자 자신의 지식을 최대한 그 인물이 알았던 범위대로 제한시켜야 한다. 예를 들어 여러분이 만일 구약 시대에 살았던 구약의 인물에 관하여 설교할 예정이라면 여러분은 십자가에 달리신 그리스도에 관하여 그리 많은 것을 말할 수 없다. 설교에서 이러한 시대적인 한계를 적절히 고려하기 위해서는 설교자가 사물을 다루는 방식에 세심한 주의를 기울여야 한다. 그와 동시에 설교자는 해당 인물이 알았을 것들에 대해서는 분명하게 잘 알고 있어야 한다. 예를 들어서 욥기는 고대인들이 하나님에 관한 풍부한 지식을 갖고 있었으며 피조계와 천사에 관하여 잘 알고 있었음을 보여주고 있다. 또 해당 인물을 실감나게 설교하려면 그 인물이 알았을 당시의 문화와 정보들에 대해서도 가능한 자세히 파악하고 있어야 한다.

둘째로 해당 인물과 내면적으로 하나되기 위해서는 그 인물이 느낀 대로 느껴야 하고 그 인물이 경험했던 것과 동일한 감정을 경험해 보아야 한다. 성경의 인물이 매우 즐거웠다면 설교자 역시 매우 즐거운 감정을 느껴보아야 한다. 반대로 그 인물이 화가 났다면 설교자도 분노를, 그리고 슬퍼했다면 설교자 역시 슬픔을 느낄 수 있어야 한다. 그래서 해당 인물이 느낀 그대로 느껴보면서 감정이 자연스럽게 흘러나올 수 있도록 해야 한다.

셋째로 해당 인물과 내면적으로 하나되기 위해서는 그 인물의 의지를 구체적인 일에 적용시켜 보아야 한다. 헤롯 왕은 어떻게 결정을 내렸으며 그런 결정은 무엇이었는가? 그리고 그는 왜 그런 결정을 내렸는가? 해당 인물에 관하여 설교하려면 설교자는 현대인으로서의 자신의 위치에서 벗어나서 해당 인물의 위치로 들어가 보아야 한다. 여기에서의 관건은 우리가 만일 그 인물의 위치에 있게 된다면 우리는 어떻게 행동했겠는가 하는 것이 아니다. 문제는 그 인물이 그 자리에서 무엇을 했고 왜 그렇게 행동했으며 그렇게 행동한 이유가 무엇인지를 밝혀내는 것이다. 예를 들자면 우리라면 절대로 두 살 아래의 유아들을 닥치는 대로 죽이라는 명령을 내리지 않을 것이다. 하지만 헤롯 왕은 그렇게 했다. 그래서 만일 설교 시간에 헤롯을 청중 앞에 소개하려면 설교자는 그런 끔찍한 명령을 내려야 한다. 왜냐하면 인물에 관한 극적 독백식 설교에서는 성경 본문을 통해서 드러난 정보들을 그대로 청중에게 제시하고 구현해야 하기 때문이다.

넷째로 해당 인물과 내면적으로 하나되려면 그 인물이 예배했던 그대로 예배해야 하고, 만일 그가 예배하지 않았다면 그대로 예배하지 않아야 한다. 만일 그 인물이 영적인 삶을 살지 않았다면 설교 시간에 설교자는 그를 그런 방식으로 묘사해야 한다. 또 해당 인물이 빈약한 예배 경험을 가지고 있다면 그 모습을 그대로 청중에게 보여주어야 한다. 또 그 인물이 우상 숭배자였다면 그런 모습을 청중 앞에 구현해서 보여주어야 한다.

이렇게 해당 인물이 사고한 그대로 사고하며 그 인물이 느낀 대로 느끼고 또 그의 의지를 구체적인 일에 적용하며 그 인물이 예배한 그대로 예배하는 모든 과정들을 통해서 설교자의 내면에서 인물과 하나가 되어야 한다. 이렇게 등장인물에 대한 내면화를 촉진시키기 위해서 본인은 다음 절차를 따르곤 한다. 성경의 인물을 일인칭 형태의 극적인 독백 설교를 전하기로 결정하였으면, 그 다음에는 이 책에 소개된 역사적 인물설교와 성품적 인물설교 중에 하나를 택하여 좀더 표준적인 설교를 준비하기 시작한다. 그리고 설교에서 다루기를 원하는 모든 자료들이 제시하는 관점으로부터 설교 전체의 개요를 작성하고 설교문을 작성해 간다. 그렇게 하면 설교의 전체적인 논지를 객관적인 성경적인 정보에 근거하여 발전시킬 수 있다. 그 다음에는 완성된 개요를 가지고 마치 내가 성경의 인물인 것처럼 내 방식대로 이야기하기 시작하면서 완벽한 설교문을 작성해 간다. 이 때에도 큰 소리로 직접 말하면서 설교 원고를 준비하는 것은 설교 원고가 평상시의 대화 방식을 따라서 작성되도록 하는 데 큰 도움이 된다. 즉 "나는 이렇게 했고 이곳에 있었으며 저것을 보았고 이런 경험을 하였으며, 내가 여기에서 매우 실망하였고 저것에 대해서는 아주 화가 났었습니다…"라고 크게 말하면서 설교 원고 내용을 전부 일인칭화법으로 바꾸어서 읽어가는 것이다.

이렇게 하여 전체 설교 원고 작성이 끝나면, 원고를 옆에 치워놓고 며칠을 보낸 다음에 돌아와서 전체 내용을 다시 읽어보면서 전체 내용이 자연스럽게 이해가 되고 흐름은 잘 진행되는지 또 효과적으로 전달되는지를 다시 확인한다. 그 과정에서 "내가 만일 이 메시지를 듣는 청중이라면 전체 내용은 잘 이해할 만한가? 중요한 질문에 대해서 해답이 전혀 주어지지 않은 부분은 없는가?" 하고 스스로에게 물어본다. 그렇게 해서 원고에 대해서 어느 정도 만족이 되면 그 다음에는 원고를 아내에게 건네주고는 읽으면서 잘 이해가 되는지 확인해 보라고 한다. 만일 그녀도 잘 이해하고 내가 말하는 내용들을 잘 따라오면 원고는 성공적으로 잘 준비된 것이고, 그렇지 않으면 다시 수정을 해서 그녀가 잘 이해할 수 있도록 한다.[19]

(2) 인물과 외면적으로 하나되기

성경의 인물을 설교할 때는 설교자의 신체적인 움직임을 통해서 청중에게 설교자 자신이 바로 그 인물이라는 점을 최대한대로 부각시킬 수 있어야 한다. 그래서 만일 그 인물이 왕이라면 설교자는 왕답게 위엄 있게 연기해야 한다. 또 해당 인물이 간신히 걸을 수 있는 노인이라면 설교자도 그렇게 행동해야 한다. 신체적인 움직임 뿐만 아니라 음성의 특징도 해당 인물을 실감나게 전달할 수 있도록 연기해야 한다. 예를 들어서 때로는 유대인들의 독특한 억양을 흉내냄으로써 이런 말씨는 연출하기가 매우 어려운 것이며 상당한 연습이 필요하다는 느낌을 심어주는 것도 좋다. 만일 이런 방법을 설교 시간에 사용하기로 결정하였다면 실제로 어떻게 그런 억양으로 말할 수 있는지를 소개하는 녹음테이프 자료들의 도움도 받을 수도 있다. 그런데 그런 독특한 악센트가 메시지 전달에 다소 도움은 되지만, 효과적인 극적 독백식 설교를 위해서 그렇게 필수적인 것은 아니다. 본인은 대부분의 경우에 주로 평상시 말씨를 그대로 사용하되 다만 감정적인 표현과 의상, 그리고 분장을 통해서 특정 인물의 독특한 면을 실감나게 표현해 보려고 한다.

3) 인물을 구현하기

이상의 모든 과정을 끝마쳤으면 이제 여러분은 극적인 독백식 설교를 통해서 청중에게 성경의 인물을 제시하기 직전 단계에 도달하였다. 하지만 그 전에 전체 원고를 몇 차례 연습해 보아야 한다. 전체 설교 내용이 여러분의 머릿속에 분명하게 각인될 때까지 충분히 연습해야 한다. 연습하는 동안에 때로는 자신의 모습을 녹음하거나 녹화하는 것이 도움이 되기도 한다. 극적인 독백식 설교를 진행하는 자신의 목소리나 모습을 직접 듣거나 보게 되면, 자신의 모습이나 또는 설교 원고를 어떻게 수정하고 준비해야 하는지를 더욱 분명하게 파악할 수 있다.

극적인 독백식 설교를 준비하는 것은 상당한 시간을 요구하는 작업이다. 따라서 매주일 저녁 설교에서나 심지어 한 달에 한 번씩 이런 방식으로 설교할 수 있을 것으로 기대하기는 어렵다. 하지만 이런 설교는 아마도 일 년에 두 번 정도나 또는 좀더 숙달이 된다면 세 달에 한 번 정도는 아주 효과적으로 전달할 수 있을 것이다. 이런 설교를 준비하기 위해서는 상당한 노력과 시간이 필요하지만 하다보면 그럴 만한 가치가 있다는 것을 깨닫게 될 것이다.

극적인 독백 설교가 매우 효과적이긴 하지만 그만큼 문제점도 있다. 그리고 이 설교를 준비하는 과정에서 한두 번은 그런 문제점에 직면하게 될 것이다.

망각은 분명 불안을 초래하게 마련이다. 설교 원고를 충실하게 준비하였고 분장도 잘했는데, 극적인 설교를 전달하는 중간에 청중 앞에서 갑자기 그 다음 내용을 깡그리 잊어버렸다면 어떻게 될까? 말하려고 생각했던 것을 다 잊어버리고 생각나지 않는다면 어떻게 될까?

이 문제와 관련해서 사람이라면 누구나 잊어버릴 수 있다는 점을 먼저 언급하고 싶다. 텔레비전에서도 가끔 전문적인 배우라도 자기 대사를 잊어버리고는 우스운 상황을 만들어내는 실수 장면을 목격한 적이 있을 것이다. 이런 일이 전문적인 배우들에게도 일어난다면 우리에게도 얼마든지 일어날 수 있다. 하지만 우리는 이런 상황을 미리 준비할 수 있다.

극적인 독백식 설교를 처음 시도하는 경우라면 누군가가 설교 원고를 손에 들고 회중석 맨 앞줄에 미리 앉아서 메시지를 잊어버리는 순간 즉시 보여줄 수 있도록 준비해 두라. 그래서 다음에 말할 내용이 생각나지 않으면 잠시 멈추었다가 그 프롬프터(prompter, 배우에게 대사를 알려주는 사람-역주)를 바라보고는 그 사람이 다음 대사나 문단을 보여주면서 다시금 기억을 떠올릴 수 있도록 하면서 자연스럽게 설교를 진행하면 된다. 또 좀더 경험이 쌓이면 원고를 잘 준비하고 설교 전체 개요에 완전히 익숙해지면 중간에 내용을 잊어버리더라도 즉흥적인 대사로 그 어려운 부분을 잘 넘기고 다시 원래 준비했던 메시지로 되돌아올 수 있는 방법을 터득하게 될 것이다.

또 다른 어려움은 성경의 인물들의 의상을 입고서 강단에서 자연스럽게 움직이는 일이다. 성경의 의상은 일반적으로 오늘날의 평상복에 비해서 매우 길고 심지어 바닥까지 끌리기 때문에 그 옷차림으로 걷는 것이 전혀 익숙하지 않을 것이다. 그래서 특히 계단을 오르내리다가 쉽게 넘어질 수도 있다. 그래서 그 옷차림에 익숙해질 때까지 걷는 연습을 충분히 해 둘 필요가 있다. 이와 마찬가지로 설교 시간에 사용할 소품에 대해서도 익숙해져서 실제로 사용할 때 자유롭게 다룰 수 있어야 한다.

극적인 독백식 설교는 일종의 도전적인 설교 방법이다. 하지만 그 도전을 수락하고 이 장의 내용을 지침으로 사용하면서 그 밖의 여러 보조적인 자료들로 보완한다면, 이 설교 방법은 매우 재미있고 또 상당한 보상을 가져다줄 것이다. 극적인 설교를 잘 준비하고 전달하는 데 필요한 충분한 연구와 노력을 통해서, 청중들은 강단으로부터 효과적이고도 매우 기억하기에 쉬운 메시지를 듣게 될 것이다.

복습 질문들

1. 인물설교를 전달함에 있어서 어떤 방법들을 사용할 수 있을까?
2. 인물의 성격묘사란 무엇인가?
3. 상황 독백 설교(situation monologue sermon)와 연설 독백 설교(speech monologue sermon)의 차이점은 무엇인가?
4. 극적인 독백 설교를 전달할 때 의상과 소품을 사용할 때의 장점과 단점은 무엇인가?
5. 성경에 등장하는 인물의 성격을 분석할 때 밟아야 하는 과정과 방법은 무엇인가?
6. 성경 인물의 성격을 분석하는 세 가지 목적은 무엇인가?
7. 설교자는 어떻게 성경의 인물과 하나가 될 수 있는가?

연습문제

1. 아간의 범죄를 처리하는 여호수아에 대한 상황 독백 설교의 개요를 작성하여 보라.
2. 극적인 독백식 설교를 준비하기 위해서 고려함직한 여섯 명의 성경 인물 후보들을 찾아보라.
3. 도마에 대하여 내면적으로 하나되며 외면적으로 하나되기 위한 절차들을 서술하여 보라.
4. 도마에 대한 극적인 독백식 설교를 준비할 때 어떠한 의상을 착용하며, 어느 관점에서 그를 제시할 것이며, 그 생애 중에 구체적으로 어느 시기와 결부지어서 그에 관한 이야기를 풀어갈 것인지, 그리고 어떤 배경을 동원할 것인지를 생각하면서 어떻게 도마를 설교할 것인지를 결정하라.

08 결론

하나님의 말씀을 설교하는 우리 모두의 과제는, 오래된 과거의 권위 있고 신뢰할 만한 성경 말씀이 오늘날의 청중에게 적용되도록 해서 결국 그들의 삶이 변화되며 그리스도의 이미지를 따라가도록 하는 것이다. 오늘날 우리 설교자들은 역사상 그 어느 시기에 비할 수 없을 정도로 풍성한 성경 주해서들과 사전류, 경건 서적들, 그리고 다른 여러 참고자료들을 활용할 수 있는 시대를 살고 있다. 하지만 교회 안을 살펴보면 성도들은 그 어느 시대에 비할 수 없을 정도로 주님보다는 세상을 닮아가고 있다. 오늘날의 성도들은 과연 경건한 삶을 살 수 없는 것일까? 하나님의 말씀이 이들의 심령에 선포되고 그들의 필요에 응답하며 그들을 주님께로 인도할 수 있도록 할 수 없을까? 하나님의 말씀은 성경의 시대 뿐만 아니라 오늘날에도 여전히 강력한 능력을 발휘한다. 오늘 역사하는 성령 하나님은 초대 교회에 역사하셨던 성령 하나님과 동일한 분이다. 시간이 흘렀지만 사람들의 성품도 하나님의 능력도 전혀 바뀌지 않았다.

모세 시대를 살건 오늘 이 시대를 살건 사람들은 여전히 같은 사람들이다. 바울의 시대이건 오늘날을 살건 죄인은 여전히 같은 죄인이다. 또 노아 홍수 이전에 에녹이 하나님과 동행했던 것처럼 성도들은 오늘날에도 여전히 하나님과 동행할 수 있다. 다윗처럼 우리도 여전히 하나님의 마음에 합한 사람이 될 수 있다. 아브라함이 하나님의 친구였던 것처럼 오늘날 우리도 그런 존재가 될 수 있다. 그래서 어제의 성경 인물들은 오늘 우리에게 필요한 여러 모범들을 제공한다. 인물설교는 오늘을 사는 청중들 앞에 바로 그러한 성경의 인물들을 구현하는 가장 좋은 방법이다.

성경의 인물을 설교함으로써 여러분의 목회 사역에 몇 가지 긍정적인 결과를 얻을 수 있다. 앞으로 인물설교를 준비하다 보면 철저하고도 충분히 준비하기가 그리 쉽지 않다는 것을 알게 되겠지만 또 다른 한편으로는 이 설교를 전하는 것이 매우 즐겁다는 것도 발견하게 될 것이다. 성경의 인물들의 생애 속으로 파고 들어가다 보면 여러분은 그들의 진리가 전혀 추상적이지 않고 아주 구체적으로 오늘의 삶 속으로 다가오는 것을 느낄 수 있을 것이다. 또 성경에 등장하는 개개인의 내면의 모습을 발견하다 보면 여러분의 마음도 하나님께서 바라시는 것을 생각하도록 자극을 받게 될 것이다. 또 성경의 인물들의 약점을 관찰하다 보면 여러분 각자의 삶 속에서 동일하게 만나는 약점들을 고쳐야겠다고 도전을 받게 될 것이다. 옛날 사람들의 장점을 살펴보는 중에 동일한 장점들이 여러분의 사역과 삶 속에서도 재현되는 것을 깨닫게 될 것이다. 그리고 여러분의 삶 속에서 그런 요소들을 발견하다보면 설교하는 청중들과도 좀더 효과적으로 함께 나눌 수 있게 될 것이다.

하나님은 우리를 부르셔서 그의 말씀을 설교할 사명을 주셨다. 우리의 사역에서 가장 최우선을 차지하는 것이 바로 그의 말씀이다. "지금 내가 너희를 주와 및 그 은혜의 말씀께 부탁하노니 그 말씀이 너희를 능히 든든히 세우사 거룩케 하심을 입은 모든 자 가운데 기업이 있게 하시리라"(행 20:32).

부록 1. 확신을 쟁취한 사도

도마

(사례 설교문)

주(註) : [ ]괄호 안의 설명은 설교의 어느 부분이 전달되는지를 나타낸다. 따라서 실제로 설교를 전할 때에 이 부분은 제외되어야 한다.

[서론]

유명한 탐험가인 에드문드 힐러리(Edmund Hillary)는 1951년에 에베레스트 산을 정복하려고 하였지만 실패하고 말았습니다. 당시로서도 힐러리는 이전의 그 누구보다 더 높은 곳에 올랐지만, 정상 정복에 실패하는 와중에서 등반대원 중의 한 사람이 사망하기까지 하였습니다. 그가 영국 런던으로 돌아오자 고국은 그를 영웅으로 환영하였으며 그의 노고를 기념하는 연회가 베풀어졌습니다. 여기에는 영국의 수많은 귀족들과 귀부인들이 참석하였습니다. 연회장의 연단 뒤에는 에베레스트 산을 크게 확대한 사진이 장식되어 있었습니다. 저명한 내빈들의 박수갈채에 답하기 위해서 연단에 오른 힐러리는 주변을 한 번 둘러본 다음 뒤돌아서서 에베레스트 산을 바라보면서 이렇게 말했습니다. "에베레스트 산이여! 너는 나를 굴복시켰지만 나는 다시 오를 것이다. 그리고 이번에는 꼭 너를 굴복시킬 것이다. 너는 지금보다 더 커질 수 없지만 나는 더 강해질 수 있기 때문이다."

그는 약속대로 다시 에베레스트 산으로 되돌아갔습니다. 그리고 1953년 5월 29일 에드문드 힐러리 경은 이 세상에서 가장 높은 산 정상을 정복한 최초의 인물이 되었습니다. 드디어 에베레스트 산을 정복한 것입니다.

확신! 에드문드 힐러리 경이 붙들고 있던 것이 바로 이것이었습니다.

여러분과 저는 어떠합니까? 우리에게는 과연 분명한 확신이 있습니까? 산을 오르겠다는 확신이 아니라, 우리 주 예수 그리스도에 대한 전적인 믿음을 가지고 하루하루를 살아가겠다는 확신이 있느냐 하는 것입니다. 에드문드 힐러리 경이 에베레스트 산을 정복하겠다고 확신했던 것만큼이나 여러분도 과연 각자의 삶 속에서 악을 물리칠 수 있다고 확신하십니까?

오늘 저는 성경에 등장하는 한 쌍둥이에 대해서, 우리 주 예수 그리스도의 열두 제자들 중의 한 사람에 대해서 소개하고자 합니다. 여러분은 그가 쌍둥이였다는 사실을 잘 모를 것입니다만, 그 이름은 분명 잘 알고 있을 것입니다.

가롯 유다처럼 주님의 열두 제자 중 한 사람이었던 이 인물도 가끔은 부정적으로 비춰지곤 합니다. 심지어 웹스터 사전에 이 인물의 별명이 나와 있는데, 여기에서는 이 인물을 가리켜서 '상습적으로 의심하는 사람'으로 정의해 놓고 있습니다. 그 제자의 이름은 바로 도마입니다. 도마에 대해서 생각하라면 대부분의 사람들은 항상 '의심하는 도마'를 떠올리곤 합니다.

도마라는 이름은 '쌍둥이'를 뜻하는 히브리어입니다. 요한복음 11:16에서는 그를 디두모라는 헬라식 이름으로 부르고 있는데, 이 단어의 의미도 '쌍둥이' 입니다. 도마는 쌍둥이였습니다. 그래서 저는 그가 쌍둥이라는 뜻을 지닌 이 이름 이외에 다른 이름을 가지고 있었을 것으로 짐작합니다. 하지만 성경에서 그는 항상 '쌍둥이'를 뜻하는 도마나 디두모로 불리고 있습니다.

그래서 도마에 관한 질문 하나가 떠오릅니다. 만일 그가 쌍둥이라면 누구와 쌍둥이 형제인가 하는 것입니다. 이에 대해서 학자들은 몇 가지 가능성을 제시합니다만, 그 중에 가장 신빙성 있는 견해가 있습니다. 사복음서에 소개되는 제자들의 목록에서 도마는 항상 마태와 밀접한 관계를 가지고 있어서 제가 믿기로는 그의 형제는 예수님의 또 다른 제자인 세리 마태였을 것입니다(마 10:3; 막 3:18; 눅 6:15).

마태복음이나 마가복음, 그리고 누가복음에서 도마에 관하여 언급하고 있는 구절만으로는 도마에 관하여 알 수 있는 정보가 별로 없습니다. 하지만 요한복음은 그러한 모호한 점을 일부 해소하면서 그의 생애에 관한 몇 가지 귀중한 정보를 제공하고 있습니다. 요한복음은 '의심 많은 도마'라는 명칭이 실은 도마를 공정하게 다루는 표현이 아니라는 점을 잘 보여줍니다. 오히려 요한복음은 도마를 가리켜서 확신을 쟁취한 제자로 소개하고 있습니다. 사실 요한복음에 소개된 도마의 생애의 최고 절정에 도달한 모습은 의심하는 도마가 아니라 확신을 선언하는 도마입니다.

[논지] : 오늘 우리는 확신을 쟁취한 사도로서의 도마의 모습을 살펴보고자 합니다. 물론 그도 우리처럼 한때 의심한 적이 있었습니다. 하지만 그는 그런 의심 속에서 마냥 허우적거리지 않았습니다. 우리도 그래서는 안 됩니다. 에드먼드 힐러리 경이 에베레스트 산을 마침내 정복했던 것처럼 도마는 의심을 정복하였고 그 삶 속에서 다시금 확신을 쟁취하였습니다. 이것이 바로 저와 여러분이 뒤따라야 할 모습입니다. 그렇다면 우리는 어떻게 확신을 쟁취할 수 있을까요?

[명제] : 우리는 도마로부터 우리의 삶 속에서 확신을 쟁취해가는 세 가지 단계를 발견할 수 있습니다.

[I. 확신의 기초-충성(요 11:16)].

확신을 쟁취할 수 있는 첫 번째 단계는 요한복음 11장에서 찾아볼 수 있습니다. 확신을 향한 첫 번째 단계는 바로 충성입니다. 만일 여러분이 삶 속에서, 그리고 예수 그리스도와의 관계에서 확신을 갖고 싶다면 여러분이 명심해야 할 그 첫 번째 단계는 바로 하나님의 아들을 위하여 충성하는 것입니다. 확신의 기초는 바로 충성입니다. 도마는 우리 주 예수 그리스도께 충성했던 탁월한 모범입니다.

[A. 충성의 필요]

만일 어떤 사람이 누군가에게 충성하고자 한다면 그는 먼저 충성해야 할 이유를 알아야 합니다. 도마는 예수께 충성해야 하는 이유를 분명히 알고 있었습니다.

요한복음 11장 앞부분에서 예수는 예루살렘에 머무르고 계셨는데, 여기에서 유대인들 때문에 그의 생명이 위험에 처했습니다. 그래서 예수는 예루살렘을 떠나서 동쪽으로 요단강을 건너서 위험한 지역을 떠나왔습니다. 예수께서 그렇게 유대 지방을 떠나 있는 동안에 그의 친구 나사로가 중한 병에 걸렸습니다. 나사로에게는 마리아와 마르다라는 두 누이가 있었는데, 이 누이들은 예수께서 돌아오셔서 병에 걸린 오빠를 고쳐주시기를 원했습니다. 이들이 살고 있던 베다니 마을은 예루살렘에서 아주 가까운 거리에 위치하고 있었습니다. 그리고 그 예루살렘에서 유대인들은 세 번이나 예수를 죽이려고 하였습니다(요 8:59; 10:31, 39).

요한복음 11장에서 마리아와 마르다는 예수께 나사로의 소식을 전하기 위해서 한 종을 그에게 보냅니다. 당시 예수는 베다니로부터 하룻길 정도 떨어져 있었습니다. 그래서 그 종은 하룻길을 가서 예수를 찾은 다음 나사로가 아프다는 소식을 전해 주었습니다. 하지만 여러분도 잘 아시는 바와 같이 예수는 그곳에서 이틀을 더 머무르셨습니다. 그 다음에 제자들과 함께 하룻길을 걸어 베다니로 되돌아갔습니다. 그래서 모두 계산해 보면 나흘이 걸렸습니다. 예수께서 베다니에 도착했을 때 나사로는 죽은 지 얼마나 지났을까요? 바로 나흘이 지났다는 것입니다. 이 말은 나사로는 그 종이 베다니를 떠난 직후 죽었음에 틀림없다는 뜻입니다. 베다니를 떠난 종은 나사로가 이미 죽었다는 사실을 몰랐죠. 그가 아는 것은 다만 나사로가 병들었다는 것뿐입니다. 하지만 그 종이 예수께서 머무르신 곳에 도착했을 당시 나사로는 이미 죽은 지 하루가 지났습니다. 그래서 예수님은 전혀 서두를 필요가 없었던 것입니다. 만일 예수께서 급히 서둘러 베다니로 가셨다고 하더라도 나사로는 이미 죽은 지 이틀이 지났을 것입니다. 그리고 누군가 죽었다면 이미 그는 죽은 것입니다. 그 다음에 서두른다고 무엇이 바뀌겠습니까?

하지만 예수는 제자들에게 또 다른 문제 하나를 말씀하십니다. 요한복음 8:59에서 예수께서 예루살렘에 머무를 당시 유대인들은 그를 죽이려고 하였습니다. 요한복음 10:31에서도 이들은 또 예수를 죽이려고 합니다. 계속해서 10:39에서도 세 번째로 예수의 생명을 노리는 것을 볼 수 있습니다. 그래서 예수는 예루살렘을 떠나 요단강을 건너가셨던 것입니다. 유대인들의 이러한 세 차례의 시도는 여전히 제자들의 기억 속에 생생하게 남아 있습니다. 제자들에게 있어 예루살렘으로 되돌아가는 것은 돌에 맞아 죽으러 가는 것이나 마찬가지였습니다. 그것은 분명 기대하기에 유쾌한 전망이 아닙니다. 이런 상황에서 제자들은 어떻게 해야 할까요? 또 예수께서는 어떻게 해야 할까요?

그런데 요한복음 11:15에서 예수는 갑자기 "그에게로 가자"고 말씀하십니다. 다시 말해서 지금 예수는 이렇게 말씀하고 계십니다. "우리가 지금 머물고 있는 이 안전한 지역에서 떠나자. 그리고 예루살렘 지역의 베다니로 되돌아가자. 최근에 유대인들이 나를 세 번이나 죽이려 했던 장소로 되돌아가자."

만일 여러분이 지금 제자들 중에 하나이고 주께서 여러분에게 "사람들이 우리를 죽이려 하는 곳으로 되돌아가자"고 말씀하신다면 뭐라고 대답하시겠습니까? 제자들 보기에 서둘러 돌아가야 할 이유가 전혀 없었습니다. 오히려 베다니로 되돌아가는 것은 자살행위나 마찬가지입니다. 그래서 제자들은 이렇게 대답합니다. "랍비여 방금도 유대인들이 돌로 치려 하였는데 또 그리로 가시려 하나이까"(요 11:8).

예수의 요청에 대해서 제자들은 사실 이렇게 대답한 것입니다. "주님! 설마 그곳으로 다시 되돌아가시려는 것은 아니겠죠? 그건 정말 현명한 결정이 아닙니다." 8절의 제자들의 반응은 만일 예수께서 베다니로 가실 것이라면 그들은 예수와 함께 가지 않겠다는 것을 암시합니다. 자 그렇다면 과연 제자들의 충성은 어디로 갔습니까?

요한복음 11장은 이렇게 계속됩니다.

예수께서 대답하시되 낮이 열두시가 아니냐 사람이 낮에 다니면 이 세상의 빛을 보므로 실족하지 아니하고 밤에 다니면 빛이 그 사람 안에 없는 고로 실족하느니라 이 말씀을 하신 후에 또 가라사대 우리 친구 나사로가 잠들었도다 그러나 내가 깨우러 가노라 제자들이 가로되 주여 잠들었으면 낫겠나이다 하더라(요 11:9-12).

당시 제자들은 나사로가 잠들었다고 생각했습니다. 그래서 잠을 자는 동안에 그의 몸이 다시 회복될 것으로 생각했습니다. 그렇다면 예수도 굳이 돌아갈 필요가 없습니다.
"주님! 유대인들이 주님을 돌로 치려 하고 또 우리 자신의 생명도 위험에 빠질 수 있는 예루살렘으로 다시 돌아갈 필요가 전혀 없습니다. 여기에서 우리와 함께 가만히 계시면 정말 안전하고 또 모든 일이 잘 풀릴 것입니다."
하지만 13절에서 예수는 나사로의 죽음을 가리켜서 잠들었다고 말씀하셨다고 합니다. "제자들은 잠들어 쉬는 것을 가리켜 말씀하심인 줄 생각하는지라 이에 예수께서 밝히 이르시되 나사로가 죽었느니라 내가 거기 있지 아니한 것을 너희를 위하여 기뻐하노니 이는 너희로 믿게 하려 함이라 그러나 그에게로 가자 하신대"(요 11:14-15).

[B. 충성의 표현(11:16)]

[전환부] 이제 제자들은 뭐라고 대답해야 할까요? 베드로는 어디 있습니까? 그는 아무 말이 없습니다. 주께서 사랑하시는 제자인 요한은 어디 있습니까? 그도 조용합니다. 그 밖의 다른 여러 제자들은 어디에 있고 또 뭐라고 대답합니까? 그들의 모습을 어느 정도 상상해 볼 수 있습니다. 지금 그들은 한 쪽 곁에 앉아서 이런 생각을 하고 있습니다. "이 상황을 어떻게 좀 벗어났으면 좋겠다."
그런데 그 중에 오직 한 명의 제자만이 입을 열었습니다. 그가 바로 도마입니다. "디두모라 하는 도마가 다른 제자들에게 말하되 우리도 주와 함께 죽으

러 가자 하니라"(요 11:16). 이것이 바로 충성입니다. 도마는 '다른 제자들'에게 그렇게 말했습니다. 여기에서 '다른 제자들'이란 단어는 '동료 제자들'이란 뜻으로 신약성경 전체에서 오직 이곳에서만 한 번 쓰이고 있는 아주 독특한 단어입니다. 이 단어는 제자들 사이의 특별한 일체감을 강조하는 것으로 도마와 다른 제자들 사이의 끈끈한 하나됨과 연대감이 자리하고 있었음을 암시합니다. 사실 도마는 동료들을 둘러보면서 이렇게 말하고 있습니다. "우리 모두는 하나다. 우리 모두는 같은 끈으로 연결되어 있고, 그 끈은 바로 우리 주님 예수 그리스도시다. 우리는 그를 버릴 수 없다. 설령 죽음이 기다리고 있다고 하더라도 우리는 그와 함께 가야만 한다." 우리가 알기로 도마는 제자들의 지도자가 아닙니다. 하지만 여기에서 도마는 그런 책임을 감당하고 있습니다.

성도 여러분! 이것이 바로 충성입니다. 그는 주님의 말씀에 전혀 의심하지도 않았고 주저하지도 않았습니다. 도마는 그의 주님께 전적으로 충성하였습니다. 그는 우울하고도 희망이 전혀 보이지 않는 상황을 잘 알면서도 주님이 없는 삶보다는 주님과 함께 죽는 쪽을 택했습니다.

[적용] 우리의 충성은 과연 어디에 있습니까? 우리도 만일 예수 그리스도를 위한 죽음으로 부름을 받게 된다면, 도마와 같은 확신을 보여줄 수 있을까요? 도마가 보여준 것과 동일한 충성을 보여줄 수 있습니까? 여러분도 과연 이렇게 고백할 수 있겠습니까? "예! 주님! 주님과 함께 가겠습니다. 그것이 죽음을 의미한다고 하더라도 주님과 함께 가겠습니다. 무슨 일이 있더라도 주님 곁에 있겠습니다." 우리는 과연 이렇게 말할 수 있을까요?

예! 지금 우리는 이렇게 안락한 예배당에 모여서 시원한 공기를 맛보면서 푹신한 의자에 앉아서 이렇게 스스로에게 고백할 것입니다. "그럼요, 저도 그렇게 하겠습니다. 죽기까지 주님을 따르겠습니다. 하지만 내 믿음을 다른 사람에게 증거하라고는 요구하지 말아주세요. 그러면 저는 곤란하거든요. 친구를 교회에 초대하라고도 말씀하지 말아주세요. 그렇게 하면 그 친구가 절 놀릴 거예요. 직장에서도 계속해서 그리스도를 위해서 살 것으로 생각지는 말아주세요. 그러면 내 동료들이 날 조롱할거예요."

여러분의 마음과 생각을 저는 잘 압니다. 우리 모두가 다 마찬가지이기 때문입니다. 하지만 도마는 이렇게 말했습니다. "내 생명이 위험에 빠질 수도 있어. 하지만 주님과 함께 동행할거야." 이렇게 다짐한 유일한 제자가 바로 도마라는 사실을 명심하시기 바랍니다. 도마는 주님께 충성했습니다. 그의 믿음은 그리 강력하지 않았을는지 모릅니다. 하지만 그는 그리스도를 향한 순수한 충성심을 계속 붙잡았습니다.

우리도 만일 하나님의 아들과의 관계에서 분명한 확신을 얻고자 한다면 먼저 그에게 충성해야 합니다. 예수 그리스도께 충성하지 않으면 우리는 결코 우리가 누구이고 무엇을 해야 하는지, 그리고 인생을 향한 계획이 무엇인지 전혀 확신을 가질 수 없습니다. 먼저 주님께 충성해야 합니다. 도마는 그렇게 충성하였습니다.

[II. 확신의 기초-지식(요 14:5-6)]

[전환부] 이러한 도마의 모습이 '의심쟁이'로 묘사되고 있는 것과 전혀 달라 보이지 않습니까? 도마의 신앙은 확신의 기초로부터 시작하였으며, 그 기초는 바로 충성이었습니다. 하지만 도마는 여기에서 멈추지 않았습니다. 그는 그리스도인으로서의 삶에 대한 확신을 쟁취하는 그 다음 두 번째 단계로 발전하였습니다. 그 두 번째 단계를 우리는 요한복음 14장에서 찾아볼 수 있습니다. 이 단계는 바로 확신의 기초를 제공하는 단계입니다. 그 확신의 기초는 먼저 충성에서 발견되었습니다. 그 다음 하나님과의 관계에 대한 확신의 기초는 바로 올바른 지식입니다.

[A. 지식의 필요(14:1-4)]

요한복음 14장은 이러한 예수의 말씀으로 시작합니다.

> 너희는 마음에 근심하지 말라 하나님을 믿으니 또 나를 믿으라 내 아버지 집

에 거할 곳이 많도다 그렇지 않으면 너희에게 일렀으리라 내가 너희를 위하여 처소를 예비하러 가노니 가서 너희를 위하여 처소를 예비하면 내가 다시 와서 너희를 내게로 영접하여 나 있는 곳에 너희도 있게 하리라 내가 가는 곳에 그 길을 너희가 알리라(14:1-4).

예수께서 말씀하십니다. "나는 천국으로 돌아간다. 내 아버지와 함께 있는 곳으로 갈 것이다. 너희를 위하여 처소를 예비하러 간다. 그리고 다시 와서 너희를 내게로 영접하여 너희도 그곳으로 인도하리라. 너희는 내가 가는 곳을 알고 또 어떻게 그곳으로 가는지도 알리라." 이 구절에서 예수는 제자들을 격려하시며(14:1), 천국에 관하여 교훈하시며(14:2), 그들을 위하여 다시 돌아올 것에 관하여 말씀하시고(14:3), 또 제자들 모두가 잘 알고 있듯이 장소와 그곳으로 가는 방법에 관하여 언급하십니다(14:4).

그때 도마가 이렇게 말했습니다. "주님! 잠깐만요." 사실 도마는 주님의 말을 가로막은 것이었습니다. "주님! 저는 주님의 모든 말씀을 주의 깊게 듣고 있습니다. 하지만 혼란스럽습니다. 무언가 서로 일치하지 않는 내용들이 있습니다. 이 모든 말씀들이 어떻게 서로 맞는지 잘 모르겠습니다. 좀더 자세히 설명해 주세요."

이제 여러분은 도대체 무엇이 그리 혼란스러운지 궁금할 것입니다. 14장에는 혼란스러울 부분이 전혀 없어 보입니다. 하지만 우리가 명심해야 할 점은 14장은 13장을 전제하고 있다는 사실입니다. 13장과 14장 두 장에서 언급된 사건들은 같은 날 밤, 같은 사건을 계기로 발생했습니다. 13:33을 보시기 바랍니다. "소자들아 내가 아직 잠시 너희와 함께 있겠노라 너희가 나를 찾을 터이나 그러나 일찍 내가 유대인들에게 너희는 나의 가는 곳에 올 수 없다고 말한 것과 같이 지금 너희에게도 이르노라."

당시의 모습을 그려볼 수 있겠습니까? 13:33에서 예수는 이렇게 말씀하십니다. "나는 어떤 곳으로 갈 터인데 너희는 그곳으로 올 수 없으리라." 그래서 13:36에서 시몬 베드로가 이렇게 질문합니다. "주님! 어디로 가시나이까?" 그러자 예수께서 대답하십니다. "나의 가는 곳에 네가 지금은 따라 올 수 없으나 후에는 따라 오리라." 여기에서 예수는 제자들이 자기를 따라올 수 없다고 말씀하시는데, 잠시 후 14장에서는 "내가 가는 곳에 그 길을 너희가 알리라"고 말씀합니다.

그래서 도마가 이렇게 가로막은 것입니다. "주님! 잠깐만요. 방금 전에는 주께서 가시는 곳에 우리는 따라갈 수 없다고 말씀하셨는데, 이제는 주께서 가시는 그 길을 우리가 알 것이고 주께서 다시 오셔서 우리를 그곳으로 데리고 가겠다고 말씀하십니다. 주님! 도무지 이해가 되지 않습니다."

[B. 지식에 대한 요구(14:5)]

요한은 도마의 말을 14:5에 이렇게 기록하고 있습니다. "주여! 어디로 가시는지 우리가 알지 못하거늘 그 길을 어찌 알겠삽나이까?"

우리는 도마의 이러한 말들을 보면서도 그가 주님의 말씀을 의심한다고 너무 쉽게 결론을 내려버리곤 합니다. 하지만 도마는 자기가 들은 것이 서로 모순된다고 생각하면서 고민하고 있습니다. 그래서 그는 이렇게 대답합니다. "주님! 우리가 주님을 따를 수 없다고 말씀하셨는데 이제는 우리가 주께서 가시는 곳을 알 것이고 또 주를 따라올 것이라고 말씀하십니다. 정말 잘 모르겠습니다. 주님은 서로 충돌하는 것 같은 두 가지를 우리에게 말씀하십니다. 정말 혼란스럽습니다. 제발 도와주세요." 도마는 참으로 당혹스러워했으며 모르면서 아는 체하지 않았습니다.

우리는 과연 도마에 대해서 어떻게 생각해야 할까요? 우리는 그를 신뢰해야 마땅합니다. 그는 당시 예수께 이렇게 말할 용기를 지녔던 유일한 제자였습니다. "주님! 주께서 무슨 말씀을 하시는지 잘 이해하지 못하겠습니다."

[예화] 이와 비슷한 일이 오늘날의 수업시간에도 일어납니다. 제가 학생이었을 때 교수님은 제가 잘 이해하지 못한 내용을 말씀하셨습니다. 그때 저는 이런 생각을 했습니다. '그가 말한 것을 이해하지 못하겠군. 누군가가 좀더 분명하게 설명해 달라고 그에게 요청하면 정말 좋으련만.' 그 당시 저는 자리에 가

만히 앉아 입은 다물고 있으면서 그저 누군가가 대신 질문해 주기만을 바라고 있었습니다. 요즈음에도 저는 교수로서 그 때와 똑같은 일이 벌어지는 것을 목격하곤 합니다. 무언가를 가르치는 동안에 어떤 학생이 질문을 하면 곧 이어 다른 학생들의 얼굴 표정도 밝아지는 것을 볼 수 있습니다. 자기들도 똑같은 질문을 가지고 있었지만 질문하기 싫었는데 그 학생이 대신 질문해 주었기 때문입니다.

[적용] 삶 속에서건 또는 주님과의 관계에서건 확신을 갖기 위해서는 우리의 질문에 스스로 정직해져야 합니다. 진정 고민하는 것을 정직하게 질문할 때, 비로소 분명한 해답을 얻을 수 있습니다. 심지어 주님께라도 질문하는 것을 주저하지 마시기 바랍니다.

요한복음 14장에서 우리는 열한 명의 제자들의 입이 굳게 다물어 있는 것을 보게 됩니다(유다는 가버렸음). 그 중에 과연 예수께서 말씀하신 것을 제대로 이해한 사람이 한 사람이라도 있었는지 의심스럽습니다. 하지만 도마는 입을 열어 자세한 설명을 요구하면서 좀더 분명하게 이해하려고 했던 유일한 제자였습니다.

[C. 지식의 획득(14:6)]

그 결과 14:6에서 예수는 도마에게 대답하십니다. 제자들에게 대답하신 것이 아니라 바로 도마에게 대답하십니다. 다른 제자들은 모두 자리에 앉아서 열심히 듣고만 있습니다. 하지만 그 중에 도마가 예수께 질문한 유일한 제자였고, 예수는 그의 호기심으로 가득 찬 마음에 관심을 가지고는 오늘날 너무나도 잘 알려진 말씀을 해답으로 주십니다. "내가 곧 길이요 진리요 생명이니 나로 말미암지 않고는 아버지께로 올 자가 없느니라." 이 말씀을 통해서 도마는 해답은 어떤 방법 속에 들어 있는 것이 아니라 바로 한 분 예수 안에 있다는 것을 배우게 됩니다.

나머지 제자들도 그 자리에 있었고 똑같이 이 말씀을 들었습니다. 사도 요한도 이 말씀을 들었음을 잘 알 수 있습니다. 왜냐하면 그가 바로 이 복음의 메시지를 기록한 저자이기 때문입니다. 하지만 예수께서는 이 말씀을 일차적으로는 도마에게만 하셨습니다. 의심쟁이에게 일까요? 아닙니다. 탐구적인 마음을 가진 자에게 일까요? 예, 그렇습니다. 진리를 구하는 사람에게 일까요? 예, 그렇습니다.

[적용] 성도 여러분! 여러분은 얼마나 자주 하나님의 말씀 앞에 나와서 호기심을 불러일으키는 말씀들을 접하게 되십니까? 여러분은 얼마나 자주 그 말씀을 이해하지 못하고 그저 지나쳐버리고 마십니까? 아니면 여러분은 얼마나 자주 주께로 가서 이렇게 기도로 간구하십니까? "주님! 주님의 말씀을 이해하기 원합니다. 그 말씀을 심령에 붙들기 원합니다. 좀더 주께로 더 가까이 다가가고 싶습니다. 주의 진리를 저에게 밝히 알려주십시오." 여러분은 얼마나 자주 이렇게 기도하십니까? 하나님의 말씀 앞으로 나와서 도마가 요청했던 것처럼 주의 말씀을 밝혀달라고 마지막으로 기도한 적이 언제입니까? 여러분과 저는 이렇게 주님의 말씀을 배우기 위해서 매일 충분한 시간을 투자해야 합니다.

주의 말씀에 대한 올바른 지식이야말로 여러분의 기독교적인 삶 속에서 확신을 얻기 위한 기초입니다. 우리 중 많은 분들이 삶 속에서 그토록 고생하는 이유는 하나님의 말씀에 대한 기본적인 지식이 없기 때문입니다. 주님께 더욱 가까이 다가가기를 원한다면 "오직 우리 주 곧 구주 예수 그리스도의 은혜와 저를 아는 지식에서 자라가야 합니다"(벧후 3:18).

[전환부] 우리가 그리스도께 충성할 때 우리는 신앙의 확신을 위한 토대를 쌓을 수 있습니다. 또 그리스도에 대한 지식을 갖게 될 때에도 확신을 위한 기초를 마련할 수 있습니다. 이제 우리는 삶 속에서 분명한 확신을 획득하기 위하여 그 다음 단계로 나아가야 합니다.

[Ⅲ. 확신의 획득-신앙(요 20:24-29)]

[전환부] 도마는 충성스러운 사람이었고 충분한 지식을 갖춘 사람이었습니다. 이 시점에서 우리는 요한복음 20장에 다다르게 됩니다. 이 본문 때문에 도

마는 부끄러운 사람이 되고 말았습니다. 바로 이 구절 때문에 도마에게는 의심쟁이라는 딱지가 붙게 되었습니다. 그 구절의 배경은 주께서 부활하신 다음의 사건을 담고 있는 19절과 20절에 나타납니다.

> 이날 곧 안식 후 첫날 저녁 때에 제자들이 유대인들을 두려워하여 모인 곳에 문들을 닫았더니 예수께서 오사 가운데 서서 가라사대 너희에게 평강이 있을지어다 이 말씀을 하시고 손과 옆구리를 보이시니 제자들이 주를 보고 기뻐하더라(요 20:19-20).

[A. 불신하는 이유(20:24-25)]

24절에서는 도마에 관하여 이렇게 언급하고 있습니다. "열두 제자 중에 하나인 디두모라 하는 도마는 예수 오셨을 때에 함께 있지 아니한지라." 열한 제자 중에(이 시점에서 가룟 유다는 이미 스스로 목숨을 끊었음을 기억하시기 바랍니다), 바로 도마만이 그 자리에 함께 있지 않았습니다. 그래서 그는 다른 제자들이 말하는 내용을 도저히 믿을 수 없었습니다.

그러면 왜 도마는 예수께서 나타나셨을 때 그 자리에 없었을까요? 이 질문에 대답하고자 여러 가지 추론들이 쏟아져 나왔습니다. 하지만 분명한 사실은 왜 그가 그 자리에 없었는지 정확한 이유는 알 수 없다는 것입니다. 성경은 그가 그 자리에 없었다고만 말하고 있습니다.

다른 제자들은 도마에게 부활한 주님에 대해서 말해 주었습니다(20:25). 다른 제자들은 이 사실을 도마에게 말해 주었고 계속 반복해서 들려주었다는 것입니다. "도마! 우리는 주님을 보았다네. 그의 손에 못자국도 보았고 그의 옆구리에 찔린 창자국도 보았다네. 우리 모두가 그를 보았어." 제자들의 진술에 대해서 도마는 이렇게 대꾸합니다. "내가 그 손의 못자국을 보며 내 손가락을 그 못자국에 넣으며 내 손을 그 옆구리에 넣어 보지 않고는 믿지 아니하겠노라"(20:25).

우리는 이러한 도마의 모습을 보면서 그가 당연히 제자들의 간증을 믿어야만 했다고 생각합니다. 사실 모든 제자들이 똑같이 말해 주었습니다. 그래서 우리는 자연히 '의심 많은 도마' 라고 비판합니다.

하지만 이러한 평가는 올바르지 않습니다. 왜 그럴까요? 누가복음 24:11, 25을 보면, 부활하신 주님을 처음 목격한 여자들이 제자들을 찾아와서 '그가 부활하셨다' 고 말합니다. 그러나 당시 제자들 중에 아무도 믿지 않았음을 보게 됩니다. 부활하신 주님을 목격한 간증만으로는 제자들 중에 누구도 부활을 곧이곧대로 믿지 않았습니다. 그래서 도마나 다른 제자들이나 별 차이가 없습니다. 만일 도마를 가리켜서 '의심 많은 도마' 라고 부른다면 '의심 많은 베드로', '의심 많은 마태', '의심 많은 안드레' 라고 말하는 것이 공평할 것입니다. 사실 제자들 모두가 의심쟁이였습니다. 그들은 방금 예수님의 십자가 처형이라는 충격적인 사실을 목격했기 때문에 부활을 도저히 받아들일 수 없었습니다.

십자가 처형이 무엇을 뜻하는지 생각해 보시기 바랍니다. 예수의 공생애 동안에 제자들은 모두 주님과 동행하였습니다. 그들은 주께서 가르치시며 기적을 베풀고 먹고 마시는 모습을 지켜보았습니다. 즉 주님께서 살아가시는 모습을 보았고 이제 그가 죽는 것도 지켜보았습니다. 그가 사람들에게 배척당하는 것도 보았습니다. 그래서 제자들은 주께서 십자가에 달려 돌아가셨다고 생각했습니다. 그가 죽은 것입니다. 그 충격을 생각해 보십시오. 부활이요 생명이라고 주장했던 분이 죽은 것입니다. 인간적으로 보자면 모든 것이 끝장난 것입니다.

[적용] 만일 제가 그 자리에 있었더라도 저 역시 예수의 부활을 믿지 못했을 것입니다. 그리고 여러분도 마찬가지일 것입니다. 여러분과 저도 도마와 별로 다르지 않습니다. 우리의 반응도 베드로나 마태, 야고보, 빌립, 바돌로매와 같은 모든 제자들의 맨 처음의 반응과 별반 다르지 않을 것입니다. 그들 모두가 한결같이 의심쟁이였으며 우리도 마찬가지입니다.

하지만 그럼에도 불구하고 그 중에 참으로 놀라운 점이 무엇인지 아십니까? 모든 사람들이 의심했습니다. 그것은 자연스러운 반응입니다. 그런데 참으로 놀라운 것은 우리 주께서 기꺼이 한 사람 한 사람 개인적으로 찾아오셔서 의심을 이기도록 도와주신다는 사실입니다. 열 명의 제자들이 모여 있을 때 주님은 그렇게 찾아오셨습니다. 그리고 특별히 도마를 위해서 다시 찾아오셨습니다. 그리고 주께서 여러분과 저의 불신에 대해서 얼마나 인내하고 계시는지를 생각해 보십시오. 예를 들어서 여러분이 어떤 것을 위해서 주께 기도했으면서도 정작 주께서 그 기도에 응답하실 때면 여러분 스스로도 깜짝 놀라곤 하는 것을 생각해 보시기 바랍니다. 우리는 주께서 우리 기도에 응답하신다는 것도 의심하기 일쑤입니다.

[B. 믿음의 이유(20:26-29)]

요한복음 20:26은 이렇게 말씀합니다. "여드레를 지나서 제자들이 다시 집 안에 있을 때에 도마도 함께 있고 문들이 닫혔는데 예수께서 오사 가운데 서서 가라사대 너희에게 평강이 있을지어다."

이번 예수님의 방문은 그 이전 첫 번째 방문을 그대로 반복하는 것입니다. 똑같은 사건이 8일 후에 다시 발생한 것입니다. 하지만 이번 방문은 예수께서 도마에게 믿음의 근거를 허락하시기 위한 것이었습니다.

27절에서 우리는 믿으라는 예수님의 명령을 듣게 됩니다. 도마는 전혀 예상하지 못했습니다. 하지만 예수께서는 도마더러 기꺼이 자기를 만져보라고 허락하십니다. 주께서는 도마의 수준으로 내려오셔서 그에게 개별적으로 말씀하십니다. "네 손가락을 이리 내밀어 내 손을 보고 네 손을 내밀어 내 옆구리에 넣어보라 그리하여 믿음 없는 자가 되지 말고 믿는 자가 되라." 문자적으로 본문은 이렇게 말하고 있습니다. "믿음 없는 자가 되기를 멈추고 믿어라!"

이 중요한 시점에서 도마는 세 번째 단계, 즉 믿음의 단계로 도약합니다. 그는 이제 부활하신 주님에 대한 온전한 믿음을 행사합니다. 전후 본문은 도마가 손가락을 내밀어 예수의 손바닥에 난 못자국을 만져보았음을 전혀 암시하지도 않고, 또 도마가 손을 뻗어서 예수의 옆구리에 넣어보았다는 기록도 전혀 찾아볼 수 없습니다. 그 대신 28절에서 도마는 그리스도께 이렇게 고백하는 것을 볼 수 있습니다. "도마가 대답하여 가로되 나의 주시며 나의 하나님이시니이다!"

이제 여러분에게 질문 하나 드리겠습니다. 예수의 제자들 중에 예수께 이렇게 고백한 제자가 또 누가 있을까요? 제가 대신 말씀드리겠습니다. 오직 도마뿐입니다. 베드로도 그렇게 고백해 본 적이 없습니다(cf 마 16:16). 요한도 그렇게 말해 본 적이 없습니다. 빌립이나 바돌로메도 마찬가지입니다. 오직 도마만이 주님을 바라보면서 "나의 주시며 나의 하나님이시니이다"라고 고백했습니다. 이 신앙고백은 예수께서 이 땅에 계실 동안에 제자들이 예수께 고백했던 예수의 신성에 대한 가장 분명한 선언문입니다. 예수의 신성에 대한 가장 분명하고 가장 예리하며 가장 직접적인 진술이 바로 이 고백이며, 그렇게 고백한 제자가 바로 도마입니다.

이 일을 계기로 도마는 신앙의 단계로 도약하게 되었고 부활하신 그리스도에 대한 분명한 확신을 쟁취하게 되었습니다. 예수는 주시며 하나님이십니다. 아니 그보다는 예수는 나의 주시며 나의 하나님이십니다. 바로 그 지점에서 도마는 자신의 생애 중에서 주님에 대한 가장 분명한 확신을 쟁취하게 되었습니다. 그는 충성스러운 사람이었고 지식도 가지고 있었는데, 이제 주님에 대한 분명한 확신을 갖게 되었습니다. 그는 진정 예수 그리스도가 누구인지를 알게 되었습니다. 그 사실이 자신의 삶에 무슨 의미를 주는지를 온전히 깨닫게 되었습니다. 그리고 이것이 바로 주님에 대해서 확신할 수밖에 없는 이유였습니다.

[결론]

그리스도께서는 분명한 증거를 제시하셨고 도마는 부활하신 주님을 믿게 되었습니다. 주께서 보여주신 증거는 물리적인 모습이었습니다. 하지만 부활하신 주님을 직접 물리적으로 보지 못한 사람들은 어떻게 해야 할까요? 여러분과 같은 사람들은 어떻게 해야 할까요? 또 저는 어떻습니까? 우리는 과연 부활하신 주님을 믿을 수 있을까요? 예! 그렇습니다. 우리도 부활하신 주님을 믿을 수 있습니다.

　요한복음 20:29의 말씀을 들어보시기 바랍니다. "예수께서 가라사대 너는 나를 본 고로 믿느냐 보지 못하고 믿는 자들은 복되도다 하시니라." 우리는 부활하신 그리스도를 직접적으로는 전혀 만나보지 못했습니다. 하지만 우리는 그 사실을 믿을 수 있습니다.

　우리에게는 성령의 영감으로 기록된 하나님의 말씀의 증거가 있습니다. 또 도마처럼 의심 많은 사람들의 분명한 증언도 있습니다. 이 외에도 부활하신 주님을 위한 삶과 행동을 담은 수많은 증언들이 있습니다. 그래서 우리도 부활하신 주님 예수 그리스도를 확실히 믿음으로써 분명한 확신을 쟁취할 수 있습니다.

　삶 속에서 영적인 확신을 쟁취하고자 한다면 먼저 우리는 도마처럼 해야 합니다. 먼저 확신의 토대로서 그리스도께 충성을 다해야 합니다. 또 분명한 확신의 기초로서 그리스도에 대한 지식을 가져야 합니다. 그리고 그 확신을 쟁취하기 위하여 부활하신 그리스도에 대한 믿음을 가져야 합니다.

　그리스도께서는 과연 여러분의 삶의 중심에 자리하고 계십니까? 여러분은 주님과의 관계에 대해서 분명 확신하고 있습니까? 그분은 주님이시며 하나님이라고 확신합니까? 그가 여러분의 주님이시여 여러분의 하나님이시라는 것에 대해서 분명 확신하고 있습니까? 이를 위해서 여러분은 주께 충성하고 있습니까? 또 그에 대해서 잘 알고 있습니까? 그저 그에 관해서가 아니라 정말 그를 알고 있습니까? 마지막으로 도마처럼 주님을 믿음으로써 영적인 확신을 분명 쟁취하셨습니까?

인물설교, 이렇게 하라

부록 2.
철저한 사도

열심당 시몬
(일인칭 설교 원고)

　아래의 설교문은 일인칭 설교를 위한 원고이기 때문에 실제 전달을 위해서는 성경적인 의상을 착용하기로 결정하고 아래의 독백 설교의 서론 부분을 누군가 대신 소개하도록 부탁해 둘 수도 있다. 그렇지 않으면 오늘날의 평상복을 입고 설교하기로 하였다면 청중에게는 여러분이 직접 성경의 인물 역을 연출할 것이라고 미리 광고하면 된다.
　괄호 안의 설명은 설교의 어느 부분이 전달되는지를 나타낸다. 따라서 실제로 설교를 전할 때에 이 부분은 제외되어야 한다. 시몬으로 분장한 설교자가 실제로 독백 설교를 전하러 강단으로 올라가기 전에 미리 지정된 사람은 '열심당 시몬의 독백 설교 서론'을 청중에게 소개해 주도록 한다.

[열심당 시몬에 관한 독백 설교의 서론]
　오늘 여러분은 자신을 그리스도께서 십자가에 처형당한 지 대략 25년이 지난 A. D 55년경 팔레스타인의 어느 마을에 살고 있는 그리스도인이라고 가정해 보시기 바랍니다. 여러분은 그리스도를 구주로 믿는 놀라운 구원의 은혜를 누리고 있지만 정치적으로는 로마가 여러분을 다스리면서 로마 제국을 위해

서 아주 무거운 세금을 납부해야 하기 때문에 여전히 근심하고 있습니다.

여러분은 열심당에 대해서 들어보았을 것입니다. 이스라엘 백성들 중에 열심당이라고 불리는 아주 열성적인 집단이 이따금 사람들의 주목을 끌곤 하였습니다. 그들은 스스로를 '자유의 투사'로 불렀지만, 많은 사람들은 '테러리스트'로 간주하기도 하였습니다. 열심당은 로마의 세금과 결부된 사람들에 대해서는 특별히 증오하였습니다.

여러분도 아시는 것처럼 예수의 제자들 중의 한 사람도 열심당원이었습니다. 어떻게 그럴 수가 있을까요? 어떻게 그런 사람이 예수의 제자가 될 수 있었을까요?

오늘 여러분은 이 사도가 여러분이 사시는 마을에 찾아오셨기 때문에 이렇게 함께 모였습니다. 그는 자신의 생애에 관한 이야기를 여러분에게 들려주기 위해서 이렇게 오셨습니다. 이제 그 사도께서 앞으로 나오시겠습니다.

[시몬이 강단으로 올라간다.]

[열심당 시몬에 관한 독백 설교의 전달]

[서론]

가장 지독한 꿈을 꾼다 한들 과연 누가, 전에 세리였던 마태와 제가 서로 친구가 될 수 있을 것이라고 상상이나 할 수 있을까요? 여러분도 잘 아시는 바와 같이 예전에 저는 세리들을 지독히도 미워했습니다. 제 생각으로는 세리들은 유대주의 운동을 거스르는 매국노들입니다. 만일 할 수만 있었다면 마태의 심장에 단칼을 찔러놓았을 것입니다.

하지만 오늘 그는 내가 가장 아끼는 친구들 중의 하나입니다. 나는 정기적으로 그를 위해서 기도합니다. 어떻게 이런 일이 일어났을까요? 어떻게 제 삶이 이렇게 철저하게 뒤바뀌었을까요? 철저하다… 그 표현이 적절할 것 같군요. 예전에 저는 한 가지 목적에 아주 철저하였습니다. 이제 사람들은 제가 또 다른 목적에 아주 철저하다고 말합니다. 오늘 여러분께 그것에 대해서 말씀드리려고 합니다. 그런데 먼저 제 이름부터 소개하겠습니다. 저는 열심당 시몬입니다.

[I. 그리스도 안에서 남에 대한 증오심은 사라진다]

[A. 열심당의 기원]

어디에서부터 시작할까요? 아마 제가 전에 왜 마태 같은 사람을 죽이려고 했었는지부터 말씀드려야 하겠습니다. 여러분도 아시다시피 저는 유대의 열심당원이었습니다. 열심당원은 갈릴리 사람 유다로부터 시작됩니다. 아마도 여러분은 그를 기억하실 것입니다. 혹시 그렇지 않다면 제가 그 기억을 되살려드리겠습니다.

우리 주 그리스도께서 태어나셨을 때 헤롯 대제가 팔레스타인을 통치하고 있었습니다. 그러다가 우리 주님이 태어난 직후에 헤롯은 죽고 말았죠. 헤롯이 죽자 그가 다스렸던 유대와 사마리아 지역은 그의 아들 아켈라오에게 이양되었죠. 물론 로마 제국의 재가를 받아야 했지만 말입니다. 그런데 아켈라오가 로마의 재가를 받기 전에 갈릴리 사람 유다가 폭동을 일으켰습니다. 그 때 유다는 일단의 무리를 이끌고 (나사렛 북서쪽으로 4마일 정도 떨어진) 세포리스에 있는 궁전을 점령하였습니다. 그곳의 무기고를 부수고 들어간 그는 자기를 추종하는 사람들에게 무기를 나누어주었습니다. 그 다음에 좀더 강력한 혁명을 꾀하려고 하였습니다. 그러자 로마는 이곳에 군대를 파견하였고 반란은 진압되었습니다. 그러나 유다는 그곳에서 탈출하였죠.

그 후로 몇 년 간은 조용하게 흘러갔는데, 시간이 지나면서 로마가 판단하기에 아켈라오가 형편없는 통치자라는 것이 점점 분명해졌습니다. 그래서 로마는 그를 대신해서 총독 구레뇨(Quirinius)를 파견하였습니다. 구레뇨 총독은 모든 유대인들에게 정확하게 세금을 부과할 목적으로 전국에 걸친 인구조사를 해야겠다고 결심하였습니다. 그러자 다시금 유대인들의 폭동이 일어나기 시작하였고 갈릴리 사람 유다도 폭동을 주도하였습니다. 하지만 이번에 로마는 엄청난 군단을 파견하였고 반란을 무자비하게 진압하였습니다. 그때 갈릴리 사람 유다도 죽고 말았죠. 하지만 그러한 대량 학살과 집단적인 증오로부터 열심당이 생겨났습니다. 이들은 열성적인 유대파 애국자들이었지만 어떤 사람들은 그저 테러리스트라고 부르기도 합니다. 당시 저는 이들이 믿는 것을 그대로 따라 믿었기 때문에 주저 없이 여기에 가입했습니다.

[B. 열심당의 입장]
아! 여러분은 우리가 무엇을 믿었는지 알고 싶어 하시는군요? 그것은 아주 간단합니다. 우리는 다음 두 가지 근본적인 진리를 믿었습니다. 첫째 우리는 그 어떤 인간에 대해서 절대로 우리의 주님이라고 부르지 않는다는 것이고, 둘째는 오직 하나님만이 우리의 주님이시라는 것입니다. 이 두 가지 믿음을 철저한 확신 속에서 따르기 위해서 우리는 하나님과 그의 계명에 전적인 충성을 맹세했습니다.

그리고 이 땅에서 하나님의 의로운 진노와 심판을 대행하는 지상의 대리자가 되기 위하여 우리를 하나님께 헌신하였습니다. 그래서 우리 생각에 하나님을 진노하게 만드는 우상숭배와 배교, 그리고 율법에 대한 거역행위들에 대하여 하나님의 심판을 집행하였습니다. 그리고 하나님의 율법을 어겼다고 판단되는 사람들에게는 무자비하게 처벌하였습니다. 그러는 가운데 우리를 추종하는 사람들은 실제로 수천 명이 넘었습니다.

우리는 또한 메시아의 왕국도 믿었습니다. 그리고 그 왕국을 무력으로 이 땅에 세울 수 있다고도 믿었습니다. 또 외국의 영향력에 대해서는 극도로 증오하였고, 그래서 당연히 로마 뿐만 아니라 로마와 관계된 모든 것들을 배척하였습니다.

로마는 팔레스타인 전역에 군대를 주둔하고 있어서, 우리는 임무를 수행함에 있어서 매우 조심해야만 했습니다. 이전의 갈릴리 사람 유다의 사례를 통해서 우리는 야전(野戰)이나 전면전에서는 로마군을 물리칠 수 없다는 것을 알게 되었습니다. 그래서 '암살단'(the Assassins)이라 부르는 조직을 만들었습니다. 이 암살단은 외투 속에 단검을 품고 가서 우리를 대항하는 사람이면 누구든지 제거하였습니다. 몇 년 전에도 우리 암살단원 하나가 우리 주 그리스도의 생애 동안에 대제사장으로 있었던 안나스의 아들이자 가야바의 처남인 전임 대제사장 요나단을 살해하기도 하였습니다.

그간의 일을 생각하면 마태가 떠오릅니다. 마태는 로마에게 빌붙은 유대인 세리였습니다. 우리 열심당원들은 그런 부류의 사람들을 정말 증오했습니다. 그럼에도 불구하고 그가 살아남을 수 있었던 유일한 이유가 있다면, 그것은 우리 암살단원 중에서 그의 심장에 칼을 찌를 수 있기에 충분할 정도로 그에게 가까이 다가갈 기회가 없었기 때문입니다.

우리 열심당은 이스라엘 민족에 대해서 극도의 자긍심을 지니고 있었습니다. 로마를 위해서 일하는 세리라면 누구든지 적으로 간주해서 처단해야 한다고 믿었습니다. 또 종교적이거나 정치적인 입장이 어떠하든 관계없이 우리의 입장에 동조하지 않는 사람에 대해서는 그 어떤 관용도 베풀지 않았습니다. 그리고 팔레스타인의 정치적인 개혁을 위해서도 투쟁하기를 원했습니다. 당시의 정세에 대해서 만족할 수도 없었고 가만히 내버려둘 수도 없었습니다. 하지만 우리는 그렇게 어리석지는 않았습니다. 압도적인 승산이 눈에 보이더라도 로마군과는 쉽게 전면전을 벌이지 않았습니다. 갈릴리 사람 유다의 죽음이 우리에게 그 점을 똑똑하게 가르쳐주었기 때문입니다.

우리가 붙잡힌 적이 있냐고요? 그렇습니다. 때로는 우리 단원 중 일부가 붙잡히기도 하였습니다. 하지만 그런 것은 걱정하지 않았습니다. 당시 우리는 그 어떤 죽음도 불사하지 않았으니까요. 우리 동료들이 붙잡히고 우리 보는 앞에서 고문을 당할 때 우리는 어땠을까요? 그래도 우리는 끔쩍도 하지 않았습니다. 우리는 더 큰 목적에 전적으로 헌신했기 때문입니다. 이 땅에 그 누구도 우리를 바꿀 수 없었습니다.

[C. 이 열심당원의 만남]

이것이 바로 예전에 내가 생각했던 것입니다. 하지만 오늘 마태는 내가 가장 소중하게 여기는 친구들 중의 하나입니다. 나는 그를 내 친형제 이상으로 사랑합니다. 마태가 바뀌었기 때문일까요? 예 그렇습니다. 하지만 그가 열심당원으로 바뀐 것은 아니랍니다. 그러면 내가 바뀌었기 때문일까요? 예 그렇습니다. 하지만 나 역시 세리나 로마에 충성하는 사람으로 변한 것도 아닙니다.

갈릴리에서 제 삶이 갑자기 뒤집어지기 시작한 날이 지금도 선명하게 떠오릅니다. 어느 날 저는 이 마을 저 마을 돌아다니면서 하나님의 나라를 선포하는 한 랍비에 대한 소문을 듣게 되었습니다. 수많은 군중들이 그의 뒤를 따라다녔죠. 어떤 사람들은 혹시 그가 약속된 메시아가 아닐까 궁금해하기도 하였습니다.

아시겠지만 저는 하나님의 나라가 도래할 것을 믿었던 사람입니다. 만일 그가 약속된 메시아라면, 그는 하나님 나라를 이 땅에 세우는 데 분명 제 도움이 필요할 것입니다. 로마도 물러가야 할 것입니다. 이를 위해서 군사들도 미리 훈련시켜야 하고 전투 계획도 짜야합니다. "로마에게 복수를!" 이것이 당시의 제 모토였습니다.

어느 날 제 마음을 사로잡은 아주 특별한 사건이 벌어졌습니다. 예수라 이름하는 이 남자가 유월절을 지키려고 예루살렘으로 왔습니다. 그 해는 그분이 처음으로 공식적으로 설교하고 가르치기 시작한 때였습니다. 성전으로 들어가서 그 속에서 돈을 바꾸고 여러 동물들을 파는 상인들을 보게 되자, 그분은 "이것들을 여기서 가져가라! 내 아버지의 집으로 장사하는 집을 만들지 말라!"고 고함을 쳤습니다. 당시 그분을 따르던 몇몇 사람들은 다음과 같은 시편 구절을 분노하는 그에게 적용시켰습니다. "주의 전을 사모하는 열심이 나를 삼키리라!" 열심! 그렇다면 이 예수는 과연 나처럼 열심당원이 될 수 있을까?

저는 그분의 말씀을 더 듣고 싶었습니다. 들어보니 그분이 아주 분명하게 말씀한다는 것을 알게 되었습니다. 또 그의 가르침은 권세 있는 자와 같았습니다. 이처럼 말씀하는 사람을 그 전에는 전혀 들어본 적이 없었습니다. 그분의 말씀이 내 심령을 어루만지면서 내 삶에 부딪치기 시작하였습니다.

하지만 그분은 전쟁에 대해서는 아무런 말씀도 하지 않았습니다. 그 대신 심령의 평안을 말씀하셨습니다. 또 복수에 대해서도 전혀 말씀하지 않았습니다. 하지만 종종 용서를 말씀하셨습니다. 그는 전혀 증오심으로 말씀하지 않았습니다. 그보다는 사랑의 마음으로 말씀하셨습니다. 또 로마에 대해서 악담을 퍼붓지도 않았습니다. 그 대신 자기를 따르는 자들에게 자기 마음을 열어 보여주셨습니다.

저도 자세히 설명할 수는 없지만 저 역시 이 랍비에게 점점 끌리기 시작했습니다. 그래서 이 마을 저 마을을 돌아다니면서 그가 하는 모든 말씀을 자세히 들으면서 그를 따라다니기 시작하였습니다. 얼마 지나지 않아서 저는 그의 제자들로 알려진 그룹에 제 자신이 포함되어 있는 것을 보게 되었습니다.

어느 날 갈릴리 지방에서 그를 따라가고 있는데 그는 갑자기 세리 마태의 곁에 멈추어 서셨습니다. 그런데 정말 믿어지지 않지만 예수는 마태더러 자기를 따라오라고 말씀하였고, 마태는 그 자리에서 벌떡 일어나서 그분을 따라나섰습니다. 마태는 재빨리 세리라는 직업을 내버리고 예수를 따르기 시작한 것입니다. 저는 너무 놀라서 아무런 말도 할 수 없었습니다. 그저 무리들로부터 뒤쳐져 따라가면서 이 이상한 사건을 이리저리 생각해 보았습니다.

그날 밤 마태는 자기 집에서 예수를 위하여 만찬을 베풀었습니다. 그는 여러 명의 세리 친구들을 만찬에 초대하였고 또 바리새인들이 '죄인들'로 여기는 사람들까지도 함께 초대했습니다. 만찬에서 바리새인들은 예수가 죄인들과 함께 어울린다고 비난했습니다. 그러자 예수는 병든 사람에게 의사가 필요하다고 대답하면서, 자신은 자비를 베풀러 왔으며 그 사랑은 모든 사람들에게 베풀어져야 한다고 말씀했습니다.

그렇습니다. 그의 사랑은 심지어 나에게까지도 부어졌습니다. 그렇게 많은 사람들을 변화시키는 이 랍비로부터 저는 할 수 있는 한 모든 것을 다 배우기로 결심하였습니다. 그렇게 그분은 저의 삶을 변화시켰습니다.

[II. 그리스도 안에서 정치권력은 중요하지 않다]

[A. 내 입장에 대한 도전]

그렇게 예수를 계속 따라다니면서 몇 개월이 흘렀습니다. 예수를 따라다니던 처음에는 마태와 거리를 두었지만, 나중에는 서로 이야기도 나누기 시작했고, 특히 예수와 그의 가르침에 대해서 많은 이야기를 나누게 되었습니다. 어느 날 밤에 예수는 우리를 남겨두고 혼자 기도하러 갔습니다. 그분은 밤새도록 기도하였습니다. 그 다음 날 아침 그는 무리에게로 돌아와서 특별히 자기를 따르게 할 열두 사도를 선발하겠다고 말씀하셨습니다. 그리고는 자신의 공식적인 대변인 역할을 할 열두 명의 제자들의 이름을 불렀습니다. 그분께서는 베드로를 맨 처음 불렀는데 그것은 전혀 놀랄 일이 아니었습니다. 모두가 베드로를 잘 알고 있었습니다. 그동안 베드로는 우리 그룹에서 비공식적인 지도자 역할을 해오고 있었기 때문입니다. 그 다음 예수는 계속해서 다른 이름들도 불렀습니다. 세베대의 아들로서 어부들이었던 야고보와 요한과 베드로의 형제 안드레, 빌립, 바돌로메 그리고 마태를 불렀습니다. 그 순간 저는 '아니 마태라니오? 세리는 안 됩니다' 라고 생각했습니다. 계속해서 알페오의 아들 도마와 야고보 디두모, 그리고 그 다음에 그분이 뭐라고 했을까요? 이것이 정말 그분이 나를 부른 이름이었을까요? 예! 그렇습니다. 그분은 나를 열심당 시몬이라고 불렀습니다. 그가 나를 택한 것입니다. 그의 특별한 사도 중의 한 사람으로 말입니다. 저는 깜짝 놀랐고 정말 충격을 받았습니다. 하지만 정말 영예로운 것이었죠.

그렇게 부름을 받고 저는 결정해야만 했습니다. 앞으로 매일 밤낮이고 마태랑 같이 계속 저 분을 기꺼이 따라다닐 것인가? 열심당원과 세리가 과연 합쳐질 수 있을까? 내 입장에 대한 이러한 도전에 대해서 어떻게 반응해야 할까? 열심당은 로마의 세금에 대항하기 위하여 조직되었습니다. 그래서 제 배경과 마태의 배경은 완전히 대조적이었습니다. 전에는 같이 생각하는 구석이라고는 하나도 없었습니다. 하지만 이제 우리 둘은 이전과 달리 생각하기 시작하였습니다. 사고와 가치관이 서서히 변하기 시작한 것입니다. 이제는 나의 정치적인 견해와 마태의 정치적인 견해는 더 이상 그리 중요하지 않았습니다. 예수로부터 부어진 사랑 때문에, 그리고 예수를 향한 사랑이 매일매일 자라가는 가운데 마태를 향한 나의 증오심도 녹아 없어졌습니다. 예수를 사랑하면 할수록 마태 역시 사랑하게 되는 것을 스스로 발견하게 되었습니다.

[B. 교훈을 통한 변화]

그렇습니다. 저는 예수의 사도들 중의 한 사람이 된 것입니다. 그래서 그가 하나님 나라를 이 땅에 세우는 것을 돕기로 하였습니다. 하지만 저는 아직도 배워야 할 것들이 여전히 많이 있었습니다. 주님의 말씀과 가르침이 계속해서 제 사고방식을 도전했습니다. 우리 사도들은 하나님 나라에 대해서 계속 토론하거나 그 나라에서는 누가 가장 큰 자인가 하는 문제들을 가지고 계속 격론을 벌였습니다. 열심당원으로서 저는 항상 그 나라를 이 땅에 세우기 위하여 늘 투쟁할 준비가 되어 있었습니다. 하지만 예수께서는 제 바람을 들어주지 않고 계속해서 사랑에 대해서만 말씀하셨습니다. 그리고 언제부터인가는 자신의 생명을 내어주는 죽음에 관하여 말씀하기 시작하였습니다.

죽는다고요? 우리 열심당원들은 대의를 위해서 기꺼이 죽을 준비가 되어 있었습니다. 하지만 예수께서 죽어버리면 어떻게 그 나라를 세울 수 있을까요? 저는 잘 이해할 수 없었습니다만, 계속해서 그를 따라다녔고 드디어 그의 공생애 중의 마지막 주간이 되었습니다. 나귀를 타신 예수께서 우리와 함께 예루살렘에 들어가자 놀라운 승리의 행진이 벌어졌습니다. 그런데 그 다음 날 예수께서는 다시 성전으로 들어가셔서 그 안에 있는 모든 것들을 정결케 하셨습니다. 테이블을 뒤엎고 상인들을 밖으로 다 내쫓으신 것입니다. 아마도 이때가 바로 그분의 나라를 세우실 때였나 봅니다.

한 주 내내 그분은 담대하게 가르치셨습니다. 지금도 잘 기억납니다. 그와 동시에 바리새인들과 사두개인들과 서기관들과 같은 종교 지도자들의 반대도 점증했던 것이 생각납니다. 심지어 헤롯당도 여기에 가세하였습니다. 그들은 모두가 연합하여 예수를 배척하였습니다. 그리고 그 적의는 겟세마네 동산의 운명적인 밤이 되어 최고조에 달하였습니다. 저에게는 그 일이 아직도 어제 일처럼 생생합니다. 그가 그 동산에서 체포된 것입니다. 그때 우리 중에 일부는 이들과 싸우려고 했습니다. 심지어 베드로도 예수를 보호하려고 자기 칼을 빼들었습니다. 그리고 대제사장의 종인 말고의 귀를 베기까지 하였습니다. 베드로는 정말 훌륭한 어부였지만 형편없는 군인이었나 봅니다. 베드로는 사실 말고의 머리를 겨누었지만 그만 빗맞고 말았던 것이죠. 그런데 참으로 놀랍게도 예수께서는 베드로에게 검을 치우라고 말씀하셨습니다. 그리고는 말고의 귀를 고쳐주신 다음에 자기를 체포하도록 내버려두셨습니다. 정말 놀라운 일이었습니다. 그때 저는 싸워야겠다고 생각했습니다. 제가 누구입니까? 바로 열심당이 아닙니까? 하지만 우리는 수적으로 열세에 있었습니다. 게다가 예수께서도 자기를 체포하러 온 폭도들에게 기꺼이 자신을 내어주셨습니다. 하지만 부끄러운 것은 당시 우리 모든 사도들은 그분을 내버리고 그만 뿔뿔이 도망쳤다고 말씀드릴 수밖에 없다는 것입니다.

그때 예수께 무슨 일이 일어났는지를 나중에 알게 되었습니다. 예수께서는 본디오 빌라도에게로 끌려가셨고 그의 나라에 대해서 심문을 받으셨습니다. 그러자 예수께서는 "내 나라는 이 세상에 속한 것이 아니다"라고 대답하셨습니다. "만일 내 나라가 이 세상에 속한 것이었더면 그 나라를 위해서 내 종들이 싸웠을 것이다." (사실 그것이 제가 원했던 것입니다.) "하지만 내 나라는 여기에 속한 것이 아니니라."

얼마 후 빌라도는 예수를 십자가에 못박으라고 명령하였습니다. 그래서 모든 것이 끝나고 말았습니다. 이제 더 이상 하나님의 나라도 이뤄질 수 없게 되었습니다. 예수가 메시아였더라도, 그에게는 로마를 이길 힘이 없었던 것입니다. 우리는 모든 것을 잃어버렸습니다. 당시로서는 그런 것들이 나를 실망스럽게 했습니다.

그런데 십자가 처형 이후 삼일 째 되던 날 일부 여자들이-그 중 막달라 마리아는 매우 솔직한 사람입니다만-우리를 찾아와서는 예수께서 죽음에서 부활하셨다고 말해 주었습니다. 그것이 정말 가능한 이야기일까요? 베드로와 요한은 더 자세히 알아보려고 그 무덤으로 달려갔습니다. 하지만 나머지 제자들은 확신이 없었습니다. 그런데 무덤에서 돌아온 요한은 우리 주 예수께서 분명히 다시 살아나셨다고 말해 주었습니다. 베드로는 그렇게 강하게 확신하는 것 같지는 않았습니다. 어떤 여자들은 예수께서 직접 자기들에게 나타났다고도 했지만, 우리는 여전히 그들의 말을 믿을 수 없었습니다. 그 다음 날 베드로는 부활한 주님과 직접 이야기를 나누었다고도 했습니다. 그날 저녁에 글로바와 그 친구는 우리가 두려워하면서 서로 모여 있는 방으로 급하게 달려왔습니다. 그러면서 엠마오로 가는 도중에 예수께서 자기들에게 나타났다고 말해 주었습니다. 도대체 무슨 일이 벌어지고 있었던 것일까요?

바로 그날 저녁에 우리가 여전히 종교 지도자들 때문에 두려워서 창과 문을 모두 닫고 방 안에 있을 때 갑자기 예수께서 우리 가운데 나타나셨습니다. 그가 정말 살아나셨던 것입니다. 그리고는 우리 모두를 위한 특별한 일이 있다고 말씀하셨습니다. 그분은 이후에도 몇 차례 더 나타나셔서 우리에게 좀더 자세한 말씀들을 들려주셨습니다.

예전에 저는 지금이 바로 싸워야 할 시간이라고 생각했습니다. 왜냐하면 그것이 바로 이 땅에 하나님 나라를 세우는 방법이기 때문입니다. 하지만 그것은 예수님의 계획이 아니었습니다. 그분은 우리더러 하나님의 나라는 하늘에 계신 아버지의 손에 맡겨야 한다고 말씀하셨습니다. 그러면 우리는 무엇을 해야 할까요? 그분이 우리에게 맡기신 위임명령은 세상으로 가서 할 수 있는 한 모든 사람들에게 그분의 사랑에 대해서, 그의 용서와 십자가 죽음에 대해서, 그리고 그분의 영광스러운 재림에 대해서 말해 주라는 것입니다. 그것이 우리의 임무였고 지금도 마찬가지입니다.

[결론]

예! 저는 열심당 시몬입니다. 하지만 지금 제가 열심을 내는 것은 예수님을 위해서 사는 것이고, 여러분이 그리스도의 사랑을 깨닫고 그 사랑을 온 세상에 증거하는 것입니다. 예수께서는 제 마음과 삶을 뒤바꾸어 놓으셨습니다. 그분은 그분을 구세주로 믿는 사람이라면 누구나 심령을 변화시킬 수 있다고 확신합니다.

시간이 다 되어서 이제 그만 가봐야 할 것 같습니다. 하지만 혹시 여러분이 마태를 만나게 되면 아직도 나는 그를 사랑하며 또 그를 위해서 기도하고 있다고 말해 주시기 바랍니다.

[시몬은 강단에서 떠나간다.]

시몬이 강단을 떠나간 다음에, 청중 중에 미리 지정된 사람이 나와서 아래의 '열심당 시몬에 관한 독백 설교의 결론'을 청중에게 소개해 준다.

[열심당 시몬에 관한 독백 설교의 결론]

만일 열심당 시몬과 같은 생각과 태도와 배경을 가진 사람도 그리스도께로 나올 수 있다면 누구라도 주께로 나올 수 있을 것입니다.

열심당 시몬과 같은 사람도 증오로 가득 찬 마음을 사랑의 마음으로 뒤바꿀 수 있다면 우리도 마찬가지입니다.

열심당 시몬과 같은 사람도 그 무엇보다 그리스도의 십자가가 가장 중요하다는 것을 깨달았다면 우리도 그 진리를 깨달을 수 있습니다.

과연 여러분은 이러한 변화를 경험하셨습니까? 그리스도를 우리의 영원한 주님으로 신뢰하시고서 오직 그 안에서만이 죄의 용서가 가능하며 오직 그 안에서만이 참된 기쁨과 평안을 발견하셨습니까? 개인적인 증오심이 그리스도의 사랑으로 눈 녹듯이 사라지는 것을 경험해 보셨습니까? 여러분의 삶 속에서 바로 이러한 경험을 해 본 적이 있습니까? 만일 이 사랑을 경험해 보지 않았다면 열심당 시몬처럼 오늘 예수께로 나오시기 바랍니다.

부록 3.
사도 바울에 대한 인터뷰 설교
(행 21:27-28:16)

사회자: 저는 오늘 최초의 선교사인 사도 바울과 함께 예루살렘에서 로마까지의 선교 여행에 관하여 이야기를 나눠보고자 합니다. 이 여행 중에는 특히 엄청난 폭풍이 바울이 탔던 배를 덮쳤기 때문에 우리 모두가 이 여행에 대해서 잘 알고 있습니다. 바울 선생님! 선생님은 맨 처음에 왜 그렇게 로마로 가는 배를 타셨는지 저희에게 말씀해 주시기 바랍니다.

사도 바울: 저는 가이사에게서 정당하게 재판을 받고자 했기 때문에 로마 군인들이 저를 로마로 안내했습니다. 제가 성전을 모독했다는 이유로 예루살렘에서 유대인들이 나를 고소해서는 죽이려고 하자 이중 시민권을 가지고 있던 저는 그렇게 요청했던 것입니다. 당시 유대인들이 저 때문에 도시 전체가 소란스러울 정도로 큰 소요가 났을 때, 예루살렘에 주둔해 있던 로마의 천부장이 중재에 나섰습니다. 로마 군인들이 저를 성난 폭도들로부터 지켜내려고 할 즈음에 저는 그들에게 변론할 기회를 달라고 요구했습니다. 천부장은 허락했죠. 그래서 저는 모인 무리에게 제가 구원받았던 사건에 관하여 증언을 했습니다. 그리고 증언의 마지막 부분에서 하나님께서 나를 이방인들에게 보내셨다고 말하자, 유대인들은 다시 이렇게 외치기 시작했습니다. "저를 죽여라! 그를 살려둬서는 안 된다."

그러자 다시 군인들이 저를 데리고 영문 안으로 들어갔습니다. 천부장은 다시 죄를 자백할 때까지 저를 채찍질하고 심문하라고 부하들에게 명령하더군요. 그래서 저는 재판하지도 않고 로마인을 채찍질하는 것이 정당한 것인지 물었죠. 그러자 그들은 즉시로 심문을 멈추었습니다. 군인들이 무리를 해산시키고 나서 천부장은 저를 풀어주었습니다. 그리고는 나를 판결하기 위하여 유대인 공회로 넘겼습니다.

여기에서의 심리 절차는 당연히 조롱거리에 불과했죠. 당시 대제사장 아나니아가 제 얼굴을 치라고 누군가에게 명령하자 그만 모든 일들이 어그러져 버렸습니다. 나는 그를 가리켜서 회칠한 무덤이라고 하면서, 나를 심문하기 위해서 그렇게 율법까지 어기느냐고 따졌습니다. 당시 공회의 절반이 사두개인들이고 나머지 절반은 바리새인들인 것을 기억하고서는 나 역시 바리새인으로서 부활 때문에 심문을 받는다고 말하자, 공회가 나뉘어 큰 소동이 일어났습니다. 이들은 상대방을 향하여 큰 소리를 지르면서 제 몸이 거의 찢어질 정도로 저를 서로 잡아당기기 시작했습니다. 그러자 보다 못한 천부장이 부하들에게 명령해서 저를 다시 영문 안으로 데려가라고 해서 제가 겨우 살아났습니다.

다음 날 아침에는 40명도 더 되는 유대인들이 서로 모여서 저를 죽이기로 맹세했습니다. 이들은 심지어 제사장들과 장로들까지도 만나서 저를 죽이기로 함께 공모하였습니다. 다행히 제 생질이 그 소식을 전해 듣고 와서는 저에게 알려주었습니다. 저는 들었던 것을 그대로 전하라는 지침과 함께 생질을 즉시로 천부장에게 보냈습니다.

정황을 파악한 천부장은 저를 그날 밤 9시에 가이사랴로 보낼 조치를 취했습니다. 그는 저를 호위하도록 보병과 창군 이백 명과 마병 칠십 명을 함께 딸려 보냈습니다. 이와 함께 그는 사건의 정황을 자세히 적어서 총독 벨릭스에게 보내는 편지도 준비했습니다. 이렇게 천부장은 저를 다른 사람에게로 이관하면서 그간 골치 아픈 사건에서 드디어 해방될 수 있었습니다.

한편 유대인들은 제가 벨릭스 총독에게로 이관된 것을 발견하고서는 닷새 후에 가이사랴에서 저를 고소하려고 더둘로라고 하는 최고로 탁월한 변사를 이곳에 파견했습니다. 역시 이곳에서도 그 변사는 저에 관하여 부당하게 말하였지만 총독은 저에게 스스로를 변호할 수 있는 기회를 주었습니다. 이 때도 저는 회심과 그 당시 받은 사명에 관한 이야기를 들려주었습니다. 여러분도 아시겠지만 그때 벨릭스 총독은 제 간증을 들으면서 거의 성도가 될 뻔하였습니다. 그래서 그는 좀더 편한 시간에 저의 이야기를 들어보겠노라고 하면서 다시 감옥에 가뒀습니다. 이번에는 감옥 안에서 약간 편안하게 지냈지만 2년이나 지나면서 베스도가 벨릭스의 후임으로 직책을 맡게 되었습니다. 그렇지만 저는 여전히 감옥에 갇혀 있어야만 했습니다.

가이사랴에 도착한 지 사흘 후 베스도는 예루살렘으로 올라갔습니다. 그것이 바로 나를 고소한 유대인들이 오랫동안 기다려왔던 것이었습니다. 이들은 베스도의 호의를 산 다음에 나에 관하여 다시 베스도에게 탄원했습니다. 그러면서 이들은 나를 예루살렘으로 다시 데리고 와서 그곳에서 재판해야 한다고 주장했습니다. 하지만 이것은 중간에 기다리고 있다가 나를 죽이려는 또 다른 은밀한 계획에 불과했습니다. 하지만 베스도는 가이사랴로 돌아가서 거기서 재판하는 것이 더 좋겠다고 답했습니다. 대략 10일 후에 그는 가이사랴로 돌아왔고 그래서 재판이 다시 열렸습니다.

이번에도 유대인들은 기꺼이 달려와서는 다시 저에 관하여 잘못 고소하였습니다. 그런데 베스도는 그들의 마음을 얻고자 해서 혹시 예루살렘으로 함께 가서 그곳에서 심문을 받고 싶으냐고 저에게 묻더군요. 저는 안 된다고 대답했습니다. 그 대신에 저는 로마 황제에게 호소할 권리를 주장했습니다. 로마 시민은 중대한 사안의 경우에 그렇게 할 수 있었거든요. 그러자 베스도는 선택의 여지가 없었고, 이제 저를 가이사에게로 보내겠다고 선언했습니다.

며칠 후에 아그립바 왕이 버니게와 함께 베스도에게 방문할 목적으로 가이사랴에 도착했습니다. 이들이 방문하는 동안에 베스도는 저에 관한 사건을 아그립바에게 이야기했습니다. 베스도는 저에 관한 소송사건이 벨릭스가 재직하던 때부터 미제로 지금까지 남아 있다는 것과 아울러 제가 로마 시민권을 가지고 있다는 것을 아그립바 왕에게 보고하였습니다. 사정을 들은 아그립바 왕은 저의 이야기를 자세히 들어보기로 했습니다.

다음 날 그들은 저를 아그립바 왕 앞으로 데리고 갔습니다. 그 자리에는 베스도와 버니게 뿐만 아니라 천부장들과, 성 안에 저명한 사람들도 함께 있었고, 화려한 행렬과 예식을 베풀어 놓고 있었습니다. 베스도가 이 모임을 주관했습니다. 그는 제가 가이사에게 호소했다는 사실과, 그렇지만 나를 처벌할 이유를 찾지 못했다는 것을 군중들에게 말했습니다. 그는 정확한 죄목도 모르면서 무작정 저를 황제에게로 보낼 수 없었습니다. 사실 그는 저에 관한 문제를 아그립바에게로 넘기고서는 이 문제에서 손을 떼고 싶어 했습니다. 아그립바는 저의 이야기를 들어보겠다고 했습니다.

이번에도 저는 기꺼운 마음으로 열심을 다해 저의 이야기를 들려주었습니다. 회심 체험과 아울러 이방인을 위한 선교사로 부름 받은 이야기를 기꺼이 들려주었습니다. 그런데 저의 소명이 하늘로부터 왔다는 것과 저는 여기에 순종할 수밖에 없다는 사실을 강조할 즈음에 그가 다가와서는 소리를 지르면서 저를 제지했습니다. "네가 미쳤구나"라고 소리를 지르더군요. "너의 많은 학문이 너를 미치게 하였도다." 물론 저는 미치지 않았고 그래서 아니라고 그에게 말했죠. 저는 그가 예전의 벨릭스처럼 신앙의 확신에 다가서려고 하는 것을 알고서는, 그가 마음에 믿고자 하는 것을 잘 안다고 이야기 해주었습니다. 그랬더니 그는 깜짝 놀라 반문하더군요. "이런 증언 때문에 내가 그리스도인이 될 것이라 기대하느냐?" 그래서 저는 그렇다고 대답했죠. "저의 증언이 약하건 강하건 관계없이 제가 이렇게 결박당한 것 외에는 여러분 모두가 저와 같이 되기를 원합니다."

저는 할 말을 했습니다. 아그립바는 다른 측근자들과 함께 그 자리를 떠났습니다. 서로 이야기를 나눈 다음에 아그립바는 저에게 사형당할 만한 죄가 하나도 없다고 선언했습니다. 그러면서 만일 제가 가이사에게 호소하지만 않았더라면 저를 풀어주었을 것이라고 하더군요. 하지만 저는 가이사에게 호소하였고 꼭 가이사에게로 가야만 했습니다. 이것이 바로 제가 로마로 여행을 떠난 이유입니다.

사회자: 선교사님은 고소인들과 권력자들 앞에 서서 간증할 때 참으로 엄청

난 용기를 발휘하셨군요. 잠깐 생각해 보면 만일에 가이사에게 호소하지 않았더라면 그냥 풀려날 수도 있었던 것 같은데요. 이제 그 여행에 대해서 말씀해 주시기 바랍니다.

사도 바울: 제가 아는 것이라고는 오직 예수와의 만남이 제 인생을 바꾸어 놓았다는 점입니다. 저는 유대인들이 고소하는 죄악을 전혀 범하지 않았습니다. 저는 그것을 증명해 보이고 싶었고요.

드디어 로마 당국자들은 저를 로마로 호송할 준비를 했습니다. 저를 포함하여 여러 죄수들이 로마 황제 근위대장으로 율리오는 백부장에게 맡겨졌습니다. 들은 바로는 배가 로마로 가는 중에 몇 차례 중간 항구에 들를 거라고 하더군요. 그래서 아마도 이 여행은 매우 길고 힘들 거라고 짐작하고 있었죠.

그런데 율리오는 여행 중에 제가 상륙도 하고 친구들을 만날 수 있도록 허락해 주었습니다. 예를 들어 이튿날 배가 시돈에 도착했을 때에도 저는 배에서 내려 친구들의 환대를 받을 수 있었습니다.

시돈을 떠난 다음에는 우리는 역풍을 만났고 선원들은 항로를 유지하느라 매우 힘들었습니다. 그래서 할 수 없이 우리는 구브로 북부 해안을 따라서 항해한 다음에 길리기아와 밤빌리아 바다를 건너서 루기아의 무라에 닿았습니다. 여기에서 우리를 책임진 백부장은 알렉산드리아로부터 이탈리아로 갈 예정인 배로 우리를 옮겨 실었습니다.

며칠 간 험한 날씨를 무릅쓴 항해 끝에 우리는 살모네 근처에 닿았습니다. 하지만 이곳의 바람도 너무나도 강해서 우리는 할 수 없이 그레데 해안을 따라가다가 마침내 라새아 성에서 가까운 미항이라는 곳에 닿았습니다. 항해를 계속하기에는 날씨가 너무나도 위험해서 저는 앞으로의 여행에 관하여 백부장에게 이야기했습니다. 앞으로 항해 중에 화물을 잃어버리고 배도 난파되고 심지어는 생명의 위험도 있을 것이라는 이야기를 해주었습니다.

그런데 사실 저는 노련한 여행가임에도 불구하고 백부장은 제 말을 무시하고는 선장과 선주의 말을 더 믿더군요. 겨울은 점점 다가오지만 그 미항이란 곳은 겨울을 나기에는 안전한 항구가 아니었습니다. 그래서 대부분의 선원들은 해변을 따라서 뵈닉스라는 곳으로 항해하여 그곳에서 겨울을 보내자고 하더군요. 그런데 바로 그 즈음에 거친 바람도 잠잠해지면서 남풍이 순하게 불기 시작했습니다. 항해하기에는 더할 나위 없이 좋은 날씨여서 그들은 닻을 감고는 계획했던 대로 그레데 해변을 따라서 항해했습니다.

하지만 얼마 못 가서 제가 그토록 염려했던 일이 실제로 일어나고 말았습니다. 무시무시한 광풍이 불어 닥치면서 우리 배를 큰 바다 속으로 휘몰아가기 시작했습니다. 그것은 말 그대로 물 위에 불어 닥친 토네이도였습니다. 처음에 선원들은 바람과 싸우면서 배를 육지 쪽으로 몰아보려고 무던 애를 썼지만 아무런 소용이 없었습니다. 그래서 배를 조종하는 것을 포기하고는 그냥 광풍의 자비에 맡기고는 떠밀려가도록 내버려 둬버렸습니다. 배가 가우다라는 작은 섬을 지나가자 선원들은 같이 끌고 가던 거룻배를 끌어 올려서 배에 단단히 묶었습니다. 우리 앞에 놓인 가능성이라고는 모두가 나쁜 것뿐이었습니다. 어떤 사람은 그냥 북아프리카 해변으로 밀려가기라도 했으면 좋겠다고 하더군요.

다음 날 폭풍우는 더욱 심해져서 우리는 짐들을 배 밖으로 내던지기 시작했습니다. 그날 우리는 집어 올릴 수 있는 것은 모두 밖으로 내버렸습니다. 얼마나 오래인지는 잘 모르겠지만 아무튼 폭풍우은 계속해서 몰아쳤습니다. 정말이지 그 어떤 희망조차도 찾아볼 수 없었습니다.

사회자: 그래서 선교사님은 희망을 버리셨습니까?

사도 바울: 당시에는 정말 희망이 없어보였습니다. 당시 저는 배에 대한 희망 포기했던 것 같습니다. 저는 모여 있는 선원들을 바라보았습니다. "내가 이렇게 될 것이라고 말했잖아요"라는 식의 말은 정말로 하고 싶지 않았습니다. 하지만 이런 말을 했습니다. "여러분은 제가 미항에서 했던 말을 들었어야 했습니다. 그랬더라면 이 모든 일은 일어나지 않았을 것입니다." 그 다음 이런 말로 그들을 깜짝 놀라게 했습니다. "힘을 내십시오. 비록 이 배는 파선을 당하겠지만 그러나 우리 중에 그 누구라도 생명에는 아무 손상이 없을 것입니다. 하나님께서 우리 모두의 생명을 구원하실 것입니다. 용기를 가지십시오. 저는

살아 계신 하나님을 믿는 사람입니다. 앞으로 우리가 한 섬에서 난파당하겠지만 우리 모두는 구조될 것입니다." 이 말을 들은 그들은 분명히 제가 미쳤다고 생각했을 것입니다.

대략 2주 간 정도 우리는 완전히 광풍에 맡겨져서 이리 저리 표류하였습니다. 희망이 보이지 않는 가운데 그 배에 탄 275명의 생명에 대한 두려움도 매일매일 깊어져 갔습니다. 마침내 열 나흘째 되는 날 밤에 상황을 파악할 수 있는 능력을 지닌 노련한 선원들이 지금 우리가 어느 육지 가까이를 지나고 있다고 짐작했습니다. 그래서 이들은 계속해서 물 깊이를 재어보는데, 매번 재어볼 때마다 물이 점점 얕아져 갔습니다. 처음 잴 때 깊이는 대략 120피트정도였습니다. 그런데 두 번째는 겨우 90피트에 불과했습니다. 할렐루야! 우리가 육지로 접근하고 있다는 증거입니다. 그 다음 우리는 배가 암초에 걸리지 않도록 닻 네 개를 내리고는 날이 새기를 기다렸습니다. 결국 우리 모두가 구원받지 않았습니까?

그런데 일부 선원들이 공모하여 배를 버리고 도망하고자 닻을 내리는 척하면서 실은 거룻배를 내렸습니다. 이 소식을 엿듣게 된 저는 그들에게 경고하기를 모두가 이 배 안에 머물러 있지 않으면 그들은 모두 죽고 말 것이라고 했습니다. 그러자 그들은 계획을 포기하고는 거룻줄을 잘라버렸습니다.

점점 날이 새어가자 저는 모든 사람들에게 무언가를 좀 먹고 기운을 차리라고 권면했습니다. 그리고 우리 중에 머리터럭 하나라도 잃을 자가 하나도 없을 것이라고 말해 주었습니다. 우리 모두는 넉넉히 식사를 마친 다음에 남아 있는 밀을 배 밖으로 내버렸습니다.

아침이 밝자 선원들은 닻을 올리고 해안을 향하여 배를 몰았습니다. 이들은 배를 육지 쪽으로 난 작은 만에 정박시키려고 했습니다. 하지만 바람을 따라서 해안으로 들어가다가 그만 배의 이물이 모래에 걸리고 말았습니다. 무사히 도착하려는 직전에 그만 배가 좌초되고 만 것입니다. 거센 바람과 큰 파도가 계속해서 배의 뒤쪽 고물을 난타하면서 그만 배가 부서지기 시작했습니다. 그러자 배 위에 있던 군사들이 소리를 질렀습니다. "죄수들을 모두 죽여라!" 하지만 율리오는 저를 생각해서 군사들을 제지시킨 다음에 죄수들을 포함하여 모든 사람들이 똑같이 무사히 육지에 상륙할 수 있도록 배려해 주었습니다.

헤엄을 칠 수 없는 사람들은 부서진 배의 널판 조각을 붙잡고는 목숨을 의지했습니다. 다행히 조류가 우리를 해변 쪽으로 데려다 주었죠. 모두가 살아난 것입니다. 여러분, 이것을 믿을 수 있겠습니까? 그토록 무서운 광풍 속에서도, 또 선원들이 가장 싫어하는 악몽 속에서도 하나님께서 우리를 구원해 주신 것입니다. 2주 간의 끔찍한 폭풍우가 끝나고 드디어 우리 모두는 마른 땅에 도착했습니다.

사회자: 바울 선교사님! 어떻게 해서 바다 속으로 가라앉는 배 위에서도 침착하게 서서는 "힘을 내십시오. 우리 중에 한 사람도 죽지 않을 것입니다"라고 말할 수 있는지를 좀 설명해 주시겠습니까?

사도 바울: 그 해답은 매우 간단합니다. 바로 하나님의 약속 때문이었습니다. 여러분도 아시는 바와 같이 제가 예루살렘에서 심문을 받던 이튿날 날 밤에 주께서 제 곁에 서서는 염려하지 말라고 말씀하셨습니다. "담대하라! 네가 예루살렘에서 나의 일을 증거한 것같이 로마에 가서도 증거하여야 하리라." 저는 하나님을 믿었습니다. 하나님의 섭리 가운데 분명 로마로 갈 것이라는 것을 저는 믿었던 것입니다. 그리고 풍랑이 일던 밤에도 하나님의 사자가 나타나서는 두려워하지 말 것과 제가 가이사 앞에 서야 하리라는 것, 그리고 한 사람의 목숨도 잃지 않으리라고 알려주었습니다. 저는 그분의 말씀을 믿었습니다. 우리 하나님은 바다 위의 폭풍우보다 더 위대하신 분입니다. 자연을 다스리시는 그 하나님께서 저도 다스리고 계십니다. 폭풍우가 몰아치는 내내 저는 안전하게 로마에 도착하리라는 것을 줄곧 믿었습니다.

사도행전에 기록된 이 위대한 이야기는 하나님의 교리, 특히 하나님의 주권과 섭리에 관한 믿음이 어떻게 사도 바울의 인생에 영향을 주었는지를 보여주고 있습니다. 이 믿음 때문에 사도 바울은 가장 끔찍한 폭풍우 속에 처해 있을 때에라도 결코 포기하지 않으셨습니다. 사도 바울은 분명히 안전하게 로마에 당도하리라는 약속을 끝까지 붙잡았던 것입니다.

여러분은 과연 하나님을 믿으십니까? 말씀을 통해서, 또는 성령께서 말씀하시는 내면의 음성을 통해서 여러분의 인생에 특별한 사건이 일어날 것이라고 약속하셨다면 주께서는 반드시 그 약속을 지키실 것이라는 확신을 가지시기 바랍니다. 하나님의 약속이 있기에 우리는 폭풍 속에서도 담대할 수 있습니다. 이것이 바로 참 믿음입니다.

주) 위의 설교는 밀라드 에릭슨 & 제임스 헤플린, 『건강한 교회를 위한 교리설교』(서울: CLC, 2005), 369-378에 소개되고 있으며, 딱딱한 교리를 인물설교 방법 중의 하나인 인터뷰 설교 형태를 통해서 전달하고 있다.

인물설교, 이렇게 하라

부록 4.
빈 그물을 채우시는 주님
(눅 5:1-11)

　최근 인터넷에는 "13억 중국인을 울린 모정"이란 제목의 사진 한 장이 소개되면서 이를 보는 여러 사람들의 심금을 울리고 있습니다. 이 사진 속에 나오는 젊은 엄마는 교통사고를 당해서 사경을 헤매고 있는데 그 와중에서도 배고파 우는 아이에게 젖을 물리고 있습니다. 저는 이 사진을 보면서 이 세상을 움직이는 원동력이 무엇인가 다시 한번 더 생각해 보게 되었습니다. 여러분은 이 세상을 움직이는 원동력을 딱 한 마디로 무엇이라 생각하십니까? 이 세상을 움직이는 원동력을 딱 한 마디로 말하라면 그것은 바로 사랑일 것입니다.
　아직은 가정을 꾸리지 않은 젊은 청년들의 경우에 우리가 이 세상에서 그나마 사람 구실을 하면서 살아갈 수 있는 원동력이 무엇일까요? 그것은 바로 부모님께서 우리에게 베푸시는 사랑이 있기 때문일 것입니다. 또 반대로 자녀가 있으신 어르신들의 경우에도 소위 살기 힘들다는 이 세상에서 그나마 최선을 다하고 노력하면서 살아갈 수 있는 이유도 사랑하는 자녀들이 있기 때문입니다. 내가 자녀의 입장에 있든, 또 반대로 부모의 입장에 있든 어느 경우든 우리가 이 세상에서 하나의 사회 구성원으로서 삶을 꾸려갈 수 있는 원동력은 바로 부모님을 비롯하여 주위에서 나에게 베풀어 주는 사랑이 있기 때문이고, 또 내가 마땅히 베풀고 싶고 또 의무로라도 베풀어야 하는 사랑 때문일 것입니다.
　이 세상을 움직이는 이 사랑이라는 원동력은 단지 우리 눈에 보이는 사람들끼리의 문제만은 아닙니다. 우리가 눈에 보이지 않는 하나님을 믿고 섬기는 이유가 무엇 때문이겠습니까? 한 마디로 말하자면 그것은 바로 사랑 때문입니다. 우리가 주일날 하나님 앞에 나올 때 우리 마음 한 구석에서 그 보이지 않는 하나님을 향하여 간절히 간구하는 것이 무엇입니까? 하나님의 사랑이 절실히 필요한 이유가 있습니다. 그 사랑에 대한 확신이 없이는 우리는 이 세상에서 하나님의 자녀로서 그 정체성을 지키면서 살 수 없기 때문입니다. 우리가 예수의 증인이라는 자기 정체성을 지키면서 살 수 있는 원동력은 바로 하나님의 사랑에서 나옵니다. 우리가 하나님의 사랑을 확인하고 체험하기만 하면 굳이 예수의 증인 되라고 윽박지를 필요가 없습니다. 그 사랑에 감격하다 보면 저절로 예수의 증인이 될 수밖에 없기 때문입니다. 또 하루에도 수없이 계속되는 세상의 유혹과 공격을 막아내기 위해서는 하나님의 사랑에 대한 확신이 필요합니다. 열과 성의를 다해서 주님을 섬기기 위해서도 우리는 먼저 주님의 사랑을 맛보아야 합니다. 그래서 우리는 늘 마음 한 구석에 그러한 소원을 품고 있습니다. 주님! 주님의 사랑을 좀 분명하게 보여주십시오. 주님! 주님께서 나를 사랑하신다는 것을 제가 좀 실감나게 체험할 수 있도록 해주십시오.

오늘 읽은 본문은 베드로의 인생의 전환점이 되는 본문입니다. 이 사건 전에 베드로는 정말 보잘것없는 사람이었습니다. 더 정확하게 말씀드리자면 빈 그물을 씻으면서 하나님의 사랑을 확신하지 못한 그러한 무기력한 사람이었습니다. 그러나 오늘 본문의 사건을 거치면서 이제 하나님의 사랑에 눈이 멀어서 모든 것을 버려두고 주님을 따르는 제자로 변화합니다. 작은 어촌에서 고기를 잡는 어부에서 이제 모든 생업을 내던지고 주님을 따르는 제자로, 사람을 낚는 어부로 완전히 바뀌게 됩니다. 그러면 도대체 베드로는 어떻게 해서 하나님의 사랑을 체험하고 그 사랑에 눈이 먼 사람이 되었을까 하는 것이 아주 궁금해집니다. 어떻게 베드로는 그렇게 하나님의 사랑을 체험했고, 모든 것을 다 버리고 주님을 따르는 사람으로 변화되었는지 그 이유와 과정을 함께 살펴보고자 합니다.

1. 본문 배경 설명

이런 관심을 가지고 오늘 우리가 읽은 본문을 다시 한번 보시겠습니다. 1절과 2절의 말씀을 함께 읽겠습니다. "무리가 옹위하여 하나님의 말씀을 들을새 예수는 게네사렛 호숫가에 서서 호숫가에 두 배가 있는 것을 보시니 어부들은 배에서 나와서 그물을 씻는지라 무리가 옹위하여 하나님의 말씀을 들을새." 여기에서 "옹위한다"는 단어가 나오는데 오늘날 잘 쓰지 않는 말입니다. 쉽게 말해서, 무리가 함께 모여들었다는 뜻입니다. 그러나 이는 단순히 예수님 주위에 사람들이 모였다는 것이 아니라, "많은 무리들이 예수님을 마치 짓누를 기세로 예수님 주위에 모여들었다는 것입니다. 예수님의 말씀을 듣기 위해서 정말로 필사적이라는 뜻입니다. 내 앞에 누가 있는지 옆에서 누가 나를 미는지 당기는지도 모르는 채로 수많은 사람들이 예수님께 다가와서 하나님의 말씀을 듣고 있습니다.

그러면 왜 당시에는 그렇게 많은 사람들이 기를 쓰고 예수님 주변에 몰려왔을까요? 그리고 왜 그렇게 기를 쓰고서 예수님의 말씀에 귀를 기울였을까요? 그것을 이해하려면 예수님 당시 이스라엘 백성들이 목자 없는 양처럼 유리하고 방황하던 그 형편을 잘 이해해야 합니다. 그리고 그렇게 비참하게 유리하며 방황하던 그들에게 예수님께서 베푸신 말씀과 사역들이 얼마나 큰 은혜가 되었는지를 이해해야 합니다. 먼저 예수님 당시 이스라엘 백성들은 참으로 비참한 지경에 살고 있었습니다.

먼저 이들은 정치적으로도 비참했습니다. 당시 이스라엘 사람들은 로마의 식민지 백성들입니다. 그래서 당시 팔레스타인에는 이스라엘 사람들을 통제하기 위한 로마 군사들이 주둔하고 있었습니다. 그런데 이스라엘 백성들에 대한 로마 군사들의 횡포가 대단하였습니다. 우리나라도 주한미군의 횡포에 대해서 여러 이야기를 많이 합니다만, 옛날이고 지금이고 힘없고 약한 나라에 주둔하는 강대국의 군사들은 주둔지 나라 백성들을 정말 티끌만치도 소중하게 생각하지 않는 것 같습니다. 예수님 당시에도 이스라엘 땅에는 이스라엘 백성들을 보호해 주는 군대는 없고 로마 군대가 그들을 괴롭히고 있었습니다. 로마 군사들은 걸핏하면 지나가는 사람을 붙잡고 갑자기 노역을 시키고 짐을 져 나르도록 합니다. 그래서 마태복음 5:41에서 예수님은 누가 너한테 억지로 5리를 가게 하면 그것뿐 아니라 10리라도 가라고 권면하십니다. 예수님 당시 이스라엘 백성들한테 억지로 5리를 가도록 강요하는 사람들이 바로 로마 군사들이었습니다. 로마 군사들만 유대 평민들을 괴롭히는 것이 아니라 소위 힘과 권력을 가진 기득권층들이 한결같이 자기 이득 챙기기에 열을 올렸습니다. 그래서 당시 유대인들은 말로는 하나님의 백성이라고 하지만 그것은 말뿐이었습니다. 실상을 보면 이들은 하나님의 은혜와 사랑을 받는 그 백성이 아니라 하나님의 저주받은 것 같은 그러한 비참한 삶을 살고 있었습니다.

또한 당시 이스라엘 사람들은 경제적으로도 너무너무 비참했습니다. 늘 무거운 세금에 짓눌려 있습니다. 예수님 당시 이스라엘을 통치하던 헤롯 왕은 로마의 꼭두각시나 다름없고 그 성격이 굉장히 포악하고 방탕하고 사치스런 인물입니다. 그래서 자신의 궁전을 호사스럽게 짓고 대규모 토목공사를 벌이면서 백성들에게 무거운 세금을 강요하였습니다. 게다가 그나마 무거운 세금도 중간에서 세금을 걷는 세리 공무원들이 자기 주머니를 따로 챙기려고 웃돈을 요구하면서 세금이 더욱 불어났습니다. 중간의 세리들의 횡포가 얼마나 심했던지 당시 이스라엘 사람들은 생각했습니다. 세리는 절대로 하나님의 나라에 들어갈 수 없다 하며 그들을 하나님 나라에 들어갈 수 없는 저주받은 자로 낙인을 찍어 놓았습니다. 이렇게 당시 이스라엘 백성들은 경제적으로도 도무지 즐거운 일이 없습니다. 실제 삶을 돌이켜 보면 하나님의 축복을 받은 백성이 아니라 마치 저주를 받고 버림받은 고아와 같습니다.

이렇게 정치적으로나 경제적으로나 먹고 살기가 참으로 힘들었지만, 이스라엘 사람들을 가장 힘들게 만들었던 것은 바로 당시 종교제도가 심각하게 부패했었기 때문입니다. 예루살렘의 제사제도와 종교제도가 완전히 부패해 있었기 때문에 이스라엘 백성들은 삶의 고뇌를 던져버리고 하나님의 은혜를 맛보아 누릴 방법이 전혀 없었습니다. 당시 하나님의 백성을 위로하고 하나님의 사랑을 전해 줘야 할 대제사장들과 종교지도자들이 헤롯 대왕과의 정치적인 결탁으로 완전히 부패해 있었고, 성전 제도 역시 완전히 부패해 있었습니다. 그래서 하나님의 백성들에게 하나님의 사랑과 위로를 전달해 주지 못했습니다.

당시 이스라엘 사람들은 예루살렘 성전에서 하나님께 예배드렸습니다. 하나님의 위로와 은혜를 받으려고 정성스럽게 제물을 준비해서 예루살렘 성전으로 올라갑니다. 그러면 예루살렘 성전에서 기다리고 있는 것은 하나님의 위로가 아니라 하나님께서 이 땅을 버리셨다는 느낌뿐입니다. 제사를 준비하는 제사장들이 성전 문 앞에 서서는 백성들이 가지고 온 제물에 대해서 트집을 잡습니다. "이 제물은 흠이 있으니 하나님께 바쳐질 수 없다. 그러니 우리가 준비한 것을 사라"고 하면서 물건을 강매했습니다. 이러한 왜곡된 종교행사 속에서는 그 어디에서도 하나님의 살아 계심을 확인할 수가 없었습니다. 그래서 예배가 끝나면 내가 참으로 하나님의 백성이라는 확신보다는 그저 답답하고 무거운 가슴을 안고서 집으로 돌아가야만 했던 것입니다.

이렇게 예수님 당시 이스라엘 사람들은 여러 면에서 도무지 하나님의 백성으로서 하나님의 위로와 사랑을 체험할 길이 없었습니다. 그래서 마태복음 9:36에서 예수님은 당시의 이스라엘 백성들을 보시고 민망히 여기셨다고 합니다. 이들이 목자 없는 양처럼 고생하며 유리하는 것을 정말로 불쌍히 여기시고 민망히 여기셨습니다. 예수님께서 이 땅에 오셔서 공생애 동안에 하셨던 중요한 일 중의 하나가 바로 이들에게 하나님의 나라가 다가오고 있음을 알리고 하나님의 위로와 사랑을 증거하는 일이었습니다. 그래서 당시 많은 이스라엘 백성들은 예수님의 말씀과 예수님의 사역을 통해서, 예수님의 오병이어의 기적을 통해서, 그리고 그분의 말씀을 통해서 이 땅을 고치시며 자기 백성들을 일으키시는 하나님의 은혜와 사랑을 맛보기 시작했습니다. 수백 년 동안 저주받고 버림받은 사람처럼 그렇게 살아오다가 비로소 이 사람들이 하나님의 참 사랑을 맛보기 시작했다는 것입니다.

그러한 예수님께서 오늘 본문의 앞부분을 보면 이제 갈릴리 동네에 찾아오셨습니다. 그래서 갈릴리 사람들에게 하나님의 사랑을 전파하고 계십니다. 4:35에서 귀신을 쫓아내십니다. 계속해서 38절에서 시몬의 장모의 병을 고치십니다. 4:40을 보시겠습니다. "해질 적에 각색 병으로 앓는 자 있는 사람들이 다 병인을 데리고 나아오매 예수께서 일일이 그 위에 손을 얹으사 고치시니." 즉 천국 잔치가 벌어진 것입니다. 하나님의 사랑이 지금 갈릴리 온 동네에 흠뻑 퍼부어지고 있습니다. 그리고 오늘 본문 5:1에서 게넷사렛 호수가에까지 이 천국의 잔치가 계속 밀려오고 있는 것입니다.

여러분, 그런데 참으로 이상한 것이 있습니다. 본문 1절과 2절을 자세히 읽다보면 참으로 묘한 느낌을 받습니다. 아니 지금 이렇게 엄청난 천국의 잔치가 벌어지고 있는데, 지금 시몬 베드로는 무엇을 하고 있는 것입니까? 그는 밤새도록 고기를 잡으러 나갔습니다. 그러나 그는 정말로 한 마리도 잡지 못하고 이제 절망스런 마음에 피곤한 몸을 추스리면서 빈 그물을 씻고 있습니다. 아니 시몬은 이 천국잔치를 전혀 모르는 것입니까? 그러나 사실 시몬이 이 천국잔치를 모를 리 없습니다. 앞에서 이미 예수님께서 자기 장모님의 병을 고쳐주셨습니다. 그리고 그 천국잔치가 지금도 계속되고 있다는 것을 절대로 모를 사람이 아닙니다. 그러나 시몬 베드로는 여기에 참석할 수가 없습니다. 집의 가족들이 있고 또 벌려놓은 사업이 있기 때문입니다. 그래서 배를 끌고서 고기를 잡으러 갈릴리 바다를 이 잡듯이 뒤졌습니다. 5절의 말씀에 보면 시몬이 이런 이야기를 합니다. "우리들이 밤이 마츳도록 수고를 하였으되."

왜 당시 갈릴리 바다에서는 고기를 밤에 잡아야 하는지 잘 아실 것입니다. 낮에 해가 뜨면 물 속이 훤합니다. 그래서 고기들이 얕은 곳으로 나오지 않고 깊은 곳으로 도망해 들어가 버립니다. 또 호수 가운데는 수심이 깊고 바람이 불기 때문에 낮에 고기를 잡는다는 것이 쉽지 않습니다. 그래서 당시 상식으로 제일 좋은 방법은 밤에 고기들이 얕은 곳에 나왔을 때에 그물을 내려 잡는 것입니다. 시몬은 나름대로의 상식과 비법을 총동원해서 그렇게 지난 밤 갈릴리 바다를 뒤진 것입니다. 그러나 결과는 허탕입니다. 정말 마음이 답답할 뿐입니다. 씁쓸할 뿐입니다. 베드로는 지금 그렇게 허탈한 마음을 달래면서 빈 그물을 씻고 있습니다. 한 쪽에서는 하늘의 놀라운 천국잔치가 벌어지고 있습니다. 그래서 하나님의 사랑을 마음껏 누리고 있습니다. 그러나 다른 한 쪽에는 삶의 무게에 짓눌린 한 어부가 밤새도록 수고를 해야만 했고, 그럼에도 불구하고 고기 한 마리 잡지 못했고, 마치 버림받은 고아와 같이 쓸쓸히 빈 그물을 씻고 있습니다.

그물을 씻던 시몬의 생각에 저 천국잔치는 나와는 아무런 관계가 없다고 생각했습니다. 그러나 이렇게 혼자서 그물을 씻고 있는 시몬의 이름은 "하나님께서 들으신다"는 의미를 담고 있습니다. 하나님이 무엇을 들으셨다는 것일까요? 주께서 바로 자기 백성의 간구를 들으신다는 뜻이겠지요. 주께서 우리에게 은혜 베푸시기를 구하는 기도에 응답하신다는 뜻입니다. 그러나 실상은 정반대입니다. 하나님께서 들으시는 것이 아니라 하나님께서 귀를 막고 계시고 오히려 저주를 퍼부으시는 것 같습니다. 하나님이 내 간구를 들으신다면 이렇게 피라미 한 마리 잡히지 않을 수 있단 말인가? 우리도 종종 그런 고민에 빠질 때가 있습니다. 내가 뭐 로또 복권에 당첨시켜 달라는 것도 아니고 최소한 내가 노력한 만큼이라도 열매는 거둬야하는 거 아닌가?

우리가 그러한 고민 속에서 하나님의 사랑을 의심하게 될 때, 첫 번째 기억할 사실이 있습니다. 그것은 바로 주님은 우리의 빈 그물을 너무나도 잘 알고 계시다는 것입니다. 2절을 다 함께 읽겠습니다. "호숫가에 두 배가 있는 것을 보시니 어부들은 배에서 나와서 그물을 씻는지라." 우리 한글 성경에서는 이 문장의 마지막에만 집중하면서 그물을 씻는 것에만 관심을 둡니다만, 원문에서는 "예수님께서는 호숫가에 서 계시고 또 호숫가에 서 있는 두 배를 보셨다"라고 하면서 예수님께서 그 배를 주의 깊게 보셨다는 점을 강조하고 있습니다. 지금 예수님의 눈에 들어오는 것이 어떤 장면입니까? 지금 수많은 무리들이 예수님으로부터 천국의 복음을 듣기 위해서 예수님 주변에 결사적으로 모여들고 있습니다. 그러나 예수님의 시선은 엄청나게 밀려드는 이 무리들이 아니라 하나님의 사랑에 실망하고서 빈 그물을 씻고 있는 가련한 어부 한 사람입니다. 시몬 베드로 자신은 그 사실을 알 턱이 없습니다. 그저 예수님은 나와 무관한 사람이라는 생각에 빈 그물만 쥐어뜯고 있습니다. 그러나 예수님은 베드로의 모든 형편을 다 지켜보고 계십니다.

그러므로 하나님의 사랑에 대해서 기대할 때마다 우리는 이 사실을 명심해야 합니다. 우리의 빈 그물은 단지 우리의 문제만은 아니라는 것입니다. 우리가 빈 그물을 쥐어짜고 있지만 사실 그 빈 그물은 주님 앞에 놓여 있는 빈 그물이고 주님께서 보시는 빈 그물입니다. 그래서 하나님 앞에서 우리의 빈 그물은 이제 하나님의 능력을 담아낼 수 있는 좋은 그릇으로 바뀔 빈 그물임을 믿어야 합니다. 세상 사람들은 빈 그물 가지고 하나님 생각하지 않습니다. 그러나 우리는 다릅니다. 우리는 빈 그물을 바라보면서 다시 채우실 주님을 기대합니다. 나의 삶 속에서 나의 눈물을 찬송으로 바꾸실 하나님을 기대합니다.

2. 사랑 앞에 선행하는 주님의 말씀

그러면 예수님은 어떤 방법으로 베드로의 빈 그물을 채우실까요? 그렇게 한숨을 내쉬면서 빈 그물을 씻고 있는 베드로에게 예수님은 다가오셔서 그 배를 빌려달라고 요청하십니다. 설교단으로 사용하시겠다는 것입니다. 당시 예수님의 설교단에서는 바닷물 냄새, 비릿한 생선 냄새가 났지만, 거기에는 해변과 바다의 조화가 있었고 배고프고 허기진 백성들의 눈물과 그 눈물을 닦으시는 하나님의 사랑이 어우러져 있었습니다. 배를 빌려달라는 예수님의 요청은 그리 썩 반가운 것이 아닙니다. 그러나 베드로는 인간적으로라도 예수님의 요청을 무시할 수 없습니다. 왜냐하면 엊그제 예수님께서는 자기 장모님의 중한 열병을 고쳐주셨기 때문입니다. 베드로는 예수님을 전혀 모르는 사람이 아닙니다. 그래서 바쁘고 피곤하지만 예수님의 청을 거절할 수가 없어서 요청대로 배를 띄워야 했습니다. 그런데 이렇게 억지로라도 예수님 말씀대로 했던 것이 결국은 베드로가 축복을 받게 되는 하나의 계기가 되고 있습니다.

그래서 우리가 하나님의 사랑을 체험하려고 할 때에 두 번째 명심할 사실은 하나님께서 우리를 사랑하시는 방법은 우리의 생각과 다르다는 것입니다. 하나님께서 우리의 빈 그물을 채우시는 방법은 우리가 예상하는 방법과 너무 다릅니다. 우리 생각에 예수님은 즉시로 빈 그물을 채워주셔야 할 텐데, 오히려 그 빈 그물을 무시하고 계십니다. 베드로의 생계를 즉시로 도와주지는 못할망정 오히려 그것을 방해하기까지 하고 있습니다. 그러나 예수님 편에서는 그것이 베드로를 살리는 방법입니다. 그래서 이사야 55:8에 말씀합니다. "내 생각은 너희 생각과 다르며 내 길은 너희 길과 달라서." 하나님께서 우리를 인도하시는 방식은 우리 생각에 잘 이해되지 않습니다. 그러나 그 이해되지 않는 방법이 사실 우리를 살리는 방법입니다.

그렇게 하는 수 없이 배를 띄우고 베드로는 예수님 밑에서 하나님의 말씀을 듣기 시작했습니다. 하나님의 말씀이 이제 베드로의 심령에 떨어지기 시작한 것입니다. 그리고 이제 베드로는 예수님께서 명하시는 것은 무엇이든지 순종할 수 있는 사람으로 변해버렸습니다. 그래서 하나님께서 중요하게 여기는 것은, 무엇보다도 말씀이 먼저 선행해야 하는 것입니다. 말씀을 통해서 우리의 심령을 변화시키는 것이 바로 하나님께서 자기 백성을 살리시는 최우선의 방법입니다. 때로는 그것이 물질을 가로막는다고 하더라도 말씀을 듣고 심령이 변화되는 것이 우선입니다. 심령이 변하지 않고서는, 말씀이 없이는, 많은 고기도 헛된 것입니다.

도대체 베드로는 그때 그 배 위에서 무슨 말씀을 들었을까요? 무슨 말씀을 들었기에 베드로의 마음에 이처럼 놀라운 변화가 일어났을까요? 성경에는 베드로가 들었던 말씀의 내용이 구체적으로 기록되어 있지 않습니다. 그러나 우리는 누가복음 전편을 통해서 그 내용을 어느 정도 유추해 볼 수 있습니다. 그것은 앞에서도 말씀드린 것처럼 바로 "하나님의 나라가 가까왔다!"는 것입니다. 하나님께서 그의 백성을 버리지 않으셨다는 복음입니다. 하나님께서 그의 백성에게 이제 축복과 은혜의 선물을 베풀기 시작하셨다는 복음입니다. 시몬이라는 이름의 뜻, 즉 하나님께서 들으신다는 그 약속이 이제 실현되었다는 것입니다. 예수님 자신을 통해서 하나님의 약속이 성취되었다는 말씀입니다. 누가는 앞선 4:19에서 예수님께서 설교하신 말씀을 주의 은혜의 해를 선포한다는 이사야의 예언에 비교합니다. 그리고 4:22에서는 예수님의 말씀을 가리켜서 은혜로운 말씀이라고 합니다.

마치 하나님의 저주를 받은 것 같은 이 땅, 황무한 땅을 하나님이 버리지 않으셨다는 은혜로운 약속이 선포되고 있습니다. 감방에서 사형을 기다리는 사형수들이 살 소망을 잃어버리고 죽은 시체처럼 살고 있습니다. 그런데 갑자기 그 감방에 사면이 선포되었습니다. 죽이지 않겠다는 사면이 선포됐습니다. 하나님께서 우리를 버리신 것이 아니라는 말씀, 내 너를 결코 죽이지 않겠다는 사면의 축복이 선포됐습니다. 저주받은 이 땅, 황무한 이 땅을 고치시는 주님의 위로와 은혜가 시작되었다고 예수님께서 선포하고 계십니다. 그러므로 자신의 죄를 회개하고 은혜를 구하며 그 앞에 나와서 이 은혜를 받으라는 것이었습니다.

이러한 말씀을 들으면서 점차로 베드로는 자기 가슴이 뜨거워지는 것을 느끼기 시작했습니다. 정말로 시몬이라는 자기 이름 그대로, 하나님께서 들으시리라는 이름의 약속 그대로, 하나님께서 자신의 간절함을 들으신다는 확신을 갖기 시작했습니다. 하나님께서 이 백성을 결코 버리신 것이 아니라는 뜨거운 확신이 뭉개 구름처럼 부풀어 오르는 것을 느끼기 시작했습니다. 빈 그물이 더 이상 문제가 되지 않게 되었습니다.

그리고 그렇게 변한 베드로의 모든 마음을 이미 알기라도 하시는 듯이 예수님은 설교를 마치고 베드로에게 명하십니다. "시몬아 깊은 데로 가서 그물을 내려 고기를 잡으라." 이 말씀을 듣고서 베드로는 대답합니다. "선생님! 사실 우리들이 밤새도록 갈릴리 바다를 다 뒤졌습니다. 그리고 지금 이렇게 밝은 대낮에는 물고기를 잡으러 나가는 것은 참으로 어리석은 짓입니다. 그러나 이제 저는 주님의 말씀에 의지하여 배를 띄우고 그물을 내려보겠습니다." 그리고 그는 즉시로 순종하여 배를 몰고 깊은 곳으로 나섰습니다. 당시의 상식으로 보자면 정신 나간 짓입니다. 그러나 상식 너머에서 베드로는 주님께서 우리를 돌보신다는 믿음을 가졌습니다. 그 믿음과 순종 안에서 벌건 대낮에 배를 띄우고 그물을 내린 것입니다. 그리고 믿음과 확신이 만나고 행동으로 옮긴 그 지점에서 놀랍게도 기적이 일어났습니다. 갈릴리 바다는 너무나도 넓습니다. 오늘날에는 어군탐지기를 사용해서 바다 속 어디에 고기가 있는지를 훤히 들여다봅니다. 그러나 그 어군탐지기보다 더 정확하게 작동한 것이 있었습니다. 그것은 바로 베드로가 가진 믿음과 순종입니다. 바로 하나님께서 여전히 나를 붙들고 계시다는 믿음입니다. 그리고 그 믿음 속에서 주께서 명하시니 내가 순종하리라는 결단입니다. 정확히 그 믿음과 순종이 교차하는 그 지점에서 하나님의 기적이 일어났습니다. 그물이 찢어지고 배가 가라앉을 정도로 고기를 많이 잡았습니다.

3. 사랑에 눈뜬 자의 회개

그리고 이 모든 일을 당하고 보니 베드로는 갑자기 자기가 얼마나 한심한 죄인인가 하는 것을 깨달았습니다. 살아 계신 하나님의 사랑을 그렇게도 믿지 못한 것이 얼마나 큰 죄인지를 깨달았습니다. 여러분! 사랑하는 사이에 가장 큰 죄는 무슨 죄인 줄 아십니까? 그것은 사랑을 의심하는 죄입니다. 사랑하는 사이에는 사랑을 믿지 못하는 것이 가장 큰 배신입니다. 베드로는 자기가 그동안 하나님의 사랑을 의심한 죄를 깨달았습니다. 그래서 사실은 로마병사들이 그렇게 하나님이 없다고 날뛴 것이 아니라, 사실은 자기가 그렇게 하나님 없는 것처럼 날뛰었다는 것을 깨달았습니다. 포악한 세리들이 그렇게 하나님이 계시지 않다고 자기 마음대로 세금을 거두면서 날뛴 것이 아니라, 사실은 자기 자신이 하나님 계시지 않은 것처럼 실망하고 자포자기했다는 것을 깨달았습니다. 하나님은 나와 무관한 줄 알았습니다. 그러나 여전히 자기를 붙들고 계신 하나님, 나의 등 뒤에서 여전히 나를 붙들고 계신 하나님의 사랑을 확인한 것입니다. 그리고 이제는 더 이상 그 사랑을 의심하지 않기로 결단한 것입니다. 그런 심정으로 베드로는 예수님의 무릎 아래 엎드려서 "주여 나를 떠나소서! 나는 죄인이로소이다." 그렇게 회개하였습니다. 그러자 예수님은 그렇게 통곡하는 베드로를 그의 제자로 부르십니다. "무서워 말라 이제 후로는 네가 사람을 취하리라 지금까지는 네가 고기를 잡는 어부였지만 그러나 앞으로는 이제 사람을 주께로 인도하는 어부가 되리라"고 말씀하십니다.

4. 결론

혹시 여러분은 여러분의 인생의 빈 그물을 쥐어뜯으면서 하나님을 원망하고 있지는 않습니까? "하나님이 살아 계시다면 내 인생이 어찌 이렇게 흘러갈 수 있을까?"라고 마음속 깊은 곳에서 하나님을 향하여 원망의 화살을 날려 보내고 있지는 않습니까? 주님은 때로는 우리 그물을 텅텅 비게 만드실 때가 있습니다.

그러나 주님은 그 빈 그물을 결코 그냥 내버려 두시는 분이 아닙니다. 우리가 그냥 인생의 빈 그물을 부여잡고 하나님을 원망만 하다가 그렇게 죽도록 내버려 두시는 분이 결코 아닙니다. 우리 주님은 저주받은 것 같은 그 빈 그물을 다시 채우시는 분입니다. 문제는 그 빈 그물을 채우시는 방식이 우리의 상식이나 기대와 완전히 다르다는 것입니다. 하나님은 먼저 우리로 하여금 하나님이 어떤 분인지 말씀을 통해서 올바로 배우기 원하십니다. 그리고 우리 인생을 나의 기대나 생각과는 전혀 다른 곳으로 인도하시는 그 하나님의 섭리에 내 모든 것을 맡기기 원하십니다. 그리고 전혀 예상치 못한 방법으로, 전혀 기대하지 못했던 방식으로 우리의 빈 그물을 다시 채우십니다.

그러므로 내가 보기에 나의 삶은 저주를 받은 것 같지만 그 속에서도 우리의 형편을 아시는 하나님을 바라보시기 바랍니다. 우리가 빈 그물을 부여잡고 있을 때라도 하나님은 여전히 그곳에 계시며 우리 인생을 그분의 뜻대로 이끌어가고 계십니다. 그리고 늘 우리의 삶을 자신이 살아 역사하는 세상으로 인도하고 계십니다. 우리의 지혜가 통하지 않는 세상, 상식이 무너지는 세상, 오직 하나님의 능력과 지혜만이 작용하는 세상으로 우리를 이끌어가고 계십니다. 그 하나님을 바라보며 붙잡고 소망하는 가운데 하나님의 사랑과 은혜를 풍성히 누리시는 주님의 성도들 되시기 바랍니다.

부록 5.
하늘의 권세와 땅의 권세
(요 19:7-13)

8월 31일 지방선거가 한 달 앞으로 다가오면서 정치권의 열기가 서서히 고조되고 있습니다. 그 와중에서 공천자금과 뇌물수수에 관련된 여러 비리들이 불거지면서 정치권에 대한 국민들의 불신이 가중되고 있습니다. 예전에 대학 입시를 위해서 공부할 때 3당 5락이라는 표현들이 있었습니다만, 이제 이 말은 5당 3락으로 뒤바뀌고 전혀 새로운 뜻으로 사람들 입에 회자되고 있습니다. 기초단체장 선거의 경우에는 당으로부터 공천을 받으면 당선이 거의 확실시된다고 합니다. 하지만 후원금으로 3억을 제시하면 공천을 받지 못하고 그나마 5억 정도가 되어야 공천 받을 수 있다고 해서 이런 표현이 나오고 있습니다.

지방선거가 얼마 남지 않은 시점에서, 정치권의 이러한 부도덕한 모습을 보면서 권력을 향한 우리 인간의 본능과 집착이 얼마나 강력한 것인가 하는 생각을 해봅니다. 하나님의 죽음을 선언한 철학자 니체의 통찰이 아니더라도 우리는 우리 스스로 이미 우리가 얼마나 권력을 얻고자 하는 욕망과 의지가 강한 존재인지, 모든 권력을 다 움켜쥐고 이 세상을 뒤흔들고 싶은 슈퍼맨과 같은 초인이 되려는 욕망이 얼마나 강한지를 잘 알고 있습니다. 권력을 향한 욕망과 그것을 쟁취하려는 의지가 강렬할 뿐만 아니라, 또 우리에게 영향력을 행사하는 모종의 권력에 대해서도 매우 민감한 존재가 바로 우리입니다. 그래서 우리 속에는 더 강한 권력을 쟁취하려는 욕망과 의지가 강하게 자리하고 있을 뿐만 아니라 나에게 영향력을 행사하는 권력에 대해서 예민하게 반응하는 본능도 가지고 있습니다. 그래서 매순간 내가 어떻게 생각하고 말하고 행동하도록 결정하는 것도 바로 내가 의식하고 느끼는 권세입니다. 집에서는 가장의 권세를 의식하게 되고, 출근을 할 때에는 도로를 통제하는 교통질서라는 보이지 않는 힘을 의식하며 회사에 출근해서는 회사의 조직과 사장님의 권세를 의식하면서 살아갑니다. 어떤 권세를 의식하면서 사느냐에 의해서 그 사람의 인생이 결정된다고 해도 과언이 아닙니다. 돈의 위력과 권세를 강하게 느끼는 사람은 결국 돈이 결정짓는 인생을 살아가게 됩니다. 또 정치적인 권력에 대해서 매력을 느끼고 그 영향권에 빠져든 사람은 매사를 정치적인 권력으로 해결하려고 하고 그 권세가 지정해 주고 지시하는 삶을 살아갈 것입니다. 이 세상에 작용하고 있는 권세는 셀 수 없이 많지만, 분명한 것은 우리가 어떤 권세를 의식하며 어떤 권세를 중요하게 느끼느냐에 따라서 그 권세가 추구하는 삶을 살아가게 된다는 것입니다.

이것은 영적으로도 마찬가지입니다. 우리가 하나님의 말씀에 복종하는 이유는 하나님의 권세를 의식하기 때문입니다. 내가 하나님의 말씀에 순종하고, 되도록이면 그 말씀대로 살아가려고 노력하는 이유도 바로 우리가 살아 계신 하나님의 권세를 의식하기 때문입니다. 우리가 하나님의 뜻에 순종할 수 있는 원동력도 바로 하나님의 권세를 제대로 의식하느냐 마느냐에 달려 있습니다. 정말로 우리를 구원하신 하나님의 권세가 얼마나 큰지, 또한 지금 우리를 자기의 눈동자처럼 우리를 지켜보고 계시는 하나님의 능력과 권세가 얼마나 큰지 그것을 제대로 알아본다면 우리는 비록 하나님은 보이지 않지만, 늘 그 권세를 의식하면서 그 하나님을 위해서 모든 것을 다 할 것입니다. 이렇게 다양한 유형의 권세가 우리를 감싸고 있는데, 하나님의 백성으로서 성도는 이런 모든 권세들에 대해서 어떤 입장을 취해야 하는지, 그리고 우리는 하나님의 백성으로서 어떤 권세를 어떻게 의식하면서 살아가야 하는지 살펴보고자 합니다.

1. 빌라도가 의식하였던 땅의 권세

　권세와 관련해서 첫 번째 명심할 사실은 이 땅에서 효력을 발휘하고 있는 모든 권세가 사실은 하나님에게서 비롯된 것이며 그래서 모든 권세가 사실은 영적인 차원과 관련을 맺고 있습니다. 중립적인 권세는 하나도 없습니다. 하나님의 뜻 안에 포함되어 있지 않은 권세라면 그것이 아무리 막강하다고 하더라도 그 권세는 분명 악한 권세입니다. 이 땅의 위정자들이 아무리 막강한 권세를 지녔다고 하더라도 하나님의 뜻 안에서 집행되지 않는다면 그것은 분명 악한 권세입니다. 반대로 아무리 사소한 권세라도 하나님의 선하신 뜻을 이루기 위해서 집행되는 것이라면 그것은 분명 선한 권세입니다. 오늘 우리가 살펴보는 본문은 바로 그런 점을 잘 보여주고 있습니다.

　로마의 총독 빌라도가 예수님을 재판하던 당시, 이 빌라도의 법정에는 두 가지 권세가 서로 날카롭게 대립하고 있었습니다. 하나는 로마의 총독인 빌라도로 대표되는 땅의 권세와, 또 다른 하나는 예수님께서 바라보셨던 하늘의 권세입니다. 빌라도는 당시 로마의 최고 권세를 가지고 예수님을 심문하였습니다. 예수님 당시 로마라는 나라는 오늘날 미국만큼이나 전 세계에 영향력을 발휘하고 있던 나라입니다. 로마는 무력으로 주변의 모든 나라를 굴복시키고 힘의 논리를 앞세워 남의 나라를 착취하였으며 그 대가로 로마 시민들은 호의호식을 누렸습니다. 당시 빌라도는 바로 그런 무소불위의 권력을 가나안 땅에 집행하면서 통치권을 행사하는 총독이었습니다. 그러나 그 앞에 재판을 받는 예수님은 어떤 존재입니까? 이 땅의 권력으로 보자면 예수님처럼 초라한 분도 없습니다. 당장 입을 옷이나 먹을 음식도 변변치 못한 참으로 초라한 존재입니다. 땅의 권세로 보자면 빌라도와 예수님은 전혀 비교할 수 없는 존재입니다.

　그러나 중요한 것은 이 땅의 모든 권세는 반드시 하늘의 권세를 기준 삼아서, 즉 하나님의 뜻 안에서 집행되어야 한다는 것입니다. 빌라도는 바로 이 점에서 철저하게 실패한 불의의 재판관이었습니다.

그런데 빌라도의 재판 과정을 자세히 살펴보면 빌라도는 맨 처음부터 그렇게 땅의 권세만을 집착하고 땅의 권력에만 붙잡혀 있었기만 했던 사람은 아니었음을 알 수 있습니다. 나중에 빌라도가 예수님을 십자가에 넘겨주었지만, 우리가 잘 아는 것처럼 빌라도는 처음에는 예수님을 사형에 처할 생각을 갖지 않았습니다. 오늘 우리가 읽은 본문 앞의 요한복음 18:38에 보면 빌라도는 "나는 그에게서 아무 죄도 찾지 못하노라"고 합니다. 십자가에 못박아 죽여달라는 유대인들의 요구는 부당하다는 선언입니다. 그래서 39절에서 빌라도는 예수님을 풀어줄 의도를 가지고 유대인들에게 한 가지 제안을 합니다. 원래는 유월절에 죄수 한 명을 풀어줄 수 있는 전례가 있지 않냐는 것입니다. 빌라도는 나름대로 예수를 풀어줄 어떤 방도를 찾아보는 것입니다. 19:4에서도 "내가 그에게서 아무 죄도 찾지 못한 것을 너희로 알게 하려 함이로라"고 합니다. 또 6절에서도 같은 말을 반복합니다. 이렇게 빌라도는 처음에는 예수님이 십자가라고 하는 극형에 처해 죽어야 한다는 유대인들의 요구에 전혀 동의하지 않았습니다. 예수님께서 그러한 극형을 받을 만한 죄를 범하지 않았다는 것을 빌라도는 너무나도 잘 알고 있었습니다.

또한 빌라도는 예수님을 평범한 사람으로 생각하지 않았습니다. 「빌라도의 보고서」라는 소책자가 있습니다. 「빌라도의 보고서」는 당시에 빌라도가 예수님을 처형한 다음의 일들을 로마의 황제 디베료 가이사에게 보고한 보고서로 알려져 있습니다. 그 내용의 신빙성에 대해서 성경만큼의 권위를 부여할 수는 없지만, 이 보고서를 보면 재판 당시에 빌라도가 예수님을 어떻게 생각했는지 그 입장을 엿볼 수 있습니다. 이 보고서를 보면 빌라도는 예수님에 대해서 두려움과 경외감을 가지고 있었음을 볼 수 있습니다. 빌라도는 예수님을 미워한 바리새인들의 탄원을 듣고서 이 재판이 있기 전에 예수님을 한 번 불러서 만나보는 시간을 가진 것으로 되어 있습니다. 이때 예수님을 만났던 빌라도가 그 일을 회상하면서 예수님을 만났을 때의 느낌을 다음과 같이 기록하고 있습니다.

예수가 왔습니다. 황제께서는 제가 로마인의 피와 서반아인의 피가 섞여서 두려움은 절대로 모르는 사람인 것을 잘 아실 것입니다. 그가 제 접견실로 왔을 때 갑자기 제 다리는 쇳덩이로 된 손이 제 다리를 대리석 바닥에 붙여놓은 것처럼 꼼짝할 수가 없었습니다. 그 나사렛 젊은이는 아무렇지도 않게 조용히 서 있지만, 저는 마치 형사범처럼 사지를 덜덜 떨고 있었습니다.

이렇게 빌라도는 예수님을 두려운 존재로, 신비한 존재로 인식하고 있었습니다. 또한 그는 예수님이 보통 사람이 아닐 것이라 생각하였습니다. 게다가 7절의 말씀에 보면 유대인들은 예수님이 자신을 하나님의 아들이라고 주장한다고 고발하고 있습니다. 그런데 빌라도는 이러한 고발을 접하면서 정말로 예수가 하나님의 아들일지도 모른다는 생각까지 했을 수 있습니다. 왜 그렇게 볼 수 있는가 하면 8절을 보면 빌라도는 "이 말을 듣고 더욱 두려워하여"라고 기록하고 있기 때문입니다. 또 마태복음 27:19에 보면 빌라도의 아내가 예수님과 관련하여 악몽을 꾸고 나서 예수님을 가리켜서 의인이라고 표현하면서 이 사람에게 해를 끼치지 말라고 조언하는 것을 볼 수 있습니다. 어쨌든 빌라도는 여러 정황을 통해서 예수님을 의인으로 인식하고 더 나아가서 하나님의 아들일지도 모른다는 생각도 하였습니다. 혹시나 내가 하나님의 아들을 죽게 하는 실수를 저지를지도 모른다는 두려운 생각에 다시 예수의 정체를 분명히 확인하려고 합니다. 그래서 9절에서처럼 예수님에게 다가와 예수님의 출신과 신분을 묻는 질문을 합니다. "네가 어디에서 왔는가?", "하늘에서 온 하나님의 아들인가? 아니면 그저 말 잘하는 사람의 아들인가?" 그러나 예수님은 빌라도에게 더 이상의 아무런 대답을 하지 않습니다. 왜냐하면 이미 예수님은 18:36, 37에서 빌라도에게 자신이 왕인 것과 그 나라가 하늘에서 온 것임을 분명히 밝히셨기 때문입니다.

하지만 빌라도의 귀에는 그런 대답이 전혀 들려오지 않습니다. 그리고는 그 증거만을 요구하는 심정으로 계속 질문을 던집니다. 그래서 예수님은 더 이상의 답변을 거부하신 것입니다. 예수님이 자기의 질문에 대답을 하지 않자 10

절에서 이렇게 또 질문합니다. "내가 너를 놓을 권세도 있고 십자가에 못박을 권세도 있는지 알지 못하느냐?" 자기가 그런 대단한 권세를 가지고 있다는 것입니다. 로마의 총독으로서 자기가 이런 죄인 하나를 살리고 죽이고 하는 것은 아무것도 아니라는 것입니다. 그러자 11절에 예수님은 "위에서 주지 아니하셨더면 나를 해할 권세가 없었으리니"라고 대답하십니다. 예수님의 말씀은 모든 권세는 지금 저 위 곧 하나님께로부터 내려온다는 것입니다. 너는 지금 잠깐 가지고 있는 너의 권세를 내세우지만, 실은 하나님께서 잠시 허락하셨을 뿐이라는 것입니다. 그래서 땅에서 행사하는 총독의 권세는 결국 하늘의 권세의 심판을 받아야 한다는 말씀입니다. 우리가 이 땅에서 행사하는 모든 권세는 그 자체로 선하거나 악하거나 한 것이 아니라 하늘의 권세에 순종할 때 선한 권세인 것이고, 하늘의 권세에 역행할 때 악한 권세가 되는 것입니다. 빌라도가 예수님의 이러한 말씀을 제대로 이해하였는지 어땠는지는 알 수 없지만, 이 이야기를 듣고 빌라도는 12절 말씀처럼 예수님을 풀어주려고 더욱 노력을 기울입니다.

그러나 그런 노력 속에서도 빌라도로 하여금 계속해서 어떤 선택을 강요하는 권세는 하늘의 권세가 아니라 땅의 권세입니다. 그가 잠시나마 하늘의 권세를 느끼고 그것을 의식하며 순간적으로 두려워하기는 하였지만, 정작 그가 선택을 내릴 때 근거와 기준으로 삼았던 것은 분명 하늘의 권세가 아니라 땅의 권세였습니다. 예수를 풀어주려고 나름대로 노력했지만 빌라도가 예수를 십자가에 넘기기로 결정적으로 마음을 굳힌 계기가 바로 12절입니다. 예수를 놓으려고 여러모로 힘쓰고 있는 빌라도를 향하여 12절에서 유대인들이 이렇게 외칩니다. "당신이 만일 이 사람을 놓으면 가이사의 충신이 아니니이다." 가이사의 충신이 아니면 결국 빌라도는 총독 자리도 내놔야 할 것이고 배신자로 처형당할지도 모릅니다. 그래서 13절의 말씀처럼 빌라도는 이 말을 듣고 결국 예수를 넘겨줍니다. 이렇게 빌라도에게 선보다는 악을 택하도록 영향력을 행사한 이 권세는 무슨 권세입니까? 그것은 빌라도 자신에게 총독이라는 어마어마한 권세를 부여한 로마 황제 가이사의 권세, 자기에게 부여된 이런 어마어마한 로마 총독의 권세를 하루아침에 무너뜨릴지도 모르는 이 성난 군중들의 권세(people power), 그리고 가이사에게 반역한 자라고 고소하고 모함할지도 모르는 이 바리새인들과 대제사장들의 권세가, 이중 삼중으로 빌라도의 선택을 강요하고 있습니다. 이렇게 빌라도는 철저하게 땅의 권세에 붙잡혀 있었기 때문에 결국 그는 불의의 재판관이 되고 말았습니다.

2. 보이지 않는 하늘의 권세를 의식하셨던 예수님

이렇게 땅의 권세에 붙잡힌 빌라도와는 달리 철저하게 하늘의 권세에 붙잡힌 예수님을 주목하시기 바랍니다. 그 누구도 자기를 변호해 주지 않는 상황에서, 이제 잠시 후가 되면 십자가에서 죽어야 할 운명을 바라보는 상황에서 예수님은 너무나도, 그리고 이상하리만치 초연하고 태연한 모습을 유지하고 계십니다. 이렇게 예수님께서 죽음 앞에서 초연하고 태연하고 의연할 수 있었던 이유는 무엇입니까?

바로 죽음 앞에 선 예수님은 자신이 가야 할 길을 미리 정해 놓으신 하나님의 권세를 바라보았기 때문입니다. 그리고 예수님은 빌라도 앞에서 입으로는 침묵하시지만 그의 모든 몸짓을 통해서 이 땅의 권세 있는 자들을 향하여 하늘의 권세, 이 온 우주와 역사를 주관하고 계시는 하나님의 살아 계신 권세를 증거하셨습니다. 예수님은 하늘의 권세를 바라보면서 그 권세가 요청하는 바에 순종하는 삶을 사셨습니다. 그래서 비록 입은 다물었지만 그러나 온 몸으로 그 하늘의 권세를 우리에게 증거하셨던 것입니다. 그래서 사도 바울은 디모데전서 6:13에서 이 빌라도의 재판정 가운데 서셨던 예수님을 가리켜서 이렇게 말씀하고 있습니다. "본디오 빌라도를 향하여 선한 증거로 증거하신 그리스도 예수 앞에서 내가 너를 명하노니." 즉 예수님께서는 빌라도를 가리켜서 자신에 관하여 선한 증거로 증거하셨다는 사실입니다. 그래서 빌라도의 법정은 참으로 아이러니한 법정입니다. 예수님은 침묵하셨으나 그 침묵 속에서 하늘의 권세를 증거하셨고, 빌라도는 땅의 권세로 예수님을 재판하지만 실은 거꾸로 예수님께서 하늘의 권세로 빌라도를 심판하셨습니다.

예수님께서 빌라도에게 무슨 증거를 하셨단 말씀일까요? 재판 과정만 보면 사실 예수님은 빌라도에게 아무런 말씀을 하지 않았습니다. 9절 말씀처럼 빌라도가 예수님께 예수님의 기원에 대해서, 예수님이 주장하는 권세의 근원에 대해서 캐물을 때에도 예수님은 침묵하셨습니다. 그러다가 10절에서 빌라도가 자신이 가진 권세의 위력을 주장하자 이에 대해서 예수님은 그 권세, 빌라도가 내세우는 권세도 사실은 위의 하나님께서 허락하셔야 가능한 일이라고 단정하십니다. 빌라도가 사실은 자기 마음대로 움직이는 것 같지만 사실은 철저하게 하늘에 계신 하나님의 뜻에 따라 움직여지고 있다는 것입니다. 땅의 권세를 주장할 것이 아니라 하늘의 권세를 직시하라는 말씀입니다. 이렇게 예수님은 입으로 하나님을 이야기하기 이전에 그의 삶을 통해서, 그의 선택을 통해서 온 몸으로 하늘의 권세를 증거하셨습니다.

3. 이사야 선지자가 바라보았던 하늘의 권세

우리가 읽은 구약 이사야서 6장의 말씀에 보면 이사야 선지자는 하늘 높이 들린 주님의 보좌를 바라보고 있습니다. 이사야 선지자가 하늘 성전의 보좌에 좌정해 계신 하나님을 목격한 것입니다. 그 광경을 본 이사야 선지자는 3절 이하의 말씀처럼 두 가지를 느끼게 됩니다. 첫째는 하나님의 영광이 온 땅을 가득 매우고 있다는 사실입니다. 공간적으로는 우리가 호흡하는 이 대기 속에, 그리고 잠깐 스쳐가는 바람결 속에서라도 하나님의 영광이 살아서 역사하고 있음을 보게 됩니다. 시간적으로는 내가 눈을 깜박거리는 그 짧은 순간, 내가 숨을 들이키는 한 순간에라도 여전히 우리의 생명을 붙들고 계시는 하나님의 영광을 목격합니다. 그 다음 둘째로는 그러한 하나님의 영광 앞에 자기 자신이 얼마나 악한 죄인인가 하는 것을 느끼게 됩니다. 그래서 나는 그 영광의 하나님 앞에서 벌거벗은 죄인임을 느끼면서 이제 나는 죽었구나 하는 심정을 쏟아내자 하나님께서는 그 죄를 정결케 씻어주십니다. 하늘 보좌를 바라보는 가운데 이사야 선지자는 그 속에서 온 땅에 충만한 하나님의 영광을 의식하게 되고 그와 아울러 자신이 죄인이라는 것을 깨닫게 됩니다. 바로 이 두 가지 의식은 이사야가 하나님의 선지자로서의 자기의 책임과 사명을 올바로 감당하는 원동력으로 작용하게 됩니다.

4. 십자가 죽음과 부활의 권세를 바라보는 성도들

오늘 우리도 우리 가운데 하나님의 영광이 임하셨음을 목격하고 있습니다. 바로 하나님의 아들이신 예수 그리스도께서 십자가에서 죽으시고 또 그 죽음을 이기시고 부활하신 사실입니다. 예수 그리스도의 죽음과 부활을 통해서 이 땅에 하나님의 영광이 임한 것입니다. 그래서 사도 요한은 요한복음 1장에서 이렇게 선언합니다. "말씀이 육신이 되어 우리가 운데 거하시매 우리가 그 영광을 보니 아버지의 독생자의 영광이요, 은혜와 진리가 충만하더라." 그 먼 옛날 이사야 선지자는 하늘 높이 들린 주님의 보좌를 바라보는 가운데 온 땅에 충만한 하나님의 영광과 그 앞에서 버러지만도 못한 자신의 죄를 의식하였습니다. 그랬다고 하면 오늘 우리도 예수님의 십자가 죽음과 부활 사건 속에서 이 온 세상에 충만한 하나님의 영광과 사랑을 느낄 수 있습니다. 먼저는 이 세상을 그처럼 사랑하시기에 이 세상을 구원하시려고 자기 아들을 보내신 하나님의 사랑과 영광을 느끼는 것입니다. 그리고 그 죽음과 부활 사건 앞에서 우리는 우리 자신이 얼마나 완악한 죄인인가, 우리가 얼마나 구제 불능인가, 하나님 앞에서 우리의 운명이 결국은 영원한 저주 가운데 처할 수밖에 없는 자인가 하는 것을 직시하게 됩니다. 또 더 나아가서 그런 우리를 구원하사 하나님의 자녀 삼으신 하나님의 은혜 앞에서 이제 우리가 어떠한 삶을 살아야 할 것인지를 새롭게 깨닫게 되는 것입니다.

그래서 예수님의 십자가 죽음과 부활은 우리 가운데 임하신 하나님의 능력과 영광의 최고봉입니다. 십자가의 죽음과 부활 사건은 이사야 선지자가 하늘을 바라보면서 느꼈던 하나님의 능력과 영광보다 더 강력하고 분명한 이 시대 우리를 향한 하나님의 영광과 능력입니다. 하나님께서 이사야 선지자에게 보이신 자신의 능력과 영광보다 더 강력한 능력과 영광과 하늘의 권세를 바로 우리에게 보여주신 것입니다. 이 십자가의 죽음과 부활의 권세가 그토록 강력한 이유가 있습니다. 그것은 바로 이 십자가의 죽음과 부활 사건을 기준으로 하나님은 이 모든 우주와 역사를 구원하시고 심판하시기 때문입니다. 우리의 모든 삶과 어떤 선택의 기준이 바로 이 십자가의 죽음과 부활 사건에 의해서 판가름이 나기 때문입니다. 나의 생각과 말과 행동의 모든 것들이 바로 이 십자가 죽음과 부활에 의해서 그 의미와 가치를 얻기도 하고 잃어버리기도 하기 때문입니다.

따라서 성도가 늘 바라보아야 할 권세는 바로 하늘의 권세입니다. 예수님을 십자가에 죽게 하신 하나님의 권세와 예수님을 다시 죽음에서 부활하신 하나님의 권세가 바로 오늘 우리가 하나님의 백성답게 살아가야 할 이유이자 목표입니다. 내가 오늘 무슨 생각을 하며 어떻게 말하고 어떻게 행동하며 어떤 직업을 가지고 어떻게 살아가야 하는 모든 이유와 목표가 바로 여기에 있습니다. 예수님께서 십자가에 죽으시면서 내 죄를 용서하시고 우리 인류의 죄를 용서하셨기 때문입니다. 이것이 바로 우리의 인생의 이유이자 목적이자 소망입니다. 또 내가 어떻게 생각하고 무슨 말을 해야 하며 어떻게 행동해야 하는지의 이유와 그 방향을 제시해 주는 것도 바로 예수님께서 다시 부활하시면서 나도 하나님의 자녀로 새롭게 부활하였기 때문입니다. 그리고 내가 오늘 하루의 삶 속에서 악을 버리고 선을 선택해야 하는 이유도 바로 하늘의 권세를 잡으신 예수께서 다시 재림하실 것이기 때문입니다. 그 날에 우리의 행한 모든 것들이 선악을 판단하실 예수님의 권세 앞에서 모조리 다 드러날 것이고 그 행한 바대로 심판을 받을 것이기 때문입니다. 그러므로 예수님의 재림 사건은 어떤 재미난 이야기를 마무리하는 후렴구와 같은 것이 아닙니다. 이 땅을 살아가는 모든 사람들의 늘 바라보아야 할 역사의 종착점이고 또 모든 사건들의 의미를 결정하는 판단 기준이 되어야 합니다. 그런즉 장차 있을 예수님의 재림 사건은 지금 우리가 호흡해야 하는 이유이며, 우리가 선과 악 둘 중에 하나를 선택해야 하는 결정적인 순간에 우리로 하여금 선을 택하고 악을 버리게 만드는 원동력입니다.

매순간 태양과 달과 별들을 붙잡고 계시며 우리의 생명을 붙들고 계시는 하나님의 권세를 바라봅시다. 그리고 선택의 순간에, 결단의 순간에, 땅의 권세가 위협하는 위기의 순간에 빌라도 앞에서 하늘의 권세를 붙잡으면서 자신이 가야 할 길을 선택하신 예수님을 바라보시기 바랍니다. 사도 바울은 디모데전서 6:13, 14에서 이렇게 명령하고 있습니다. "만물을 살게 하신 하나님 앞과 본디오 빌라도를 향하여 선한 증거로 증거하신 그리스도 예수 앞에서 내가 너를 명하노니 우리 주 예수 그리스도 나타나실 때까지 점도 없고 책망받을 것도 없이 이 명령을 지키라 기약이 이르면 하나님이 그의 나타나심을 보이시리니 하나님은 복되시고 홀로 한 분이신 능하신 자이며 만왕의 왕이시며 만주의 주시오 오직 그에게만 죽지 아니함이 있고 가까이 가지 못할 빛에 거하시고 아무 사람도 보지 못하였고 또 볼 수 없는 자시니 그에게 존귀와 영원한 능력을 돌릴지어다 아멘."

여러분은 과연 어떤 권세를 의식하면서 살고 계십니까? 여러분이 무슨 일을 계획하고 행동하고 선택하고 결정하도록 부추기고 동기를 부여하는 권세는 과연 무슨 권세입니까? 오늘 이 순간 우리가 잠깐 숨을 쉬는 이 순간에라도 우리가 호흡하는 이 대기 속에서도 여전히 우리를 사랑하시며 우리의 가는 길을 붙들고 계시는 하나님의 권세를 의식하며 그 권세에 순복하는 여러 성도님들이 되시기를 바랍니다.

인물설교, 이렇게 하라

부록 **6.**
하나님의 용병술
(삿 6:11-24)

오늘 하나님을 사모하여 주님의 전에 찾아 나온 주의 백성들 여러분을 주님의 이름으로 환영합니다. 주의 날을 기억하여 주님 전에 찾아 나온 주의 백성들에게 하나님께서 우리 영혼을 새롭게 살리는 생명의 말씀으로 우리 모두에게 복 내려주시기를 간절히 축원합니다.

지난 6월말까지 우리는 월드컵 때문에 참으로 즐거운 시간을 가졌습니다. 이제 내일(7/11) 새벽에 있을 결승전을 끝으로 지난 한달 동안 진 세계를 뜨겁게 달구었던 월드컵 경기가 모두 끝나게 됩니다. 언제나 그러하지만 이번 월드컵 경기에서도 전혀 예상치 못했던 경기 결과들이 벌어졌습니다. 그 중에 굉장히 놀라운 소식은 강력한 우승 후보였던 브라질이 그만 8강전에서 프랑스에게 패한 일입니다. 브라질은 그동안 여섯 번이나 우승한 나라입니다. 그래서 모두들 이번에도 최소한 결승전에는 오를 줄 알았습니다만, 8강전에서 그만 프랑스에게 1대 0으로 지고 말았습니다. 프랑스는 우리나라와 무승부로 비겼던 나라인데 그런 나라한테 1대 0으로 패한 것입니다. 브라질의 패인은 한 마디로 브라질 감독의 용병술이 틀렸기 때문이라고 합니다. 브라질은 세계 최고의 선수들로 짜여진 '스타군단'을 거느리고 있습니다. '매직 4중주'라고 하는 호나우두, 호나우지뉴, 아드리아누, 카카를 거느리고 있음에도 불구하고 결국 이들을 적절한 순간에 투입하여 공격축구를 구사하지 않고, 수비축구로 전환한 것이 브라질의 결정적인 패배의 원인이라고 합니다.

이렇게 축구에서는 결정적인 순간에 적합한 능력을 갖춘 선수를 얼마나 적시적소에 투입시키느냐, 이것이 바로 승리와 패배를 판가름하는 비결입니다. 적시적소에 선수를 기용하는 용병술에 관해서 세계 최고의 실력을 자랑하는 감독이 바로 히딩크입니다. 마술과도 같은 그의 용병술은 이미 2002년도에도 우리나라를 4강으로 끌어 올리면서 유감없이 발휘된 적이 있습니다. 이번에는 호주 감독을 맡아서 일본과 격돌 당시 그의 용병술이 또다시 기적을 일궈냈습니다. 일본과의 경기에서 호주는 전후반전 계속 1대 0으로 지고 있는 상황이었습니다. 그러나 히딩크는 후반에 공격수를 대거 투입하여 막판 8분에 무려 세 골을 뽑아냈습니다. 정말 마술 같은 용병술이라고 해도 과언은 아닐 것입니다.

마술 같은 용병술을 발휘하려면 평소에 선수들의 실력과 장단점을 훤히 파악하고 있어야 합니다. 그리고 시합이 진행되는 동안에는 판세를 읽으면서 언제 어떤 선수를 집어넣어야 이길 수 있는지 판세를 볼 줄 알아야 합니다. 이렇게 선수들의 실력과 현재 판세를 읽는 능력이 감독의 용병술의 핵심이라고 할 수 있습니다. 이러한 감독의 용병술은 하나님께서 이 땅에서 사람을 사용하시는 하나님의 용병술과 비슷한 부분이 있습니다.

우리가 믿는 하나님은 지금 이 순간에도 하늘로부터 이 땅을 굽어 살피시면서 하나님의 나라를 위해서 쓸 만한 인재가 있는지 없는지 애타게 찾고 계십니다. 월드컵에 출전해서 우승하게 되면 상금과 보상금이 쏟아지면서 돈방석에 앉게 되지만, 우리가 하나님 마음에 들어서 하나님으로부터 쓰임 받는다면 우리는 결국 세상에서 얻을 수 없는 놀라운 은혜, 하늘의 선물과 하늘의 영광과 권세를 누리는 사람이 될 것입니다. 저는 여러분이 예수를 헛되이 믿지 말기를 바랍니다. 이왕 예수를 믿는다면 모두가 다 신앙의 용장이 되시기를 바랍니다. 정말로 하나님의 손에 들림 받는 신앙의 장수들이 다 되시기를 바랍니다. 그러면 우리는 어떻게 하면 신앙의 용장들이 될 수 있을까요? 하나님은 어떤 사람을 신앙의 용장으로 쓰시려고 찾고 계시는 것일까요?

우리가 하나님으로부터 쓰임 받고자 할 때 명심할 첫 번째는, 우리 스스로를 내 입장이 아니라 하나님의 입장에서 바라보아야 한다는 것입니다. 우리는 자꾸만 내 자신의 입장에서 나를 바라보려고 합니다. 그러나 우리가 하나님을 믿는 순간부터 계속해서 하나님은 우리를 우리 자신의 시각이 아니라 하나님의 시각으로 바라보시면서 우리를 앞으로 인도해 가십니다. 그래서 우리도 하나님처럼 우리를 우리의 시각이 아니라 하나님의 시각으로, 우리의 입장이 아니라 하나님의 입장에서 바라보아야 합니다. 그리할 때 우리는 하나님께 쓰임 받는 신앙의 용장이 될 수 있습니다.

 오늘 우리가 읽은 본문에는 기드온이라는 신앙의 용장에 관한 이야기가 나옵니다. 그러나 기드온은 처음부터 신앙의 용장은 아니었습니다. 하나님은 기드온을 사용하시려고 하지만 사실 기드온은 자기 자신을 하나님의 시각에서 바라보지 못했습니다. 당시 기드온은 참으로 무기력하게 살고 있었습니다. 물론 그 이유는 한 마디로 이스라엘이 하나님의 말씀을 배반하였기 때문입니다. 그래서 하나님께서 미디안을 보내서 이스라엘을 징벌하셨습니다. 이런 상황에서 이스라엘은 너무 괴로워서 하나님께 도와달라고 울며 부르짖게 되었으며(6:7), 결국 하나님께서는 이스라엘을 미디안 족속의 손에서 구원하기로 작정하시고 그 구원의 역사를 진행해 가십니다. 그런데 문제는 누구를 통해서 이스라엘을 구원하시는가 하는 것입니다. 하나님께서는 절대로 혼자서 이 역사를 이끌어 가시지 않습니다. 반드시 하나님의 뜻에 합당한 사람들을 통해서 그 일을 이루어가십니다. 그런즉 여러분들 역시 하나님의 뜻에 합당하게 연단되어서 모두 하나님으로부터 귀하게 쓰임 받는 주님의 백성들이 되시기를 바랍니다.

 하나님께서 기드온에게 나타나셔서 맨 처음에 하신 말씀이 있습니다. 12절 말씀입니다. "여호와의 사자가 기드온에게 나타나 이르되 큰 용사요 여호와께서 너와 함께 계시도다." 여호와의 사자가 기드온에게 나타날 당시 기드온은 무엇을 하고 있습니까? 11절 하반절을 보면 기드온은 포도주 창고에서 밀을 타작하고 있습니다. 미디안 사람들이 무서워서 포도주를 짜는 곳에서 밀을 타작합니다. 밀 타작은 먼지가 많이 나므로 밖에서 해도 시원치 않을 판인데, 그는 포도주 짜는 창고 속에서 밀을 타작하고 있습니다. 이처럼 기드온은 겁쟁

이처럼 자기 목숨을 부지하겠다고 조심스럽게 먹을 것을 챙기고 있는 것입니다. 그런데 그때 갑자기 하나님이 나타나셔서 "큰 용사여! 여호와께서 너와 함께 계시도다"라고 말씀합니다.

하나님은 기드온을 가리켜서 큰 용사라고 부르십니다. 그러나 기드온은 하나님의 말씀을 받아들일 수 없었습니다. 하나님의 시각으로 자신을 바라볼 수 없었습니다. 그래서 기드온은 13절에서 그런 하나님의 말씀을 반박합니다. "나의 주여 여호와께서 우리와 함께 계시면 어찌하여 이 모든 일이 우리에게 미쳤나이까 또 우리 열조가 일찍 우리에게 이르기를 여호와께서 우리를 애굽에서 나오게 하신 것이 아니냐 한 그 모든 이적이 어디 있나이까 이제 여호와께서 우리를 버리사 미디안의 손에 붙이셨나이다." 큰 용사라는 말에 기드온은 어이가 없다고 반문합니다. 하나님이 살아 계시다면 왜 우리가 이렇게 세상 사람들한테 무시당하고 살아야 하느냐고 따집니다. 결코 자신은 큰 용사라는 말씀과 어울리지 않다고 합니다. 15절에서도 기드온은 계속해서 하나님의 말씀을 거부합니다. "주여 내가 무엇으로 이스라엘을 구원하리이까 보소서 나의 집은 므낫세 중에 극히 약하고 나는 내 아비 집에서 제일 작은 자니이다." 이는 오늘날 우리가 "나처럼 별 볼 일 없는 사람이 어떻게 하나님께서 맡기시는 큰일을 감당할 수 있겠습니까? 나는 학벌도 없고 인맥도 없고 돈도 없고 얼굴도 못생겼고 매력 포인트도 없고 몸짱, 얼짱, 말짱 등 어디라도 짱이라 붙일 수 있는 것이 하나도 없는데 어떻게 하나님은 저를 사용하시겠다고 하시는 것입니까? 번지수를 잘못 찾으셨습니다. 저는 그런 위대한 일을 할 만한 인물이 아니랍니다"라고 말하는 것과 같습니다.

그러나 우리가 명심할 사실은 예수 믿는 사람이 가지고 있는 최대의 복은 나를 나의 시각으로 바라보는 것이 아니라 하나님의 시각으로 바라보는 것입니다. 나를 내 자신의 처지로 바라보면 나에게는 전혀 소망이 없습니다. 나를 내가 지금 살고 있는 입장에서만 생각한다면 나처럼 별 볼 일 없는 인물이 어디 있겠습니까? 이스라엘 백성들이 애굽에서 나온 다음에 모세가 가나안 땅에 정탐꾼을 보내니까 가나안 땅을 정탐하고 돌아온 정탐꾼들이 이런 보고를 합니다. 우리는 가나안을 차지하고 있는 아낙 자손에 비해서 체격도 작고 힘도 약하고 정말 메뚜기 같은 존재들입니다. 그들도 나를 그렇게 메뚜기처럼 생겼다고 할 것입니다. 이 메뚜기 콤플렉스를 가지고 있느냐 마느냐가 예수를 잘 믿느냐 마느냐를 판가름하는 기준입니다. 메뚜기 콤플렉스를 가지고 있는 사람은 절대로 이 세상에서 성공하지 못합니다. 하나님을 믿는 최대의 복은 나를 내 시각으로 바라보지 않고 하나님의 시각으로 나를 바라보는 것입니다.

여러분이 정말로 예수 그리스도를 구세주로 믿는 성도라면 다시 한번 생각하시기 바랍니다. 하나님께서 우리를 바라보시는 시각이 무엇입니까? 그것은 예수 그리스도의 구원의 은혜를 누리는 하나님의 백성, 의로운 자녀입니다. 예수 그리스도의 보혈로 말미암아 하나님 앞에서 모든 죄를 용서받은 의로운 자녀, 하나님의 백성이라는 사실입니다. 하나님 보시기에 의로운 백성이고 하나님의 자녀라는 말을 그냥 쓸데없는 웅얼거림으로 생각하지 마시기 바랍니다. 이 말 속에는 내가 가야 할 내 운명이 걸려 있습니다. 내 인생의 목표는 하나님의 자녀가 되는 것입니다. 하나님은 우리를 용서받은 죄인, 의롭다고 인정받은 하나님의 백성으로 보시는데, 우리는 자꾸만 내 스스로를 촌놈에다가 더럽고 지저분한 놈으로 생각하려고 합니다. 내 스스로의 시각으로 내 스스로의 조건으로 내 안에 있는 기준을 가지고 나를 바라본다면 여러분이나 나나 이 세상에서 절대로 소망이 없는 사람들입니다.

그렇습니다. 내 스스로의 조건이나 기준을 가지고 바라본다면 저는 시골 촌놈입니다. 부모님은 농사꾼에다가 아무런 비전도 없는 시골에서 살면서 정신을 차리지 못하고 더럽고 지저분하고 음란한 죄악만 저지르다가 지금도 그렇게 별 볼 일 없이 살고 있을 것입니다. 그러나 하나님께서 자꾸 저에게 비전과 소망을 주셨으며 그 과정에서 저는 제 자신을 저의 시각이 아니라 하나님의 시각으로 보게 되었습니다. 이 땅에는 하나님을 모르는 사람들이 많이 있으며 그들을 위한 삶, 그리고 하나님을 위한 삶을 살아야겠다는 소원이 생겼습니다. 그리고 별 볼 일 없는 저를 큰 용사라고 인정해 주시는 하나님의 말씀에 의지해서 한 걸음 한 걸음 살아왔고 또 앞으로도 그렇게 살고자 합니다.

둘째로, 우리가 하나님의 사람으로 쓰임을 받고자 한다면 하나님에 대해서 알아야 하고 하나님과의 개인적인 만남의 체험과 감격이 있어야 합니다. 예배를 통해서 하나님과 만나는 체험과 감격이 있어야 하고, 여러분의 마음속에 하나님에 대한 분명한 증거와 확신이 있어야 합니다. 계속되는 하나님의 권면의 말씀을 듣고서 기드온은 고민이 되기 시작했습니다. 지금 나와 말씀하시는 분이 정녕 하나님이 맞는지, 아니면 내가 헛것을 보고 있는 것은 아닌지 궁금한 생각이 들었습니다. 그래서 17절에서 "나와 말씀하신 이가 주 되시는 표징을 내게 보이소서 내가 예물을 가지고 다시 주께로 와서 그것을 주 앞에 드리기까지 이곳을 떠나지 마시기를 원하나이다"라고 했습니다. 그리고는 빨리 가서 정성스럽게 예물을 준비해 왔습니다. 19절 이하에 보면 염소 새끼 하나를 준비하고 가루 한 에바로 무교전병을 만들고 고기를 소쿠리에 담고 국을 양푼에 담아서 하나님의 사자 앞으로 가지고 왔습니다. 기드온이 준비한 예물은 당시로서는 상당히 정성스럽게 준비한 것들입니다. 미디안 족속들에게 재물과 곡식을 모두 약탈을 당한 상황에서 염소 새끼나 가루 한 에바는 결코 쉽게 내 놓을 수 있는 예물이 아니었습니다. 가루 한 에바는 지금으로 환산하자면 한 말 두 되 정도 되는 분량입니다만, 한 말 정도의 가루로 떡을 만든다는 것은 비용으로나 정성으로나 그렇게 쉬운 일이 아니었습니다. 그러나 기드온은 그것이 아깝지가 않았습니다. 자기 인생의 문제가 이 시점에서 하나님의 손아귀에 넘어가면서 이제 새로운 인생이 펼쳐질 것 같은 기대감이 충만하였기 때문입니다. 그리고 정말로 나와 약속하신 이 말씀이 정녕 하나님께서 하신 말씀인지, 이것을 확인해 보고 싶었습니다. 이것을 분명하게 확인할 수 있다면 천금을 주어도 아깝지 않다는 생각이 들었습니다.

그렇습니다. 우리가 정말 하나님께 쓰임 받는 사람이 되고자 한다면, 먼저 하나님의 약속의 말씀에 대해서 분명하게 확인해 보아야 합니다. 나에게 말씀하신 분이 정말 하나님이신지 확인해 보아야 합니다. 그것을 확인하기 위해서 우리는 하나님 앞에 나아가서 정성스럽게 예배를 드리는 가운데 내 문제를 꺼내놓고 그 문제에 대한 하나님의 말씀을 분명하게 확인해 보아야 합니다. 하나님은 우리에게 여러 가지 약속을 주십니다. 우리 삶 속의 문제가 해결되리라는 약속의 말씀을 주실 때도 있고, 나를 통해서 우리 가정의 문제, 우리 교회의 문제를 해결하기를 원하신다는 약속의 말씀을 주실 때가 있습니다. 말씀을 읽는 중에, 설교를 듣는 중에, 기도를 하는 중에, 집으로 가는 중에 그러한 약속의 말씀을 주실 때가 있습니다.

그때 우리는 조심해야 합니다. 정말 이 말씀이 하나님께서 주신 말씀인지 아니면 그냥 내 생각인지, 세상의 생각을 따라가는 것은 아닌지 구분해야 합니다. 내 마음에 주어진 말씀이 분명 하나님에게서 온 말씀이라는 확신을 얻으려면, 우리는 직접 하나님 앞에 나아가야 합니다. 정성스럽게 예물을 준비하고 마음을 준비하여 하나님께 나아가서 이 문제를 분명하게 하나님께 꺼내놓고 하나님께 물어보아야 합니다. 하나님! 정말 나를 통해서 우리 가정을 변화시키시기를 원하십니까? 하나님! 정말 나를 통해서 우리 자녀들의 교육 문제를 해결하기를 원하십니까? 하나님! 정말로 나를 통해서 우리 교회의 문제를 해결하기를 원하십니까? 하나님께 묻고 확답을 얻어내야 합니다. 확신이 없다면 우리는 결코 하나님의 일을 감당할 수 없습니다.

오늘날 한국교회의 문제는 하나님을 만나지도 않고서 하나님의 뜻이라고 주장하는 사람들 때문에 일어납니다. 하나님과의 분명한 만남과 그로 말미암은 확신이 없기 때문에 정말 하나님께서 원하시는 일임에도 불구하고, 중간에 어려운 일이 생기면 그만 포기를 해버림으로써 용두사미로 끝나고 맙니다. 그러나 하나님은 사람을 그렇게 쓰지 않습니다. 우리에게 약속의 말씀을 주시는 하나님은 이제 우리에게 더욱 분명한 확신을 주십니다. 그리고 바로 그러한 확신이 있을 때 비로소 우리는 세상이 능히 할 수 없는 엄청난 하나님의 일을 감당할 수 있습니다.

셋째로, 우리가 하나님의 사람으로 쓰임 받고자 한다면 우리는 먼저 우리의 죄의 문제를 정리해야 합니다. 기드온이 하나님을 만나고 난 다음 하나님은 그날 밤에 기드온에게 명령하십니다. 25절을 보십시오. "네 아비의 수소 곧 칠년된 수소를 취하고 네 아비에게 있는 바알의 단을 헐며 단 곁의 아세라 상을 찍고 또 이 견고한 성위에 네 하나님 여호와를 위하여 규례대로 한 단을 쌓고 그 둘째 수소를 취하여 네가 찍은 아세라나무로 번제를 드릴지니라." 기드온은 하나님으로부터 큰 용사라는 선언과 함께 미디안 족속을 물리치라는 명령을 받았고 또 그렇게 명령하신 분이 정녕 살아 계신 하나님이시라는 증거를 분명하게 체험하였습니다. 그러나 그렇게 놀라운 일들이 일어났지만 미디안 족속의 문제는 여전히 해결되지 않았습니다. 이 정도 하나님을 만났다면 우리 생각에는 이제 미디안 족속을 쳐부수러 가야 할 것 같습니다. 그러나 하나님은 기드온을 전쟁터로 보내지 않고 자기 집안에 있는 우상단지를 제거하고 하나님과의 예배를 회복할 것을 요구하십니다.

마찬가지로 우리가 정말로 하나님께 쓰임 받는 일꾼이 되고자 한다면, 먼저 우리는 거룩하신 하나님 앞에서 잘못된 죄악이 없는지, 내 마음속에 잘못된 죄악이 도사리고 있지는 않는지, 내 가정 속에, 내 직장 속에, 내 인간관계 속에 잘못된 죄악이 없는지 점검해 보아야 하고, 또 그 문제를 정리해야 합니다. 이 문제를 정리하는 것은 때로는 매우 어려운 고통이 따를 수 있습니다. 가족과 의견이 대립되고 분열의 아픔이 생길 수 있습니다. 주위 사람들 사이에 문제가 일어날 수 있습니다. 아무런 문제가 없었는데 갑자기 엉뚱한 일을 벌이는 사람처럼 무시당할 수도 있습니다. 모두가 다 함께 죄악을 범하는 상태에서 어느 한 사람이 이것에 대해서 문제를 삼으면, 가정적으로나 직장에서나 사회적으로 문제가 생깁니다. 그러나 정말로 우리가 하나님의 살아 계심을 믿는다면 우리는 하나님을 두려워하는 마음으로 우리의 발목을 붙잡고 있는 모든 죄악의 문제를 정리해야 합니다.

힘들지만 그렇게 죄악의 문제를 하나씩 정리할 때 비로소 우리는 하나님께 인정을 받을 뿐만 아니라 사람들에게서도 인정을 받을 수 있습니다. 기드온이 이스라엘의 지도자로 점점 부상하게 되는 계기가 언제인가 하면 바로 자기 가정의 죄악을 공개적으로 해결한 때입니다. 하나님의 일꾼은 어느 날 갑자기 낙하산을 타고 사람들 사이에 나타나서 내가 하나님의 명령을 받았으니 모두 나를 따르라 하는 식으로 일하지 않습니다. 하나님은 자기 일꾼이 철저하게 사람들에게서 인정을 받도록 하십시오. 사람들에게서 인정을 받지 않은 일꾼이 과연 하나님의 일꾼인지에 대해서 우리는 조심해서 판단해야 합니다. 그동안 기드온이 개인적으로 하나님과 만나면서 그 속사람이 뒤바뀌었다면, 이제 가정의 죄악을 해결하는 과정에서 기드온이라는 이름은 이스라엘 사회에 널리 알려지게 됩니다. 그리고 예전에는 우상을 섬기는 데 최선을 다 했던 가족들도 기드온을 지지하는 쪽으로 바뀌게 됩니다. 먼저 기드온의 아버지인 요아스도 이번 일을 계기로 우상을 섬기는 일에서 살아 계신 하나님을 섬기는 쪽으로 뒤바뀌게 되고 그 과정에서 전에는 말째라고 무시했지만 기드온을 인정하는 쪽으로 바뀌게 됩니다. 따라서 우리도 정말 하나님께 쓰임 받고자 한다면 먼저 내 자신의 죄악을 정리해야 하고 또 올바른 일을 통해서 사람들 사이에서 인정을 받아야 할 것입니다.

마지막으로 우리가 정녕 하나님의 사람으로 쓰임 받고자 한다면, 자신이 하나님의 영광을 위하여 이 일을 한다는 분명한 확신과 믿음을 가져야 합니다. 6장 이후 7장에서 기드온은 이스라엘 백성들을 불러 모아서 미디안 족속과 전쟁을 하러 가게 됩니다. 그 과정에서 하나님은 이스라엘 군사들을 시냇가로 데리고 가서 물을 마시게 합니다. 그래서 물에 고개를 숙여서 마시는 사람들은 모두 집으로 돌아가게 하고 물을 손으로 떠서 마시는 사람만 남게 합니다. 그 내용은 아마 여러분들도 잘 아실 것입니다. 지금은 전쟁 직전입니다. 군인 숫자가 하나라도 더 많아도 시원치 않을 판인데, 군인 숫자를 줄이고 있습니다. 그렇게 하는 가장 중요한 목적은 7:2의 말씀처럼 이스라엘이 착각하지 않도록 하기 위함입니다. 즉 숫자가 많아서 전쟁에 이긴 것으로 착각하지 않고 하나님께서 도와주셔서 승리했음을 분명하게 밝히기 위해서입니다.

우리가 하나님에게서 쓰임 받는 사람이 되고자 하는 이유가 무엇입니까? 우리가 이 땅에서 승리하며 성공하려는 이유는 무엇입니까? 그것은 내가 잘났다는 것을, 내가 실력이 좋고 똑똑하다는 것을 자랑하기 위함이 아닙니다. 나를 구원하시고 나를 큰 용사로 부르신 하나님의 영광과 은혜, 또 그분의 지혜를 자랑하고 증거하기 위함입니다. 하나님은 이렇게 당신의 영광을 나타낼

자를 지금도 부르고 계십니다. 성도 여러분! 하나님께서 우리를 사용하셔서 우리에게 놀라운 축복을 베푸시는 이유가 무엇인지 아십니까? 그것은 우리의 삶을 통해서 하나님의 영광을 나타내기 위함입니다. 하나님은 우리의 삶을 조사하십니다. 우리가 하나님을 자랑하고 하나님의 영광을 선포하기를 기뻐하는 삶인가, 아니면 자기 자랑만 하고 자기 앞가림만 하는 데에 바쁜 삶인가를 살피십니다. 기드온은 이 진리를 너무나도 뼈저리게 경험하였습니다. 그래서 말년에 이스라엘 사람들이 찾아와서는 왕이 되어달라고 할 때 이런 요청을 일언지하에 거절하였습니다. 8:23에서 기드온은 이렇게 말합니다. "내가 너희를 다스리지 아니하겠고 나의 아들도 너희를 다스리지 아니할 것이요 여호와께서 너희를 다스리시리라."

하나님은 지금도 자신의 코드에 맞는 사람을 찾고 계십니다. 그런 사람을 찾아서 하나님께서 가지고 계신 모든 능력과 영광과 권세를 그 사람에게 부어 주기를 원하십니다. 그 사람을 통해서 하나님의 나라를 증거하기를 원하십니다. 우리 모두는 마땅히 신앙의 용장들이 되어야 합니다. 이왕에 예수를 믿는다면 정말로 하나님의 손에 붙들려 하나님께 쓰임 받는 사람이 되어야 합니다. 우리가 하나님의 손에 붙들려 하나님에게 쓰임 받는 신앙의 용장이 되기 위해서는, 먼저 나를 내 시각이나 내 관점이 아니라 하나님의 관점으로 내 자신을 바라볼 줄 알아야 합니다. 둘째로는 하나님의 약속에 대해서 분명한 확신과 체험을 가져야 합니다. 쉽게 말하자면 하나님과의 분명한 만남의 체험이 있어야 합니다. 셋째로는 자신의 죄악의 문제를 정리하고 회개하며 거룩한 삶을 살아야 하고 그 과정에서 사람들의 인정을 받아야 합니다. 그리고 마지막으로는 내 모든 삶을 통해서 하나님의 영광을 드러내겠다는 분명한 인생의 목적이 있어야 합니다.

사랑하는 성도 여러분, 오늘도 하나님은 자신의 코드에 맞는 사람, 하나님의 마음에 합당한 사람을 찾고 계십니다. 큰 용사로서 하나님 기뻐하시는 사람으로 변화되어 하나님께 귀하게 쓰임 받는 신앙의 큰 용사들이 다 되시기를 주님의 이름으로 축원합니다.

미주 Notes

서론

1. Warren W. Wiersbe and Lloyd M. Perry, *The Wycliffe Handbook of Preaching and Preachers* (Chicago: Moody, 1984), 296. 척 스윈돌(Chuck Swindoll)과 빌리 그래함(Billy Graham), 그리고 스튜어트 브리스코(Stuart Briscoe)와 같은 현대의 설교자들은 종종 인물설교를 전하고는 있지만, 그 누구도 워어스비와 페리만큼이나 인물설교에 대해서 언급하지는 못하고 있다. 최근에 진 게츠(Gene Getz)는 Broadman/Holman 출판사를 통해서 '성경의 인물들'(Men of Character) 시리즈 일환으로 출간된 최근의 몇 몇 책들에서 성경의 여러 인물들에 대한 전기를 다루고 있다.
2. 아마존(Amazon.com)에서 '독백 설교'(monologue sermon)라는 제목으로 도서를 검색해 보면 대략 8권 정도의 책을 발견할 수 있다. 그 중에 네 권은 절판되었고 두 권은 '인물설교'(biographical preaching)라는 제목으로 출판되었다. 이들 대부분의 책은 극적인 독백 설교의 특정 영역에 대해서 집중적으로 다루고 있다.
3. 프리칭(Preaching) 저널지가 1994년도에 '올해의 책'으로 선정했던 브라이언 채플(Bryan Chapell)의 최근의 탁월한 설교학 교과서인 『그리스도 중심의 설교』(*Christ-Centered Preaching: Redeeming the Expository Sermon*, Grand Rapids: Baker, 1994)는 색인에서조차 '인물설교'(biographical preaching)에 대해서 소개하지 않고 있다. 이렇게 현대의 설교학 도서들에서 인물설교가 충분히 논의되지 않기 때문에 자연히 오늘날의 복음주의적인 설교자들이 '효과적인 인물설교'로부터 멀어질 수밖에 없다.

4. Donald F. Chatfield, "Textbooks Used by Teachers of Preaching," *Homiletic* 9, no. 2(1984):1-5. 네 권의 설교학 교과서에 대한 리뷰 기사를 참고하라. Thomas G. Long, *Homiletic* 10, no 1(1985): 7-11; 이 외에도 세 권의 설교학 교과서에 대한 리뷰 기사는 Homiletic 11, no. 1(1986): 9-12를 참고하라. 좀더 최근에 인물설교에 대해서 다루고 있는 책으로는 Roy E. DeBrand, *Guide to Biographical Preaching* (Nashville: Broadman, 1988)을 보라. 인물설교에 대한 디브랜드(Roy E. DeBrand)의 공헌은 참으로 환영할 만하지만 아쉽게도 이 책은 현재 절판되었다.
5. 최근에 맥킨토쉬(McIntosh)는 복음서에 초점을 둔 인물설교의 중요성에 대해서 강조하고 있다. "복음서는 구주 예수 그리스도를 중심인물로 여기는 신학적인 전기로 이해할 수 있다. 당시 주님을 만나고 그와 관계했던 사람들은 오늘날의 교회 성도들이 주님과 자신들의 관계를 이해하는 데 도움이 되는 여러 방법들을 제공한다." Douglas McIntosh, "Preaching the Gospels," *Gospel Herald and the Sunday School Times* 13(summer 1995):62.

제1장: 인물설교의 정의

1. Hamilton Gregory, *Public Speaking for College and Career*, 3d ed. (New York: McGraw-Hill, 1993), 310.
2. 블록(Bullock)은 이런 견해에 동의하고 있다. "강해 설교는 다음 두 가지 기본적인 형태를 취할 수 있다. 먼저는 성경의 제한적인 몇 몇 구절의 의미를 자세히 해설하는 형태가 있으며… 둘째로 좀더 통합적인 접근을 취하면서 성경의 특정 책이나 주제, 혹은 서로 관련된 여러 구절들의 신학적인 의미를 자세히 해설하는 형태가 있다. 후자의 경우에는 성경신학적인 흐름에 더 많은 노력을 기울이게 된다." C. Hassel Bullock, "Preaching in the Poetic Literature," *Handbook of Contemporary Preaching*, ed. Michael Duduit (Nashville:

Broadman, 1992), 294.
3. 이 점과 관련하여 밀러(Donald G. Miller)는 이렇게 적고 있다. "따라서 주제설교와 본문설교, 그리고 강해설교라는 예전의 범주는 설교에 담긴 성경적인 내용을 중요시하는 관점에서 볼 때 더 이상 타당한 구분이 아니다. 이러한 획일적인 구분이 전문적인 설교학의 영역에서 얼마나 타당성을 얻는지는 알 수 없지만, 설교에 담긴 성경적인 내용을 적절하게 설교하는 데 부정적인 해를 끼칠 뿐이다." Donald G. Miller, *The Way to Biblical Preaching* (Nashville: Abingdon, 1957), 27. 에릭슨과 헤플린도 이러한 견해에 동의하면서 강해설교를 가리켜서 "성경 본문의 일부분을 설명하고 그 의미를 명료하게 전달하는 설교로 정의할 수 있다. 강해설교에서 전달되는 성경의 진리는, 이를 듣는 사람들에게 합당하게 적용되어야 한다는 관심 아래 세심한 연구를 통해서 드러난 것이어야 한다."고 정의하고 있다. Millard J. Erickson and James L. Hoflin, *Old Wine in New Wineskins: Doctrinal Preaching in a Changing World* (Grand Rapids: Baker, 1997), 170. 이승진 역, 『건강한 교회를 위한 교리설교』(서울: CLC). 여기에서 에릭슨과 헤플린은 독자들이 '성경 본문의 일부분'(portion of Scripture)이라는 표현을 단지 한 구절만으로 제한하는 것으로 오해하지 않도록 하려고 다음과 같은 설명을 덧붙이고 있다. "그래서 다시 정의해 보자면 강해설교에서 설교자는 한 단어나 구, 혹은 두 세 절 이상의 여러 절이든 관계없이 성경의 어느 분량을 자유롭게 설교 본문으로 선택할 수 있다. 또 설교 본문을 성경의 특정한 책 한권에서 택할 수도 있고, 여기 저기 여러 책에서도 택할 수 있다. 이렇게 설교에서 다루는 성경 본문들이 원래 연속적으로 이어지는 경우가 아니더라도, 또는 같은 책의 몇 장들을 다루더라도 분명 성경적인 설교는 가능하다." Ibid., 171. 본인도 강해(exposition)라는 개념의 기본적인 정의에 대해서 이와 유사한 입장을 취하고 있으며 앞에서도 암시한 바와 같이 이런 입장에서 성경에 대한 강해설교를 설명하고 있다.
4. 성경의 메시지를 어떻게 준비해야 하는지에 관한 공개강연을 담은 그의 책에서 듀안 릿핀(Duane Litfin)은 이렇게 적고 있다. "때로는 한 편의 설교를 위

해서 여러 본문을 다루어야 하는 경우도 있다. 이런 설교가 바로 주제설교인데 여기에서는 설교자가 다룰 주제를 집중적으로 다룬다. A. Duane Litfin, *Public Speaking: A Handbook for Christians* (Grand Rapids: Baker, 1981), 335.

5. 비록 바인스(Vines)는 인물설교에 대한 자세한 정보를 제시하지도 않고 또 인물설교를 어떻게 작성하는지에 관한 그 어떤 지침도 소개하지 않지만, "인물설교도 강해설교의 형태로 전달될 수 있다"는 점에 동의하고 있다. Jerry Vines, *A Practical Guide to Sermon Preparation* (Chicago: Moody, 1985), 4.

6. Charles W. Koller, "Emphases in Preaching," in *Baker's Dictionary of Practical Theology*, ed. Ralph. G. Turnbull (Grand Rapids: Baker, 1967), 22.

7. 인물설교의 접근 방법과 관련하여 휘셀(Whitesell)은 세 가지 범주와 스물두 가지 구체적인 형태를 세부적으로 소개하였다. 먼저 그가 제시하는 인물설교의 세 가지 범주는 (1) 성경 인물의 이름을 설교의 주제로 다루는 주제 분석(subject analysis)과 (2) 설교의 논의를 적절히 제한하기 위하여 어느 정도 한정된 논의들만을 포함시키는 논제 분석(thematic analysis), (3) 그리고 핵심적인 확정이나 질문, 혹은 권고를 중심으로 설교 메시지가 구성되는 명제 분석(propositional analysis)이다. 그 다음에 휘셀은 이러한 세 가지 범주를 다시 다음과 같이 스물두 가지 구체적인 형태로 확장한다. 인물 분석(character analysis), 경력 분석(career analysis), 활동 분석(activity analysis), 장소 분석(place analysis), 위기 분석(crisis analysis), 관계 분석(relationship analysis), 공헌 분석(contribution analysis), 탁월성 분석(greatness analysis), 보상 분석(reward analysis), 유형 분석(type analysis), 관점 분석(perspective analysis), 집단 분석(group analysis), 교훈 분석(lesson analysis), 삶의 원리 분석(life-principle analysis), 핵심 사건 분석(key-event analysis), 단일 사건 분석(single-event analysis), 핵심 구절 분석(key-text analysis), 거듭 강조되는 개념 분석(recurring-idea analysis), 독특한 개념 분석(unique-idea analysis), 비교와 대조 분석(comparison-and-contrast

analysis), 심리 분석(psychological analysis), 시리즈 분석(series analysis). Faris D. Whitesell, *Preaching on Bible Characters* (Grand Rapids: Baker, 1955), 26-49. 휘셀의 여러 관점들은 매우 유용하고 암시하는 바가 풍부하긴 하지만, 그가 제시하는 인물설교의 범주와 유형은 전체를 쉽게 파악하기에는 너무 복잡하다는 단점이 있다. 이 책에서의 본인의 의도는 인물설교에 대한 여러 가지 접근 방법들을 단순화시켜서 실제로 설교자들이 좀더 쉽게 적용할 수 있도록 하려는 것이다.

8. Lloyd M. Perry, *A Manual for Biblical Preaching* (Grand Rapids: Baker, 1977), 106.
9. 효과적인 설교 개요 작성 과정에 대한 논의는 제5장(인물설교의 여러 기교들)에서 다뤄질 예정이다.
10. 이러한 세 가지 질문에 대해서 본인은 사우스웨스턴 침례신학교의 전임 설교학 교수였던 제프 레이 박사(Dr. Jeff Ray) 박사로부터 도움을 받았다. 자세한 내용은 다음의 책에서 찾아볼 수 있다. Harry C. Mark, *Patterns for Preaching* (Grand Rapids: Zondervan, 1959), 31.

제2장: 인물설교의 철학

1. 성경의 다양한 장르의 해석학에 대한 최근의 탁월한 논의로는 다음을 참고하라. Tremper Longman III. *Literary Approaches to Biblical Interpretation* (Grand Rapids: Zondervan, 1987).
2. 이 문제를 좀더 자세히 다루고 있는 책들로는 다음을 참고하라. Robert Alter, *The Art of Biblical Narrative* (New York: Basic Books, 1981); Edmund P. Clowney, *Preaching and Biblical Theology* (Grand Rapids: Eerdmans, 1961); Mark Eckel, "A Methodology and Model for Teaching Narrative Material from the Old Testament," (Th. M thesis, Grace

Theological Seminary, 1983); Gordon D. Fee and Douglas Stuart, *How to Read the Bible for All Its Worth* (Grand Rapids: Zondervan, 1982); Leland Ryken, *The Literature of the Bible* (Grand Rapids: Zondervan, 1974); idem, Words of Life: A Literary Introduction to the New Testament (Grand Rapids: Baker, 1987);idem, *Words of Delight: A Literary Introduction to the Bible* (Grand Rapids: Baker, 1987),

3. 물론 영감으로 기록되어 무오한 성경 본문에 대한 전제와 관련하여 몇 가지 난제가 제기되기도 한다. '성경 무오에 관한 국제 협의회'(International Council on biblical Inerrancy)와 같은 기구들이 이러한 난제들을 다루기도 한다. 하지만 성경의 영감과 무오에 관한 기본적인 전제는 여전히 인정되고 있다. 이 주제와 관련하여 다음 자료를 참고하라. James Montgomery Boice, *The Foundations of Biblical Authority* (Grand Rapids; Zondervan, 1978); Norman Geisler, *Inerrancy* (Grand Rapids; Zondervan, 1980); John W. Montgomery, ed. *God's Inerrant Word: An International Symposium on the Trustworthiness of Scripture* (Minneapolis: Bethany, 1974); Moises Silva, *Has the Church Misread the Bible?* (Grand Rapids; Zondervan, 1987).

4. 이러한 정의는 전문적으로 성경의 원본과 관련해서 논의된다. 하지만 이러한 영감의 실제적인 결과는 오늘날 우리가 사용하는 역본들의 원본과 그에 대한 정확한 번역 모두에게 그대로 적용된다.

5. 영감 교리에 관한 추가적인 논의를 위해서는 다음을 참고하라. Stewart Custer, *Does Inspiration Demand Inerrancy?* (Nutley, N. J.: The Craig Press, 1968); R. Laird Harris, *Inspiration and Canonicity of the Bible* (Grand Rapids: Zondervan, 1976); Rene Pache, *The Inspiration and Authority of Scripture*, trans. by Helen I. Needham (Chicago: Moody, 1971), 영감에 관한 간략하면서도 유용한 개요에 대해서는 다음을 참고하라. Lewis Sperry Chafer, *Major Bible Themes*, rev. John F. Walvoord

(Grand Rapids: Zondervan, 1974), 16-36.
6. William Barclay, *The Promise of the Spirit* (Philadelphia; Westminster, 1960), 106.
7. 주해학자/목회자와 하나님의 능력과의 상호관계에 대한 예리한 통찰을 위해서 다음을 참고하라. Walter C. Kaiser Jr. in *Toward an Exegetical Theology: Biblical Exegesis for Preaching and Teaching* (Grand Rapids: Baker, 1981), 235-47. 제리 바인스(Jerry Vines)도 다음의 책에서 설교 전달의 영적인 측면에 관하여 실제적인 지침들을 제시하고 있다. Jerry Vines, *A Guide to Effective Sermon Delivery* (Chicago: Moody, 1986), 147-64.
8. Charles H. Spurgeon, *The Soul Winner* (Grand Rapids: Eerdmans, 1963), 74-76.
9. Walter L. Liefeld, *New Testament Exposition: From Text to Sermon* (Grand Rapids; Zondervan, 1984), 97.
10. 이와 관련하여 본인은 엑켈(Eckel)의 자료를 참고하였다. "A Methodology and Model for Teaching Narrative Material from the Old Testament," 12-17.
11. Robert Haldane, *Exposition of the Epistle to the Romans* (Evansville: Sovereign Grace Book Club, 1958), 610.
12. John A. Witmer, "Romans," in *The Bible Knowledge Commentary: New Testament*, ed. John F. Walvoord and Roy B. Zuck (Wheaton: Victor Books, 1983), 495.
13. 다시 말해서 우리가 성경에서 접하게 되는 자료들은 정리된 것이라는 점을 염두에 두어야 한다. 즉 성경의 자료들은 역사적인 사건들에 대하여 선택적이며 특정한 부분을 강조하고 특정한 관점에 따라 해석된 내용이라는 점이다. Longman, *Literary Approach to Biblical Interpretation*, 88.
14. 따라서 본문을 해석하는 과정에서 해석자는 내러티브 단락들이 놓여져 있는 좀더 커다란 맥락을 파악하면서 저자는 전체 내러티브의 흐름 속에서 특정 사건의 기록 일부분을 바로 여기에 위치시키고 있는지에 대하여 질문하는 것

이 매우 중요하다. 그래서 특정 본문의 의미에 대한 쌍둥이 실마리는 특정 사건이나 삽화의 배열(arrangement)과 뒤죽박죽된 여러 연설과 인물들, 혹은 사건들 속에서의 특정한 부분에 대한 선택(selection)에서 찾아볼 수 있다. Walter C. Kaiser Jr., *Toward an Exegetical Theology: Biblical Exegesis for Preaching and Teaching* (Grand Rapids: Baker, 1981), 205. 내러티브 장르의 역동성에 관한 좀더 자세한 논의를 위해서는 다음을 참고하라. Longman, *Literary Approaches to Biblical Interpretation*, 83-95.

15. 이 부분과 관련하여 본인은 다음의 자료에 빚을 지고 있다. Gordon D. Fee and Douglas K. Stuart, *How to Read the Bible for All Its Worth* (Grand Rapids: Zondervan, 1993), 74-78.

16. Ibid., 74-75.

17. 카이저는 내러티브 본문에 대한 알레고리 접근의 몇 가지 사례를 소개하고 있다. 이러한 알레고리 해석은 설교자들이 반드시 피해야만 하는 것들이다. Kaiser, *Toward and Exegetical Theology*, 198-202.

18. 플롯과 배경에 관한 좀더 유용하고도 자세한 논의를 위해서는 다음을 참고하라. Longman, *Literary Approach to Biblical Interpretation*, 93-95.

19. 디모데후서 3:16은 성경의 저자가 아니라 성경 자체가 영감되었음을 말한다. 하지만 인간 저자는 분명히 성령 하나님의 지도를 받았으며 그래서 오늘날의 표현에 의하자면 성경이 영감되었다고 말할 수 있다.

20. Fee and Stuart, *How to Read the Bible for All Its Worth*, 78. 괄호 안의 설명은 저자가 덧붙인 것이다. 워어스비도 내러티브 본문 연구를 위한 몇 가지 지침들을 제공하고 있다. Warren W. Wiersbe, *Preaching and Teaching With Imagination* (Wheaton: Victor Books, 1994), 247-49.

I. 본문
    A. 성경의 특정 책 전체 메시지가 전해지는 장소
    B. 특정 책 중의 일부분이 전해지는 장소

II. 사람들

A. 내러티브에 등장하는 이들의 이전 역사와 의의

　　　B. 각각의 사람들 사이의 상호관계

　　　C. 미래의 역사: 그들에게 무슨 일이 일어났으며 그 이유는?

　　　D. 그들은 성경의 다른 곳에서도 언급되고 있는가?

III. 장소

　　　A. 성경 내러티브 안에서의 중요성

　　　B. 이름의 의미와 변화

　　　C. 세속 역사 속에서의 중요성

　　　D. 중요한 고고학적인 발굴 자료들

IV. 사건들

　　　A. 연대기 순서로 사건들을 정리하라.

　　　B. 역사 속에서의 시간적인 배경을 정하라.

　　　C. 세속 역사 속에서의 평행되는 사건들은?

　　　D. 사람들의 행동의 배후에 있는 동기들

　　　E. 행동의 파장과 파급효과

　　　F. 각 개인의 관점에서 사건을 바라보라.

　　　G. 같은 사건을 성경의 다른 곳에서는 어떻게 언급하고 있는가?

V. 화자들

　　　A. 누가 말하고 있으며 누구에게, 왜, 그리고 어떻게 말하고 있는가?

　　　B. 화자에 관하여 어떤 내용이 나타나는가?

　　　C. 각 메시지의 파급효과는 무엇인가?

　　　D. 화자가 혹시 침묵하고 있지는 않는가? 그렇다면 언급되지 않은 내용은?

　　　E. 그들은 단어나 구절을 반복하는가? 혹은 바꾸지는 않았는가?

　　　F. 특정 단어와 구절에 특별한 의미를 담고 있지는 않은가?

VI. 교리들

　　　A. 이 내러티브는 하나님에 관하여 뭐라고 말하는가?

B. 인간에 대해서는 뭐라고 말하는가?

　　C. 창조와 섭리에 대해서는 무엇을 말하는가?

　　D. 그 내용은 구원의 역사와 어떻게 부합하는가?

　　E. 메시아에 관한 메시지를 담고 있지는 않은가?

　　F. 하나님의 백성에 관해서는 무엇을 말하는가?

VII. 상징들

　　A. 상징적인 사물이나 사람, 사건/행동, 그리고 단어는 없는가?

　　B. 분명한 모형론은 찾아볼 수 없는가?

VIII. 본문 내의 특정 문제점

　　A. 번역상의 문제점

　　B. 신학적인 문제점

　　C. 역사적인 문제점(연대기)

IX. 실제적인 적용

　　A. 약속과 격려

　　B. 경고와 명령

　　C. 영적인 원리들

　　D. 오늘날의 사건들과의 대조

　　E. 구약의 예증; 신약의 해석

21. 내러티브 설교에 대한 좀더 자세한 논의를 위해서는 다음을 참고하라. Millard J. Erickson and James L. Heflin, *Old Wine in New Wineskins: Doctrinal Preaching in a Changing World* (Grand Rapids: Baker, 1997). 이승진 역, 『건강한 교회를 위한 교리설교』(서울: CLC); Richard A. Jensen, *Telling the Story* (Minneapolis: Augsburg, 1980); Eugene L. Lowry, *Doing Time in the Pulpit* (Nashville: Abingdon, 1985); Edmund A. Steimle, Morris J. Niedenthal, and Charles L. Rice, *Preaching the Story* (Philadelphia: Fortress, 1980).

제3장: 인물설교의 가치

1. 예를 들어 그레이다누스는 참된 강해설교는 성경의 메시지를 단일한 성경 본문에 기초하여 제시하는 것이fk는 입장을 강조한다. Sidney Greidanus, *The Modern Preacher and the Ancient Text* (Grand Rapids: Eermans, 1988). 좀더 최근에 그레이다누스는 다음의 소논문에서 인물설교의 개념에 대하여 이의를 제기하고 있다. "The Necessity of Preaching Christ from the Old Testament," *Preaching* 15 (May-June 2000): 20-27. 그레이다누스가 제안한 대부분의 내용은 매우 유용하고 자극적이며 그가 제시하는 요점들은 세심하게 고찰할 필요가 있다. 하지만 아쉽게도 인물설교에 대한 그의 평가는 인물설교 방법을 부적절하게 과용하는 일부 설교자들에 대한 또 다른 과민반응이라고 할 수 있다. 그래서 이 주제에 대하여 좀더 균형 잡힌 시야를 제공하는 유용한 소논문으로는 다음을 참고하라. Timothy Peck, "Salvaging the Old Testament Biographical Sermon," *Preaching* 15 (Many-June 2000):28-30.
2. Harry Farra, *The Sermon Doctor* (Grand Rapids: Baker, 1989), 60-61.
3. Clarence Edward Macartney, *Preaching Without Notes* (Nashville: Abingdon-Cokesbury, 1946), 128.
4. John W. Etter, *The Preacher and His Sermon* (Dayton, Ohio: United Brethren Publishing House, 1891), 220.
5. Faris Daniel Whitesell, *Preaching on Bible Characters* (Grand Rapids: Baker, 1955), 20.
6. 이에 대한 환영할 만한 예외적인 사례를 최근의 브라이언 채플(Bryan Chapell)의 저서에서 찾아볼 수 있다. 그에 따르면, 성경적인 필요(a biblical need)는 '체감 필요'(a felt need)일 수도 있고 그렇지 않을 수도 있다고 한다. 계속해서 그는 이 주제를 다음과 같이 좀더 자세히 설명한다. "최근에 청중의 체감 필요에 초점을 맞춘 설교들에 대한 많은 비평들이 제기되고 있다. 이런

설교는 복음을 청중에게 매력적으로 다가오게끔 하려고 한다. (이와 관련해서 찰스 크래프트의 *Communicating the Gospel God's Way* [Pasadena, Calif.: William Carey Library, 1979] 견해에 대한 반응으로 나온 다음 자료를 보라. Terry Muck, "The Danger of Preaching to Needs" [Jackson, Miss.: Reformed Theological Seminary ministries cass., 1986]). 이러한 비평들은 설교가 지나치게 청중의 체감 필요에 치우칠 경우 신앙과 예배가 청중의 자기 관심사 문제로 전락된다는 점을 적절히 지적하고 있다. 그와 동시에 염두에 둘 점은 복음은 때로는 청중들이 체감 필요를 통해서 자신들의 진정한 성경적 필요를 직시하도록 도와준다는 것이다(요 4:4-26; 행 17:22-23). 그래서 설교자들은 청중이 각자의 성경적인 필요를 깨달으며 더 나아가서 성경적인 의무와 책임들을 분간할 수 있도록 돕는 것을 주저하지 말아야 한다. Bryan Chapell, *Christ-Centered Preaching: Redeeming The Expository Sermon* (Grand Rapids; Baker, 1994), 46 n. 11.

7. Andrew Watterson Blackwood, *Biographical Preaching for Today: The Pulpit Use of Bible Cases* (Nashville; Abingdon, 1954), 16-17.

8. Nelson Price, "Preaching and Church Growth," *Handbook of Contemporary Preaching*, ed. Michael Duduit (Nashville: Broadman, 1992), 491.

9. Thomas H. Holmes and Richard H. Rahe, "The Social Readjustment Rating Scale," *Journal of Psychosomatic Research* 11(1967):213-18.

10. 이 시점에서 복음주의 학자들 사이에 계속되고 있는 한 가지 논쟁에 관하여 잠깐 언급할 필요가 있다. 성경의 해석과 관련하여 논쟁의 핵심 사안은 '저자의 의도'에 관한 것이다. 많은 학자들은 주장하기를 성경 본문 해석에 있어서 저자의 의도는 결정적으로 중요하며 해석자의 책임은 본문에 대한 해석 과정을 시작하기 전에 먼저 그 저자의 의도를 이해하는 것이라고 한다. 본인도 본문에 대한 저자의 의도를 파악하는 것은 해석에 매우 도움이 될 것이라는 점에 동의한다. 하지만 본문의 배후에 있을 저자의 의도를 완벽하게 파악하려는 노력이 과연 타당한 것인지에 대해서는 확신할 수 없다. 해석자는 성경 본문

이 말한 것으로부터 그 본문 배후에 있는 저자의 의도를 짐짓 이해했다고 하는 것으로 이동함에 있어서 매우 세심한 주의를 기울여야 한다. 이 점과 관련하여 가이슬러(Geisler)는 다음과 같이 지적하고 있다. "저자의 의도에 관하여 우리가 알 수 있는 모든 것은 그 본문에서 저자가 이미 말한 것에 들어 있다. 저자가 말하려고 계획하였을 뿐 실제로 표현하지 않은 것에서 이를 찾아낼 수는 없는 노릇이다. 그래서 저자의 계획(의도)에 대한 우리의 지식은 영감으로 기록된 본문 그 자체에 제한될 수밖에 없다. 본문에 표현되지 않은 저자의 의도에 관하여 말한다는 것은, 본문의 권위를 본문 자체로부터 본문 배후에 있을 저자의 마음으로 이동시키는 셈이다." Norman L. Geisler, "The Relation of Purpose and Meaning in Interpreting Scripture," *Grace Theological Journal* 5 [Fall 1984], 230. 가이슬러는 그림 작품의 아름다움을 성경의 의미와 비교하면서 이 주제를 예증적으로 설명하고 있다. "그림의 아름다움이 그림 배후에 있다고 말하지 않는 것처럼, 해석 과정에서 찾아낼 수 있는 본문의 의미도 본문을 떠나서 본문 배후의 저자의 의도 속에 놓여 있지 않다. 그림 작품의 아름다움이 캔버스 위에 칠한 그림물감을 통해서 표현되는 것처럼, 본문의 의미도 본문 안에서 표현된다." Ibid., 231.

11. 성경의 이야기를 효과적으로 전달하는 것과 관련해서 다음으로부터 유용한 도움을 얻을 수 있다. Reg Grant and John Reed, *Telling Stories to Touch the Heart* (Wheaton: Victor Books, 1990).

12. Blackwood, *Biographical Preaching for Today*, 19.

13. 이 관점을 강조하면서 에스더서를 강해하는 내용을 위해서는 다음을 참고하라. John C. Whitcome, *Esther: Triumph of Gods' Sovereignty* (Chicago: Moody, 1979).

14. Ross W. Hayslip, "Preaching Great Bible Characters," in *Biblical Preaching for Contemporary Man*, comp. Neil B. Wiseman (Grand Rapids: Baker, 1976), 90.

제4장: 인물설교 준비 방법

1. 인물설교에 대한 다양한 접근 방법에 관한 몇몇 사례가 이 책에서 제시되고 있다.
2. 이 부분과 관련된 본인의 사고를 정리함에 있어서 다음 몇 분들의 도움을 받았다. Dwight Eshelman Stevenson, *In the Biblical Preacher's Workshop* (Nashville; Abingdon, 1967), 94-106; David M. Brown, *Dramatic Narrative in Preaching* (Valley Forge: Judson, 1981), 15-19; Lloyd M. Perry, *Biblical Preaching for Today's World* (Chicago: Moody, 1973), 64-86; Herbert Lockyer, *All the Men of the Bible* (Grand Rapids; Zondervan, 1976), 17-19.
3. 이와 관련하여 로스(Ross)는 다음과 같이 경고한다. "오늘날 구약의 내러티브를 설교함에 있어서 일부 예비 설교자들은 성경의 저자들이 자세히 언급하지 않은 세부 사항들이나 정황들에 대하여 상상력을 발휘하여 창조적으로 채워 넣으면서 설교 메시지를 흥미롭게 하거나 또는 연관성 있게 만들려는 시도로 내러티브 본문을 과장되게 윤색하려고 한다. 그러한 설교자들은 때로는 적용적인 의미를 본문이 아니라 본문에 추가적으로 방금 덧붙인 자료들에서 끌어오곤 한다. 그 결과 설교가 성경적인 것처럼 보이거나 또는 성경적인 철학을 반영하는 것처럼 보이겠지만 실은 그 메시지는 성경 본문으로부터 비롯된 것이 아니다." Allen P. Ross, *Creation and Blessing: A Guide to the Study and Exposition of Genesis* (Grand Rapids: Baker, 1988), 46 n. 4. 인물설교를 전하는 설교자들은 로스의 훈계를 명심해야 한다. 하지만 그와 동시에 인정할 점은 특정한 내러티브 전후에 둘러싸여진 여러 배경들이나 정황들은 자연스러운 일상적인 삶의 활동들의 일부분이며 그런 까닭에 그런 정황들에 대한 이해로부터 여러 해석적인 유익을 얻으려는 것은 그렇게 부당한 것이 아니라는 점이다.
4. 본서의 제2장은 이 개념과 관련된 몇 가지 이슈들을 다루고 있다. 성경의 내러

티브 장르를 어떻게 이해해야 하는가? 성경의 내러티브는 단순히 지나간 과거의 사건들을 서술적으로 묘사하고 있을 뿐인가? 아니면 본질적으로 후대의 독자들을 위하여 어떤 규범을 제시하려는 의도를 가지고 있는가? 내러티브나 전기적인 구절들 속에 담긴 성경 저자의 목적을 어떻게 파악할 수 있는가? 인물 설교를 올바로 준비하려고 할 때 이러한 질문들은 매우 적절한 것들이다.

5. Jim Wilhoit and Leland Ryken, *Effective Bible Teaching* (Grand Rapids: Baker, 1995), 35.
6. Andrew Watterson Blackwood, *Biographical Preaching for Today: The Pulpit Use of Bible Cases* (Nashville: Abingdon, 1954), 134.
7. Wilhoit and Ryken, *Effective Bible Teaching*, 36.
8. Milton Dickens and James H. McBath, *Guidebook for Speech Communication* (New York: Harcourt Brace Jovanovich, 1973), 176.
9. 청중 분석에 관한 좀더 자세한 논의를 위해서는 다음을 참고하라. J. Daniel Baumann, *An Introduction to Contemporary Preaching* (Grand Rapids: Baker, 1981), 47-58; and A. Duane Liftin, *Public Speaking: A Handbook for Christians* (Grand Rapids: Baker, 1981), 33-72.
10. 비록 사무엘상 12:11의 히브리 원문에는 '베단'으로 표기되어 있지만, 주석학자들은 이 단어가 바락의 또 다른 이름이거나 아니면 사본으로 옮겨 적던 필사자들의 실수라고 주장한다. 카일과 델리취(Keil and Delitzsch)는 칠십인역과 시리아 역본, 그리고 아라비아 역본 모두에서 바락으로 표기하고 있다고 하면서 다음과 같이 설명하고 있다. "이러한 결론은 바락을 사사들 중에 가장 유명한 인물들 중의 하나로 간주하던 정황에 의해서 뒷받침되며 히브리서 11:32에서 기드온과 입다 옆에 나란히 등장하는 점을 반영한다." C. F. Keil and Franz Delitzsch, *Biblical Commentary on the Books of Samuel*, trans. James Martin (Grand Rapids: Eerdmans, 1968), 118. See also John J. Davis, The Birth of a Kingdom (Grand Rapids; Baker, 1974), 51-52.

11. Haddon W. Robinson, *Biblical Preaching: The Development and Delivery of Expository Messages* (Grand Rapids: Baker, 1980), 33. 박영호 역, 『강해 설교』(서울: CLC).

제5장: 인물설교의 여러 기교들

1. 이 장의 목적은 설교 준비 과정에 대한 자세한 설명을 제공하려는 것이 아니다. 그러한 설명은 다른 여러 설교학 책들에서 충분히 소개되고 있다. 이 장은 그러한 책에서 언급되고 있는 중요한 요점들을 개괄하면서 이런 내용들이 어떻게 인물설교에 적용될 수 있는지를 제시하려는 것이다.
2. 이 주제에 관한 좀더 자세한 논의를 위해서는 다음을 참고하라. Walter Kaiser Jr., "The Exegete/Pastor and the Power of God," *Toward an Exegetical Theology* (Grand Rapids: Baker, 1981), 235-47.
3. 명제(proposition)에 관한 유용한 논의를 위해서는 다음을 참고하라. James Braga, "The Proposition," *How to Prepare Bible Messages* (Portland: Multnomah, 1969), 92-109. 명제에 대한 브라가(Braga)의 마지막 범주는 매우 유용한 것이라 여겨진다. 이 외에 명제에 대한 추가적인 도움은 다음을 살펴보라. Lloyd M. Perry and Faris Daniel Whitesell, *Variety in Your Preaching* (Old Tappan, N. J.: Revell, 1954).
4. 효과적인 설교 개요와 구조에 관한 유용한 논의를 위해서는 다음을 보라. Bryan Chapell, *Christ-Centered Preaching: Redeeming the Expository Sermon* (Grand Rapids: Baker, 1994), 126-61.
5. 이러한 접근을 옹호하는 대표적인 스피치 커뮤니케이션 교본들은 다음과 같다. Michael Osborn and Suzanne Osborn, *Public Speaking*, 3d. ed. (Boston: Houghton Mifflin, 1994), 218; Hamilton Gregory, *Public Speaking for College and Career*, 4th ed. (New York: McGrawHill,

1996), 250-51. 설교학 교본들 중에서 이러한 접근을 옹호하는 입장을 담은 책으로는 해돈 로빈슨(Haddon Robinson)의 잘 알려진 *Biblical Preaching: The Development and Delivery of Expository Message* (Grand Rapids: Baker, 1980), 131을 참고하라. 박영호 역, 『강해 설교』(서울: CLC).

6. 데이빗 라센(David Larsen)도 이러한 접근 방법을 인정하고 있다. David L. Larsen, *The Anatomy of Preaching: Identifying the Issues in Preaching Today* (Grand Rapids: Baker, 1989), 68-69. 한편 레이몬드 로스(Raymond Ross)는 연설의 개요는 완벽한 문장이거나 주제적인 핵심 단어나 또는 이 모든 것들이 조합된 문장이어야 한다는 점을 강조하고 있다. Raymond S. Ross, *Speech Communication: Fundamentals and Practices*, 5th ed. (Englewood Cliffs: Prentice-Hall, 1980), 166-69.

7. 이 분야와 관련하여 설교자들은 다음의 자료들로부터 유용한 도움을 받을 수 있다. Walter Kaiser Jr., "Homiletical Analysis," *Toward an Exegetical Theology* (Grand Rapids: Baker, 1981), 149-63; Jay Adams, "A Preaching Outline," *Preaching with Purpose* (Grand Rapids: Baker, 1982), 47-58. 월터 카이저는 해석 과정에서 히브리어와 헬라어의 중요성을 강조하고 있으며 아담스도 약간 비판적인 입장을 취하고 있지만 두 책 모두 유용한 내용을 담고 있다. 좀더 최근에도 이와 유사한 견해를 담고 있는 책들이 출간되었다. 에릭슨과 헤플린은 이 개념을 표현하기 위하여 '보편화하기'(universalizing)라는 용어를 사용한다. Millard J. Erickson and James L. Heflin, *Old Wine in New Wineskins: Doctrinal Preaching in a Changing World* (Grand Rapids: Baker, 19997), 132-46. 이승진 역, 『건강한 교회를 위한 교리설교』(서울: CLC). 한편 올포드(Olford)는 "설교의 원리화"(homiletical principalization)라는 용어를 월터 카이저에게서 빌려 오면서 설교 개요는 적용 가능해야 한다고 주장한다. Stephen F. Olford and David L. Olford, "The Preacher and Preparation: Investigation" and "The Preacher and Preparation; Organization," *Anointed Expository Preaching* (Nashville:

Broadman & Holman, 1998), 101-38; 139-55.
8. 효과적인 예화 사용법에 관한 유용한 책으로는 다음을 참고하라. Leslie B. Flynn, *Come Alive with Illustrations: How to Find, Use, and File Good Stories for Sermons and Speeches* (Grand Rapids: Baker, 1987).
9. 예화에 관한 또 다른 참고자료로는 다음을 보라. William Sangster, *The Craft of Sermon Illustration* (reprint, Grand Rapids: Baker, 1973); Glenn O' Neal, *Make the Bible Live* (Winona Lake: BMH, 1972); Leslie B. Flynn, *Come Alive with Illustration*.
10. 설교에서의 효과적인 적용에 관한 도움은 다음에서 발견할 수 있다. Jay E. Adams, *Truth Applied: Application in Preaching* (Grand Rapids: Zondervan, 1990); Bryan Chapell, "The Practice of Application," *Christ-Centered Preaching*, 199-225.
11. 적용에 대한 추가적인 논의를 위한 탁월한 참고자료로는 다음을 보라. Roy B. Zuck, "Application in Biblical Hermeneutics and Exposition," in *Walvoord: A Tribute*, ed. Donald K. Campbell (Chicago: Moody, 1982), 15-38.
12. Charles W. Koller, *Expository Preaching Without Notes* (Grand Rapids: Baker, 1962), 72.
13. Austin Phelps, *The Theology of Preaching* (New York: Charles Scribner's Sons, 1892), 228.
14. 설교의 서론에 관한 자세한 설명을 위해서는 다음을 보라. Michael J. Hostetler, *Introducing the Sermon: The Art of Compelling Beginnings, Ministry Resources Library* (Grand Rapids: Zondervan, 1986).
15. 설교의 결론에 대해서 본인은 다음의 자료에 빚을 지고 있다. John Osborn, "Bringing the Sermon to a Close," *Ministry* (May 1981):10-12. 설교 결론에 대한 좀더 유용한 제안을 위해서는 다음을 보라. Mark Galli and Craig Brian Larson, "Finishing Strong," *Preaching That Connects* (Grand

Rapids: Zondervan, 1994), 127-37.

16. 가끔 설교학 책들에서는 설교의 제목에 관한 논의를 간과하곤 한다. 이 주제를 다루고 있는 책으로는 다음을 보라. Braga, "The Title," *How to Prepare Bible Messages*, 74-81.

17. 설교 전달에 관하여 비록 오래되긴 하지만 매우 유용한 통찰을 제시하는 책으로는 Dwight E. Stevenson and Charles F. Diehl, *Reaching People from the Pulpit* (Grand Rapids: Baker, 1958)을 보라. 최근에 출간된 책 중에서 유용한 것으로는 다음을 보라. Jerry Viens, *A Guide to Effective Sermon Delivery* (Chicago: Moody, 1986). 이 주제를 매우 간략하면서도 솔직하게 다루고 있는 것으로는 해돈 로빈슨의 "How to Preach so People Will Listen," *Biblical Preaching*, 191-209을 보라. 박영호 역, 『강해 설교』(서울: CLC).

18. 이 책의 제7장 "인물설교의 다양성"에서는 인물에 대한 성격묘사에 관한 원리를 사용하여 설교 전달의 효과를 증진시킬 수 있는 방법들에 대하여 소개하고 있다.

제6장: 인물설교의 모델

1. 이 장은 인물설교를 구성하는 기본적인 단계를 다루기 때문에 핵심사안들 중에서 이전의 장과 일부 겹치면서 반복되는 부분이 있다. 예를 들어 앞의 제4장에서는 본문 해석과 인물의 배경 연구, 상상력을 활용하기와 설교의 핵심을 정하기와 같은 주제들을 살펴보았다. 그런데 이번 장에서는 앞장의 주제들을 도마에 관한 인물설교 작성에 그대로 적용하기 때문에 필연적으로 다시 반복될 수밖에 없다.

2. 이 주제에 관한 매우 유용한 통찰을 위해서는 다음을 참고하라. Charles Haddon Spurgeon, *Second Series of Lectures to My Students: Being*

Addresses Delivered to the Students of the Pastor's College, Metropolitan Tabernacle (reprint, Grand Rapids: Baker, 1983), 1-22; Walter C. Kaiser Jr., *Toward an Exegetical Theology: Biblical Exegesis for Preaching and Teaching* (Grand Rapids: Baker, 1981), 235-47; Jerry Vines, *A Guide to Effective Sermon Delivery* (Chicago: Moody, 1986), 145-64.
3. 복음서에 대한 상호비교 연구에 관한 두 권의 유용한 책으로는 다음을 보라. A. T. Robertson, *A Harmony of the Gospels* (New York: Harper & Row, 1950); Robert L. Thomas and Stanley N. Gundry, *A Harmony of the Gospels* (Chicago: Moody, 1978). 본인의 경우에는 NASB 역본을 사용하고 있는 Thomas와 Gundry의 연구 결과를 참고하였다. 한편 두 학자와 본인이 서로 일치하지 않는 부분은 연대 결정에 관한 것이다. 두 학자들은 예수께서 A. D. 30년에 십자가 처형을 받았다고 주장하지만 나는 다음의 자료를 참고하여 A. D. 33년으로 간주한다. Harold W. Hoehner, *Chronological Aspects of the Life of Christ* (Grand Rapids: Zondervan, 1977).
4. 레온 모리스는 이렇게 적고 있다. "특이한 단어가 사용된 점으로 미루어 도마와 나머지 제자들은 동료 의식을 갖고 있었다는 점을 암시하려는 가능성을 엿볼 수 있다. 그것은 도마 혼자만의 생각이 아니었을 것이다." Leon Morris, *The Gospel According to John* (Grand Rapids: Eerdmans, 1977), 544 n. 32.
5. Emil G. Krealing, *The Disciples* (New York: Rand McNally, 1966), 167.
6. Kaari Ward, ed., *Jesus and His Times* (Pleasantville, N. Y.: Reader's Digest Association, 1987), 92.
7. 이러한 전통에 대한 추가적인 정보를 위해서는 다음을 보라. William Barclay, *The Master's Men* (Nashville: Abingdon, 1959), 51-57.
8. Walter L. Liefeld, *New Testament Exposition From Text to Sermon* (Grand Rapids: Zondervan, 1984), 162.

9. 설교의 개요를 작성할 때 설교 전체의 핵심 원리를 만들기 위한 대안은 청중에게 적용될 만한 원리들을 중심으로 개요를 작성하는 것이다. 본인도 가끔은 원리 지향적인 개요 방법을 사용하긴 하지만 적용 지향적인 개요를 발전시키는 방법은 분명 실행 가능한 대안이며 성경적인 설교를 전달할 때에도 매우 효과적이다. 적용 일관적인 개요에 대한 논의와 이 개요를 원리 지향적인 개요와 어떻게 비교할 수 있는지에 관한 논의는 다음의 책에서 찾아볼 수 있다. Bryan Chapell, "Outlining the Structure," *Christ-Centered Preaching: Redeeming the Expository Sermon* (Grand Rapids; Baker, 1994), 127-61.

제7장: 인물설교의 다양성

1. 설교의 창의성에 관한 추가적인 논의를 위해서는 다음을 참고하라. J. Grant Howard, *Creativity in Preaching* (Grand Rapids: Zondervan, 1987). 설교자의 창의성에 도움이 될 만한 또 다른 자료로는 다음을 보라. Bruce C. Salmon, *Storytelling in Preaching: A Guide to the Theory and Practice* (Nashville: Broadman, 1988).
2. 인물분석에 대해서는 제4장과 제7장을 참고하라.
3. 이러한 유형은 '대화설교'(dialogue preaching)로 불릴 수도 있다. 이에 관한 짤막한 논의는 다음의 책에서 찾아볼 수 있다. Millard J. Erickson and James L. Heflin, *Old Wine in New Wineskins; Doctrinal Preaching in a Changing World* (Grand Rapids: Baker, 1977), 228-30. 이승진 역, 『건강한 교회를 위한 교리설교』(서울: CLC). 이 방법에 관한 자세한 논의를 위해서는 다음을 보라. Harold Freeman, *Variety in Biblical Preaching: Innovative Techniques and Fresh Forms* (Waco: Word, 1987), 85-114.
4. 이러한 전달 방법에 관한 자세한 논의를 위해서는 Freeman의 *Variety in Biblical Preaching*을 보라.

5. 워어스비는 일인칭 설교와 관련하여 자신이 믿고 있는 견해에 마땅히 주의를 기울여야 한다고 주장하고 있다. "최근에 '극적인 독백식 설교'(dramatic monologue)가 인물설교에 대한 인기 있는 전달 방법으로 자리매김 되고 있다. 하지만 그 방법을 택하기 전에 먼저 이를 성공적으로 전달할 수 있는 재능을 갖추고 있는지를 확인해 보아야 한다. 모든 설교자가 전부 다 배우는 아니다. 게다가 극적인 독백식 설교는 설교자가 마치 그 인물이라도 된 듯이 말하고 행동해야 하는데, 그러한 전제가 틀렸을 수도 있다. 물론 성경이 말하고 있는 것을 강단에서 그대로 말할 때에는 별 문제가 없겠지만, 그렇지 않고 설교자가 자의로 첨가하는 내용이나 또는 그 내용을 전하는 방식이 성경의 기록과도 그대로 부합하는지에 대해서는 문제가 될 수밖에 없다. 배우가 거짓을 연기할 수 있는 권리가 없는 것과 마찬가지로 설교자 역시 거짓을 설교할 권리가 없다. 극적인 독백식 설교도 인물설교만큼이나 사실적인 기반을 확보해야만 한다. 상상력을 발휘한다고 해서 정당한 정보를 대체해서는 안 된다." Warren W. Wiersbe, *Preaching and Teaching with Imagination* (Wheaton: Victor Books, 1994), 362 n.12.

본인은 오랫동안 워어스비의 사역과 저술에 대해서 깊이 감사하고 있지만, 이 부분에서만큼은 워어스비의 주장이 좀 지나치다고 생각한다. 최소한 전문가적인 견해는 아니더라도 모든 설교자가 배우가 아닌 것은 분명 사실이다. 또 극적인 독백식 설교를 준비하고 이를 효과적으로 전달하는 데는 상당한 시간과 노력과 헌신을 요구한다는 것도 분명 사실이다. 게다가 극적인 독백식 설교를 처음 시도하는 단계에서 그리 성공적이지 못할 수도 있다는 것도 분명 사실이다. 하지만 대부분의 탁월한 설교자들은 분명 연기 능력을 갖추고 있다. 이는 그들의 설교 시간에 예화 활용 방법이나 제스처, 음성의 변화, 얼굴 표정을 통해서 분명히 알 수 있다. 그래서 모든 설교 능력이 발전될 수 있는 것과 마찬가지로 극적인 독백식 설교의 능력도 역시 부단한 학습과 경험을 통해서 발전될 수 있다. 이 주제와 관련하여 다음의 서적들로부터 유용하고도 고무적인 도움을 얻을 수 있다. Reg Grant and John Reed, *Telling Stories to Touch the*

Heart (Wheaton: Victor Books, 1990); Ethel Barrett, *Storytelling: It's Easy* (Grand Rapids: Zondervan, 1977).

극적인 독백식 설교는 성경의 인물에 관련된 여러 정보들을 가정하고서 전달하는 설교이다. 하지만 사실상 (연속 주해식 강해설교를 포함하여) 모든 설교 역시 성경의 자료나 문화, 관습에 관한 여러 정보들에 대한 전제 위에 전달된다. 설교자의 임무와 책임은 객관적인 정보에 근거한 여러 지적인 전제들이 오늘날의 청중에게 유용하게 만들어주는 것이다. 그 점이 바로 이 책의 강조점 중의 하나이다. 양심적이고 성경을 믿는 설교자라면 그 누구라도 거짓을 설교하려고 하지는 않을 것이다.

6. 이 개념과 관련하여 다음의 책에서 유용한 정보를 얻을 수 있다. Grand and Reed, *Telling Stories to Touch the Heart*.

7 이 방법의 사례는 다음의 책에서 찾아볼 수 있다. Donald Sunukjian, "A Night in Porsia," in *Biblical Sermon: How Twelve Preachers Apply the Principles of Biblical Preaching*, ed. Haddon W. Robinson (Grand Rapids: Baker, 1989), 69-88. 극적인 설교에 대한 또 다른 사례로는 다음의 책들을 참고하라. Alton H. McEachern, *Dramatic Monologue Preaching* (Nashville: Broadman, 1984); Raymond Bailey and James L. Blevins, *Dramatic Monologues: Making the Bible Live* (Nashville: Broadman, 1990).

8. 모든 강해설교자들이 강단에서의 드라마의 잠재적인 가치를 인정하는 것은 아니다. 예를 들어 존 맥아더(John MacArthur Jr.)는 "강단에서 드라마를 활용하는 것에 대한 당신의 견해는 무엇입니까?"라는 질문에 이렇게 대답하였다. "언젠가 목회자 컨퍼런스에 참석한 적이 있었는데 강사 한 분이 한 손에는 기저귀를 찬 인형을 들고 목에는 고무젖꼭지를 둘러매고 다른 쪽 손에는 젖병을 들고서 나타났습니다. 그리고 그분은 어린애 같은 그리스도인에 관한 이야기를 전해 주었습니다. 제 생각으로는 그러한 연기는 마치 목발을 짚는 것처럼 보이더라는 것입니다. 하지만 무력한 설교자만이 그러한 목발이 필요하지 않

을까요? 하나님의 말씀의 권능은 그 어떤 인간의 드라마나 의사전달 기법보다 더 효과적이라는 사실을 믿어야만 합니다." "Frequently Asked Questions About Expository Preaching," in *Rediscovery Expository Preaching*, ed. Richard L. Mayhue (Dallas: Word, 1992), 345.

그런데 맥아더가 언급한 것에 대하여 매튜슨은 다음과 같이 설득력 있 게 평가하고 있다. "존 맥아더는 한 연사가 강단에서 드라마를 지나치게 오용했던 별스러운 사례 한 가지를 언급하면서 강단에서의 드라마 사용 여부 전체를 간단히 처리해 버림으로써 논리의 오류를 범하고 있다. 하지만 유능한 설교자라면 여러 주해적인 자료들(특히 역사적/문화적인 정보들)을 무덤덤한 방법으로 전달할 때보다는 극적인 설교 방법을 통해서 좀더 효과적으로 전달할 수 있다." Steven D. Mathewson, "Guidelines for Understanding and Proclamation Old Testament Narratives," *Biblitheca Sacra* 154 (October-December 1997), 430 n. 98.

9. 이 점과 관련하여 에릭슨과 헤플린이 유익한 설명을 제시하고 있다. "하지만, '극적인'(dramatic)이라는 용어가 '설교'와 결합하면서 '구경거리'(spectacular)라는 개념이 파생된다. 우리는 연극을 생각하면서 연기자들과 과장법, 그리고 연극의 소도구들을 활용하는 구경거리를 연상하는 경향이 있다. 하지만 연극이라는 용어는 좀더 폭 넓고 긍정적인 의미를 담고 있다. '극적인' 이라는 단어의 사전적인 정의에 따르면, 연극은 삶의 정황에도 적용되고 또 상상력과 감정을 불러일으키는 문학 작품에도 적용된다. 실제 삶의 정황을 이야기로 다시 들려주거나 또는 그러한 내용을 자세히 다루고 있는 문학작품을 읽는 것 역시 극적인 특성을 지니고 있다. 그래서 구체적으로 성경을 예로 든다면 성경의 상당 부분 역시 극적인 내용을 담고 있다." *Old Wine in New Wineskins*, 220-21. 이승진 역, 『건강한 교회를 위한 교리설교』(서울: CLC).

10. 다음과 같은 단체들로부터 기독교 드라마와 관련된 모든 요소들에 대한 유익한 정보와 제안을 얻을 수 있다. Lillenas Publishing Company, Box 419527, Kansas City, MO 64141; Contemporary Drama Service, Box

7710-P, Colorado Springs, CO 80933; His Company, 2444 195th Trail, Winterset, IA 50273.

11. 이 시점에서 독자 여러분은 제5장의 예화에 관한 논의에서 시각적인 사고의 유익에 관한 내용을 다시 복습하기를 원할 수도 있다.

12. Judy E. Yordon, *Roles in Interpretation*, 3d ed. (Dubuque: Brown & Benchmark, 1993), 290.

13. Mardell Clemens, *A Syllabus of Speech Fundamentals*, rev. Anna Lloyd Neal (Greenville: Bob Jones University Press, 1971), 51.

14. 그랜트(Grant)와 리드(Reed)는 다음과 같이 올바르게 지적하고 있다. "소품들은 가능하면 최소한으로 사용하되, 이것을 사용하는 것 자체를 두려워하지 말라. 소품을 많이 사용할수록, 메시지 전달과정에서 통제해야 할 요소들은 그만큼 더 많이 늘어난다. 하지만 세심하게 선별된 소품은 성경의 인물을 생생하게 되살리는 데 큰 도움을 준다." *Telling Stories to Touch the Heart*, 76.

15. 강단에서 의상을 사용해야 하는 문제와 관련하여 여러 의견들이 존재한다. 예를 들어 홀버트(Holbert)는 이렇게 주장한다. "만일 강단이 무대로 바뀌고 예복이나 양복이 의상으로 뒤바뀐다면, 설교자는 설교보다는 연기를 하게 될 위험에 빠질 수 있다." John C. Holbert, *Preaching Old Testament: Proclamation and Narrative in the Hebrew Bible* (Nashville: Abingdon, 1991), 47. 반면에 그랜트와 리드는 이렇게 주장한다. "만일 의상을 세심하게 준비한다면 성경 인물의 성격묘사에 큰 도움을 줄 수 있다. 우리는 성경의 인물에 관한 이야기를 고대 복식을 착용한 경우와 현대적인 평상복을 입은 경우의 두 번에 걸쳐서 전달해 보았다. 그런데 세심하게 준비된 경우가 아니라면 청중의 관심은 의상 자체에 쏠리게 되면서 이야기의 효과적인 전달을 오히려 방해하게 된다. 그래서 의상은 지나치게 화려하거나 반대로 지나치게 미봉책에 불과할 수 있다. 코미디나 풍자극을 진행하는 것이 아니라면 그저 목욕가운을 걸치고 등장하는 것은 오늘날의 고도로 세련된 청중의 관심을 사로잡지 못할 것이다." *Telling Stories to Touch the Heart*, 76.

16. 오래됐지만 매우 유용한 안내를 위해서는 다음을 참고하라. Marion Logan Wright, *Biblical Costume: With Adaptations for Use in Plays* (London: Society for Promoting Christian Knowledge, 1936).
17. 제4장의 논의를 다시 참고하라.
18. 이 분야의 분석과 관련하여 에릭슨과 헤플린은 이렇게 설명하고 있다. "해석자는 등장인물에 대한 동일시를 위해서 본문을 충분히 길게 묵상해야 한다. 이 과정에서의 단어 연구나 문장의 구조 분석, 단락의 형태 파악, 전환문장 그리고 주해에서의 일상적인 요건들을 살펴보는 모든 과정은, 지식인으로서 파악해야 할 어떤 사실을 얻어내는 것 이상의 과정이다. 다시 말해서 이 모든 자료들은 삶과 연관되어야 한다." *Old Wine in New Wineskins*, 232. 이승진 역, 『건강한 교회를 위한 교리설교』(서울: CLC).
19. 대본(설교문)의 작성과 관련하여 에릭슨과 헤플린은 이렇게 설명하고 있다. "해석자는 완벽한 설교문을 아주 세심하게 작성해야 한다. 훌륭한 연극은 훌륭한 대본을 필요로 한다. 작문반이나 설교준비반을 통해서 터득했던 모든 창조성들을 살펴보면 이 점이 사실이라는 것을 알 수 있다." *Old Wine in New Wineskins*, 232. 이승진 역, 『건강한 교회를 위한 교리설교』(서울: CLC). 프리맨(Freeman)도 이렇게 설명하고 있다. "짧은 문장을 사용하라. 평범한 대화를 표현하는 경우에는 온전치 않은 문장 조각도 그대로 사용하라. 문장의 구조가 약식 대화를 그대로 담아낼 수 있도록 하라. 짧고 간단한 동사를 사용하라. 동사는 능동태로 표현하라. 일상적인 대화일 경우에 단축어를 사용하라. 일반적이고 추상적인 단어보다는 구체적인 단어를 구사하라. 구체적인 명사와 인칭대명사로 표현하라." *Variety in Biblical Preaching*, 80.

참고도서

Adams, Jay. *Preaching with Purpose*. Grand Rapids: Baker, 1982.

_____. *Truth Applied: Application in Preaching*. Grand Rapids: Zondervan, 1990.

Allen, R. Earl. *Persons of the Passion*. Nashville: Broadman, 1972.

Alter, Robert. *The Art of Biblical Narrative*. New York: Basic Books, 1981.

Bailey, Raymond, and James L. Blevins. *Dramatic Monologues: Making the Bible Live*. Nashville: Broadman, 1990.

Barclay, William. *The Master's Men*. Nashville: Abingdon, 1959.

Barrett, Ethel. *Storytelling - It's Easy*. Grand Rapids: Zondervan, 1977.

Batow, Charles L. *The Preaching Moment*. Nashville: Abingdon, 1980.

Baumann, J. Daniel. *An Introduction to Commentary Preaching*. Grand Rapids: Baker, 1981.

Blackwood, Andrew Watterson. *Biographical Preaching for Today: The Pulpit Use of Bible Cases*. Nashville: Abingdon, 1954.

_____. *Preaching from the Bible*. Nashville: Abingdon-Cokesbury, 1941.

Blaiklock, E. M. *Today's Handbook of Bible Characters*. Minneapolis: Bethany, 1979.

Boice, James Montgomery. *The Foundation of Biblical Authority*. Grand Rapids: Zondervan, 1978.

Braga, James. *How to Prepare Bible Messages*. Portland: Multnomah, 1969.

Brown, David M. *Dramatic Narrative in Preaching*. Valley Forge: Judson, 1981.

Brownrigg, Ronald. *The Twelve Apostles*. New York: Macmillan, 1974.

_____. *Who's Who in the New Testament*. New York: Holt, Rinehart and Winston, 1971.

Bullock, C. Hassell. "Preaching in the Poetic Literature." *Handbook of Contemporary Preaching*. Edited by Michael Duduit . Nashville: Abingdon, 1954.

Caldwell, Frank H. *Preaching Angels*. Nashville: Abingdon, 1954.

Carson, D. A., and John D. Woodbridge, eds. *Hermeneutics, Authority, and Canon*. Grand Rapids: Zondervan, 1986.

Chafer, Lewis Sperry. *Major Bible Themes*. Revised by John F. Walvoord. Grand Rapids: Zondervan, 1974.

Chapell, Bryan. *Christ-Centered Preaching: Redeeming the Expository Sermon*. Grand Rapids: Baker, 1994.

Chappell, Clovis G. *Faces About the Cross*. New York: Abingdon-Cokesbury, 1941.

_____. *More Sermons on Biblical Characters*. New York: Doran, 1923.

_____. *Sermons on Biblical Characters*. New York: Harper, 1922.

_____. *Sermons on New Testament Characters*. New York: Harper, 1924.

_____. *Sermons on Old Testament Characters*. New York: Harper, 1925.

Chatfield, Donald F. "Textbooks Used by Teachers of Preaching." *Homiletic* 9. no 2 (10984):1-5.

Clemens, Mardell. *A Syllabus of Speech Fundamentals*. Revised by Anna

Lloyd Neal. Greenville: Bob Jones University Press, 1971.

Clowney, Edmund P. *Preaching and Biblical Theology.* Grand Rapids: Eerdmans, 1961.

Comay, Joan. *The Hebrew Kings.* New York: Morrow, 1977.

_____. *Who's Who in the Old Testament.* New York: Holt, Rinehart & Winston, 1971.

Custer, Stewart. *Does Inspiration Demand Inerrancy?* Nutley, N. J.: Craig, 1968.

Daane, James. *Preaching with Confidence.* Grand Rapids: Eerdmans, 1980.

Davis, John. *The Birth of a Kingdom.* Grand Rapids: Baker, 1974.

DeBrand, Roy E. *Guide to Biographical Preaching.* Nashville: Broadman, 1988.

Deen, Edith. *All of the Women of the Bible.* New York: Harper, 1955.

Dickens, Milton, and James H. McBath. *Guidebook for Speech Communication.* New York: Harcourt Brace Jovanovich, 1973.

Drumwright, Huber L. *Saints Alive! The Humble Heroes of the New Testament.* Nashville: Broadman, 1972.

Eckel, Mark. "A Methodology and Model for Teaching Narrative Material form the Old Testament." Th. M thesis, Grace Theological Seminary, 1983.

Erickson, Millard J., and James L. Heflin. *Old Wine in New Wineskins: Doctrinal Preaching in a Changing World.* Grand Rapids: Baker, 1997.

Etter, John W. *The Preacher and His Sermon.* Dayton, Ohio: United Brethren, 1891.

Fant, Clyde E. *Preaching Today.* New York: Harper, 1975.

Farra, Harry. *The Sermon Doctor.* Grand Rapids: Baker, 1980.

Fee, Gordon D., and Douglas Stuart. *How to Read the Bible for All Its Worth.* Grand Rapids: Zondervan, 1982.

Flynn, Leslie B. *Come Alive with Illustrations: How to Find, Use, and File Good Stories for Sermons and Speeches.* Grand Rapids: Baker, 1987.

Freeman, Harold. *Variety in Biblical Preaching: Innovative Techniques and Fresh Forms.* Waco: Word, 1987,

Galli, Mark, and Craig Brian Larson. *Preaching that Connects.* Grand Rapids: Zondervan, 1994.

Geisler, Norman. *Innerrancy.* Grand Rapids: Zondervan, 1980.

_____. "The Relation of Purpose and Meaning in Interpretation." *Grace Theological Journal* 5 (fall 1984):229-45.

Grant, Reg, and John Reed. *Telling Stories to Touch the Heart.* Weraton: Victor, 1990.

Gregory, Hamilton. *Public Speaking for College and Career.* 4th ed. New York: McGraw-Hill, 1996.

Greidanus, Sidney. *The Modern Preacher and the Ancient Text.* Grand Rapids: Eerdmans, 1988.

_____. "The Necessity of Preaching Christ from the Old Testament." *Preaching* 15(May/June 2000):20-27.

Haldane, Robert. *Exposition of the Epistle to the Romans.* Evansville: Sovereign Grace, 1958.

Hargrove, H. H. *Personalities Around the Cross.* Grand Rapids: Baker, 1963.

Harris, R. Laird. *Inspiration and Canonicity of the Bible.* Grand Rapids: Zondervan, 1976.

Hastings, James. *Greater Men and Women of the Bible.* 6 vols. Edinburg: T & T Clark, 1913-1916.

Hayslip, Ross W. "Preaching Great Bible Characters." In *Biblical Preaching for Contemporary Man.* Compiled by Neil B. Wiseman, Grand Rapids: Baker, 1976.

Hoehner, Harold W. *Chronological Aspects of the Life of Christ.* Grand Rapids: Zondervan, 1977.

Holbert, John C. *Preaching Old Testament: Proclamation and Narrative in the Hebrew Bible.* Nashville: Abingdon, 1991.

Holmes, Thomas H., and Richard H. Rahe. "The Social Readjustment Rating Scale." *Journal of Psychosomatic Research,* 11(1967):213-18.

Hostetler, MIchael J. *Introducing the Sermon: The Art of Compelling Beginnings.* Ministry Resources Library. Grand Rapids: Zondervan, 1986.

Howard, J. Grant. *Creativity in Preaching.* Grand Rapids: Zondervan, 1987.

Jensen, Richard A. *Telling the Story.* Minneapolis: Augsburg. 1980.

Jones, Ilion T. *Principles and Practice of Preaching.* Nashville: Abingdon, 1956.

Kaiser, Walter C., Jr. *Toward an Exegetical Theology: Biblical Exegesis for Preaching and Teaching.* Grand Rapids: Baker, 1981.

Keil, C. F., and Franz Delitzsch. *Biblical Commentary on the Books of Samuel.* Translated by James Martin. Reprint, Grand Rapids: Eerdmans, 1968.

Koller, Charles W. "Emphasis in Preaching." In *Baker's Dictionary of Practical Theology.* Edited by Ralph G. Turnbull. Grand Rapids:

Baker, 1967.

―――. *Expository Preaching without Notes*. Grand Rapids: Baker, 1962.

Kraeling, Emil. G. *The Disciples*. New York: Rand McNally, 1966.

Larsen, David L. *The Anatomy of Preaching: Identifying the Issues in Preaching Today*. Grand Rapids: Baker, 1989.

LaSor, William Sanford. *Man Who Knew God*. Glendale, Calif.: Regal, 1970.

Lee, G. Avery. *Great Men of the Bible and the Women in Their Lives*. Waco: Word, 1968.

Liefeld, Walter L. *New Testament Exposition: From Text to Sermon*. Grand Rapids: Zondervan, 1984.

Litfin, A. Duane. *Public Speaking: A Handbook for Christians*. Grand Rapids: Baker, 1981.

Lockyer, Herbert. *All the Children of the Bible*. Grand Rapids: Zondervan, 1970.

―――. *All the Men of the Bible,* Grand Rapids: Zondervan, 1958.

―――. *All the Kings and Queens of the Bible*, Grand Rapids: Zondervan, 1961.

―――. *All the Women of the Bible*, Grand Rapids: Zondervan, 1967.

Long, Thomas G. Reviews of four textbooks on preaching. *Homiletic* 10, no 1 (1985):7-11.

―――. Reviews of three textbooks on preaching. *Homiletic* 11, no 1 (1986): 9-12.

Longman, Tremper III. *Literary Approaches to Biblical Interpretation*. Grand Rapids: Zondervan, 1987.

Lowry, Eugene L. *Doing Time in the Pulpit*. Nashville: Abingdon, 1985.

MacArthur, John, Jr. *Rediscovering Expository Preaching*. Edited by

Richard L. Mayhue. Dallas: Word, 1992.

Macartney, Clarence Edward Nobel. *Bible Epitaphs: Sermons on the Careers of Seventeen Bible Character*. Nashville: Abingdon-Cokesbury, 1936.

_____. *Great Interviews of Jesus*. Nashville: Abingdon-Cokesbury, 1944.

_____. *Great Women of the Bible*. Nashville: Abingdon-Cokesbury, 1942.

_____. *Great Men of the Bible*. Nashville: Abingdon-Cokesbury, 1941.

_____. *Mountains and Mountain Men of the Bible*. Nashville: Abingdon-Cokesbury, 1950.

_____. *Of Them He Chose Twelve*. Philadelphia: Dorrance, 1927.

_____. *Paul the Man: His Life and His Ministry*. London: Williams & Norgate, 1929.

_____. *Peter and His Lord*. Nashville: Abingdon-Cokesbury, 1937.

_____. *Preaching Without Notes*. Nashville: Abingdon-Cokesbury, 1946.

_____. *Sermons on Old Testament Heroes*. Nashville: Abingdon-Cokesbury, 1935.

_____. *Trials of the Great Men of the Bible*. Nashville: Abingdon-Cokesbury, 1946.

_____. *Wisest Fool and Other Men of the Bible*. Nashville: Abingdon-Cokesbury, 1949.

_____. *The Woman of Tekoah and Other Sermons on Bible Characters*. Nashville: Abingdon, 1955.

Mark, Harry C. *Patterns for Preaching*. Grand Rapids: Zondervan, 1959.

Matheson, George. *Representative Men of the Bible*. New York: Smith,

1930.

_____. *Spiritual Development of St. Paul.* New York: E. R. Herrick, 1890.

_____. *Studies of the Portrait of Christ.* 2 vols. New York: Armstrong, 1903.

Mathewson, Steven D. "Guidelines for Understanding and Proclaiming Old Testament Narratives." *Bibliotheca Sacra* 154 (Oct.-Dec. 1997):410-435.

McEachern, Alton H. *Dramatic Monologue Preaching.* Nashville: Broadman, 1984.

_____. "Narrative Preaching." In *Preaching in Today's World.* Compiled by James C. Barry. Nashville: Broadman, 1984.

McIntosh, Douglas. "Preaching the Gospels." *Gospel Herald and the Sunday School Times* 13(summer 1995):62.

Mead, Frank S. *Who's Who in the Bible.* New York: Grosset & Dunlap, 1934.

Meyer, Frederick Brotherton. *Abraham: Or, the Obedience of Faith.* New York: Revell, n.d.

_____. *David: Shepherd, Psalmist, King.* New York: Revell, n.d.

_____. *Elijah and the Secret of His Power.* London: Morgan & Scott, n.d.

_____. *Israel: A Prince with God; The Story of Jacob Retold.* New York: Revell, n.d.

_____. *Jeremiah: Priest and Prophet.* New York: Revell, 1894.

_____. *John the Baptist.* New York: Revell, 1900.

_____. *Joseph: Beloved, Hated, Exalted.* New York: Revell, n.d.

_____. *Joshua and the Land of Promise.* New York: Revell, 1893.

_____. *Moses: The Servant of God.* New York: Revell, n.d.

_____. *Paul: A Servant of Jesus Christ.* New York: Revell, 1897.

_____. *Peter: Fisherman, Disciple, Apostle.* New York: Revell, 1920.

_____. *Samuel the Prophet.* New York: Revell, n.d.

Miller, Basil. *Meet the Marred Men of the Bible.* Dallas: Chandler, 1955.

_____. *Meet the Little Known People of the Bible.* Dallas: Chandler, 1955.

_____. *Meet the Voice of the Bible.* Dallas: Chandler, 1955.

Miller, Donald G. *The Way to Biblical Preaching.* Nashville: Abingdon, 1957.

Montgomery, John W., ed. *God's Inerrant Word: An International Symposium on the Trustworthiness of Scripture.* Minneapolis: Bethany,1974.

Morris, Leon. *The Gospel According to John.* Grand Rapids: Eerdmans, 1977.

Olford, Stephen F., and David L. Olford. *Anointed Expository Preaching.* Nashville: Broadman & Holman, 1998.

O' Neal, Glenn. *Make the Bible Live.* Winona Lake: BMH, 1972.

Osbeck, Kenneth W. *52 Bible Characters Dramatized: Easy-to-Use Monologues for All Occasions.* Grand Rapids: Kregel, 1996.

Osborn, John. "Bringing the Sermon to a Close." *Ministry* (May 1981):10-12.

Osborn, Michael and Suzanne Osborn. *Public Speaking.* 3d ed. Boston: Houghton Mifflin Co., 1994.

Paché, Rene. *The Inspiration and Authority of Scripture.* Translated by Helen I. Needham. Chicago: Moody, 1971.

Peck, Timothy. "Salvaging the Old Testament Biographical Sermon."

Preaching 15 (May/June 2000):28-30.

Perry, Lloyd M. *Biblical Preaching for Today's World.* Chicago: Moody, 1973.

_____. *A Manual for Biblical Preaching.* Grand Rapids: Baker, 1977.

Perry, Lloyd M., and Robert D. Culver. *How to Search the Scriptures.* Grand Rapids: Baker, 1976.

Perry, Lloyd M., and Faris Daniel Whitsell. *Variety in Your Preaching.* Old Tappan, N. J.: Revell, 1954.

Phelps, Austin. *The Theory of Preaching.* New York: Scribner's, 1892.

Price, Nelson. "Preaching and Church Growth." In *Handbook of Contemporary Preaching.* Edited by Michael Duduit. Nashville: Broadman, 1992.

Robertson, A. T. A. *Harmony of the Gospels.* New York: Harper, 1950.

_____. *Some Minor Characters of the New Testament.* Nashville: Southern Baptist Sunday School Board, 1928.

Robinson, Haddon W. *Biblical Preaching: The Development and Delivery of Expository Messages.* Grand Rapids: Baker, 1980.

Ross, Raymond S. *Speech Communication: Fundamentals and Practice.* 5th ed. Englewood Cliffs: Prentice-Hall, 1980.

Ryken, Leland. *The Literature of the Bible.* Grand Rapids: Zondervan, 1974.

_____. *Words of Delight: A Literary Introduction to the Bible.* Grand Rapids: Baker, 1987.

_____. *Words of Life: A Literary Introduction to the New Testament.* Grand Rapids: Baker, 1987.

Salmon, Bruce C. *Storytelling in Preaching: A Guide to the Theory and Practice.* Nashville; Broadman, 1988.

Sangster, William. *The Craft of Sermon Illustration*. Reprint. Grand Rapids: Baker, 1973.

Silva, Moises. *Has the Church Misread the Bible? The History of Interpretation in the Light of Current Issues*. Grand Rapids: Zondervan, 1987.

Spurgeon, Charles Haddon. *Second Series of Literatures to My Students: Being Addressed Delivered bo the Students of the Pastor's College, Metropolitan Tabernacle*. Reprint, Grand Rapids: Baker, 1983.

Steimle, Edmund A., Morris J. Niedenthal, and Charles L. Rice. *Preaching the Story*. Philadelphia: Fortress, 1980.

Stevenson, Dwight Eshelman. *In the Biblical Preacher's Workshop*. Nashville: Abingdon, 1967.

Stevenson, Dwight Eshelman, and Charles F. Diehl. *Reaching People from the Pulpit*. Grand Rapids: Baker, 1958.

Stevenson, Herbert F. *A Galaxy of Saints: Lesser Known Bible Men and Women*. Westwood, N.J.: Revell, 1958.

Sunukjian, Donald. "A Night in Persia." *Biblical Sermons: How Twelve Preachers Apply the Principles of Biblical Preaching*. Edited by Haddon Robinson. Grand Rapids: Baker, 1989.

Thomas, Robert L., and Stanley N. Gundry. *A Harmony of the Gospels*. Chicago: Moody, 1978.

Vines, Jerry. *A Guide to Effective Sermon Delivery*. Chicago: Moody, 1986.

_____. *A Practical Guide to Sermon Preparation*. Chicago: Moody, 1985.

Ward, Kaari, ed. *Jesus and His Times*. Pleasantville: Reader's Digest, 1987.

Whitcomb, John C. *Esther: Triumph of God's Sovereignty*. Chicago: Moody, 1979.

Whitsell, Faris Daniel. *Preaching on Bible Characters*. Grand Rapids: Baker, 1955.

Whyte, Alexander. *Apostle Paul*. Edinburg: Oliphants, 1903.

_____. *Bible Characters*. 6 vols. London: Oliphants, n.d.

_____. *Jesus Christ Our Lord: His Walk, Conversation, and Character*. Grand Rapids: Zondervan, 1953.

_____. *Saul Called Paul*. Grand Rapids: Zondervan, 1955.

Wiersbe, Warren W. *Preaching and Teaching with Imagination*. Wheaton: Victor, 1994.

Wiersbe, Warren, and Lloyd M. Perry. *The Wycliffe Handbook of Preaching and Preachers*. Chicago: Moody, 1984.

Wilhoit, Jim, and Leland Ryken. *Effective Bible Teaching*. Grand Rapids: Baker, 1995.

Witmer, John A. "Romans." In *The Bible Knowledge Commentary: New Testament*. Edited by John F. Walvoord and Roy B. Zuck. Wheaton: Victor, 1983.

Wright, Marion Logan. *Biblical Costume: With Adaptations for Use in Plays*. London: Society for Promoting Christian Knowledge, 1936.

Yordon, Judy E. *Roles in Interpretation*. 3d ed. Dubuque: Brown, 1993.

Zuck, Roy B. "Application in Biblical Hermeneutics and Exposition." In *Walvoord: A Tribute*. Edited by Donald K. Campbell. Chicago: Moody, 1982.

인물 설교, 이렇게 하라
Biblical Preaching: Bringing Bible Characters to Life

2007년 03월 30일 초판 발행
2017년 02월 20일 초판 2쇄 발행

지은이 | R. 래리 오버스트릿
옮긴이 | 이승진

펴낸곳 | 사)기독교문서선교회
등 록 | 제16-25호(1980. 1. 18)
주 소 | 서울시 서초구 방배로 68
전 화 | 02) 586-8761~3(본사) 031) 942-8761(영업부)
팩 스 | 02) 523-0131(본사) 031) 942-8763(영업부)
홈페이지 | www.clcbook.com
이메일 | clckor@gmail.com
온라인 | 기업은행 073-000308-04-020, 국민은행 043-01-0379-646
         예금주: 사)기독교문서선교회

ISBN 978-89-341-0948-8 (93230)

* 낙장 · 파본은 교환해 드립니다.